ई इलहाब्बाद है भइया

एक साहित्यिक के असाहित्यिक संस्मरण

ई इलहाब्बाद है भइया

विमल चन्द्र पाण्डेय

हिन्द युग्म

ISBN: 978-93-87464-65-0

प्रकाशक:
हिंद युग्म
सी-31, सेक्टर-20, नोएडा (उ.प्र.)-201301
फ़ोन- +91-120-4374046

मुद्रक : मनीपाल टेक्नोलॉजीज लिमिटेड
कला-निर्देशन : विजेन्द्र एस विज

पहला संस्करण दख़ल प्रकाशन द्वारा साल 2014 में प्रकाशित
दूसरा संस्करण : जनवरी 2020
तीसरा संस्करण : फ़रवरी 2021
चौथा संस्करण : फ़रवरी 2024
मूल्य : ₹249

Ei Ilahabbad Hai Bhaiya by *Vimal Chandra Pandey*

Published By
Hind Yugm
C-31, Sector-20, Noida (UP)-201301
Phone : +91-120-4374046
Email : sampadak@hindyugm.com
Website : www.hindyugm.com

Fourth Edition: Feb 2024
Price: ₹249

ज़िंदगी के सबक़ सिखाने वाली और सचमुच के हँसने-रोने का मतलब समझाने वाली प्रिय गुड़िया के लिए

विवेक, कैलाश, मुरलीधर, सत्यकेतु, हिमांशु रंजन, शेषनाथ, अर्बेन्द्र, संदीप, राजेश जी समेत इलाहाबाद के उन सभी मित्रों के लिए

जिनके साथ से यह ज़मीन मेरे लिए सबसे अज़ीज़ हो गई

भूमिका

वैसे तो मेरा एक कहानी-संग्रह प्रकाशित और पुरस्कृत हो चुका है और अगर मैं धीरे-धीरे भी लगातार लिखता रहा तो मेरे अंतिम समय तक कुछ और किताबें प्रकाशित हो ही जाएँगी। लेकिन यह संस्मरण की किताब जो आपके हाथों में है, मेरी ज़िंदगी का असली और सच्चा आईना है। इसमें कच्चापन है, बेतरतीबी है, अविश्वसनीयता है लेकिन ईमानदारी है। इस संस्मरण का सबसे बड़ा गुण या कमी इसकी बेतरतीबी है जो मैं चाहता तो ठीक कर सकता था लेकिन मैंने इसे अब तक अपनी ज़िंदगी में ठीक नहीं किया तो फिर किताब में करके ही क्या हो जाएगा, यह सोचकर ज्यों-का-त्यों रहने दिया है। मुझे यह पसंद है, किताब में भी और जीवन में भी। सुनियोजित ज़िंदगी, सुनियोजित चीज़ों और सुनियोजित लोगों से मेरी बहुत नहीं बनती।

इलाहाबाद छोड़ने के कुछ समय बाद इन संस्मरणों की शुरुआत तब हुई थी जब एक कठिन कहानी हाथ में लेकर शुरू कर तो दी थी लेकिन पूरा नहीं कर पा रहा था। मेरे मुँह से हमेशा इलाहाबाद की बातें सुनकर एक मित्र ने ऐसे ही चलते-फिरते सुझाव दिया था कि मुझे वहाँ के अनुभवों को क़लमबद्ध करना चाहिए। मैंने कहानी से मुँह चुराते हुए इन संस्मरणों की एकाध क़िस्तें लिखीं और भूल गया। फिर इनका नंबर आया जब लखनऊ से प्रकाशित एक दैनिक अख़बार में कार्यरत एक मित्र ने अख़बार के लिए कुछ लिखने को कहा, मैंने कहा कि मैं सिनेमा पर स्तंभ लिखूँगा। उसने कहा कि वह संपादक से बात करता है, तब तक कुछ और हो तो भेजा जाए। मैंने संस्मरण की शुरुआती दो क़िस्तें भेज दीं और फिर भूल गया। वे क़िस्तें कब प्रकाशित हुईं मुझे पता भी नहीं चला और मैंने इसके बारे में तब उस मित्र से पूछा जब मैं उस अख़बार में सिनेमा पर एक साप्ताहिक कॉलम लिखने लगा था। मैं उन क़िस्तों को छपा देख नहीं पाया। फिर लंबे समय बाद साल 2012 के बीच में जब मैं नौकरी छोड़कर पूरी तरह से मुंबई शिफ़्ट हो चुका था और फ़िल्में लिखने की भागादौड़ी में अधूरी पड़ी कहानियों पर पूरा ध्यान नहीं दे पा रहा था, इस संस्मरण की क़िस्तें मेरे सामने थीं। इनमें कुछ भी सोचना नहीं था, न कथ्य और शिल्प से जूझना था और न ही कोई प्रयोग करने की कोशिश करनी थी। मेरे अपने जिए हुए दिन थे जिन्हें सिर्फ़ क़लमबद्ध भर करना था। दिमाग़

पर थोड़ा-सा ज़ोर डालना था और पुराने दिनों के समंदर में ग़ोते लगाकर एक से एक इलाहाबादी रत्न ढूँढ़ लाने थे जो पहले से वहाँ थे और मेरी ज़िंदगी को अपनी उपस्थिति से गुलज़ार कर चुके थे। मैंने कवि-कथाकार मित्र रामजी तिवारी से ऐसे ही कहा कि अगर आप चाहें तो इन संस्मरणों को क़िस्तवार अपने ब्लॉग 'सिताब दियारा' पर प्रकाशित कर सकते हैं। हर रविवार की बाध्यता होने से यह समय से पूरा हो सकेगा, ऐसा मेरा सोचना था। हर रविवार उनके ब्लॉग पर प्रकाशित होने वाले इस संस्मरण को पाठकों का बहुत स्नेह मिला और हर उम्र के लोगों ने इसे पसंद किया। ऐसी बातें करके माहौल बनाने का कोई मतलब नहीं क्योंकि पुस्तक आपके सामने है और असली फ़ैसला इस पुस्तक को पढ़ने वाले ही करेंगे।

मैं किताब के बारे में सिर्फ़ एक बात स्पष्ट करना चाहूँगा। यह मेरे व्यक्तित्व के उस हिस्से से संचालित है जो सबसे कमज़ोर है यानी मेरी याद्दाश्त। इसमें कोई तथ्यात्मक भूल तो मेरे हिसाब से नहीं हुई है लेकिन बेतरतीबी ज़रूर है। घटनाएँ और लोग जिस तरह से याद्दाश्त में समाए हुए थे, वैसे ही इसमें भी आए हैं। एकाधिक बार ऐसा हुआ है कि मैं घटनाओं और व्यक्तियों का वर्णन करता हुआ आगे निकल गया हूँ और कोई महत्वपूर्ण बात पीछे छूट गई है, जिसके कारण मुझे फिर से उस बात को याद करना पड़ा है और मैंने आगे बढ़ती कहानी को रोककर ऐसा किया है। ऐसा भी कई बार हुआ है कि मेरी याद्दाश्त से कोई बात छूटी रह गई है और मैंने उसे संस्मरण के प्रवाह को रोककर याद किया है। कारण यह है कि याद रखी जाने लायक़ घटनाएँ तो मुझे याद हैं लेकिन उनके समय का अंदाज़ा मैं मौसम और महीनों से नहीं लगा पाता बल्कि उस पल की सुंदरता ही याद रखे जाने का बाइस बनती है।

मैंने अपनी ज़िंदगी के सबसे ख़ूबसूरत पलों को पूरे दिल से याद किया है और मैं जानता हूँ कि जब मैं अपने कुछ पलों को याद कर रहा हूँ उसी समय इलाहाबाद में और भी बहुत कुछ महत्वपूर्ण था जो घट रहा था। लेकिन मैं यहाँ उन्हीं चीज़ों को याद कर रहा हूँ जहाँ मैं सक्रिय रूप से मौजूद रहा हूँ, जिन पलों को मैंने उनमें शामिल होकर जिया है। मुझे बिलकुल नहीं पता कि साहित्य के सरलीकरणों के हिसाब से यह कोई ध्यान देने लायक़ कृति है भी या नहीं लेकिन यह संस्मरण इलाहाबाद का एक क़र्ज़ ज़रूर था मेरे ऊपर जिसे उतारने की कोशिश की है और पाया है कि वह क़र्ज़ दुगुना हो गया है।

ख़ूबसूरत यादों का सूद चक्रवृद्धि ब्याज की दर से बढ़ता है।

अनुक्रमणिका

आयम ओपन टु वर्क एनिव्हेयर इन इंडिया

दिल्ली में भीषण बेरोज़गारी के दिन गुज़ारने के दौरान, जब ज़िंदगी के दीये का तेल ख़त्म होता ही लग रहा था, कि यूएनआई में नौकरी लग गई। नौकरी क्या थी, एक चमत्कार था। यूएनआई का लिखित और साक्षात्कार निकालने से पहले इसी एजेंसी में नौकरी के लिए दो बार पहले भी परीक्षा में बैठ चुका था, लेकिन हिंदी सेवा यूनिवार्ता के लिए। कमाल यह कि दोनों ही बार हिंदी सेवा से नौकरी में चयनित न हो पाने के कारण तीसरी बार जब अँग्रेज़ी में प्रयास किया तो पहली बार में ही चयन हो जाने पर इस नश्वर दुनिया के बारे में दो बातें समझ में आईं। पहली यह कि इस दुनिया में कभी भी कुछ भी हो सकता है, ख़ासतौर पर अगर आप नगर निगम, लोक निर्माण विभाग या मीडिया में से किसी दुनिया की बात कर रहे हैं। दूसरी यह कि मेरी अँग्रेज़ी अच्छी है (कई भ्रमों की तरह मेरा यह भ्रम भी काफ़ी बाद में टूटा जब एजेंसी की रूटीन पत्रकारिता के अलावा अलग से कुछ लिखने का मौक़ा मिला, ख़ैर प्रयास जारी है) और भविष्य में मैं हिंदी में लिखने के अलावा कभी अँग्रेज़ी में भी लिखने में हाथ ज़रूर साफ़ करूँगा। बहरहाल, पहली पोस्टिंग इलाहाबाद थी और लाख ग़ुरबतों के बावजूद मैं उस समय दिल्ली छोड़ने को मानसिक रूप से तैयार नहीं था। हर अख़बार और चैनल में नाक रगड़कर वापस आ चुकने के बाद कोई काम न मिलने के ग़ुस्से में मैंने शशि और मुरारी के साथ एक प्रोडक्शन हाउस शुरू कर दिया था जिसका नाम स्ट्रॉन्ग विज़न मीडिया (संक्षेप में 'एसवीएम' प्रोडक्शन यानी शशि विमल मुरारी था जो कि नाम से ही पिटा हुआ था) था जिसे जल्दी ही ख़ूब सारी अच्छी और सारगर्भित डॉक्यूमेंट्री फ़िल्में बनानी थीं

और दुनिया पर छा जाना था। हमें अपना पहला असाइनमेंट कांग्रेस के एक प्रत्याशी के लिए नो प्रॉफ़िट नो लॉस पर मिला था जिसके ग़म को मैंने शशि के साथ "अबे हम प्रोफ़ेशनल्स हैं और हमारे लिए कांग्रेस और भाजपा में कोई अंतर नहीं", "ग्राहक ही हमारा भगवान है" टाइप की चीज़ें बोलकर ग़लत किया था और काम पूरा किया था। यह 2007 के मार्च महीने का अंतिम हफ़्ता था जब 9, रफ़ी मार्ग पर एक बंद कमरे में एक बड़ी मेज़ के पीछे बैठे दो-तीन पत्रकार कम अधिकारी (अधिक) दिखते लोगों ने मुझसे पूछा था, "आर यू कम्फ़र्टेबल टु वर्क आउटसाइड डेलही?"

"आयम ओपन टु वर्क एनिव्हेयर इन इंडिया।" इस उत्तर से उन्हें मेरी काम के प्रति निष्ठा का पता चला न कि मेरी ख़राब माली हालत का।

"एंड इफ़ वी सेंड यू टु अलाहाबाद, वुड यू लाइक टु वर्क देयर? यू नो, द पालिटिक्स ऑफ़ स्मॉल सिटीज़ मैटर अ... ।"

"अलाहाबाद हैज़ ऑलवेज़ बीन अ सेकेंड होम टु मी। माय अंकल लिव्स देयर एंड आयम वेरी मच फ़ैमिलियर विद द ज्योग्राफ़ी... ।" मैंने अकुताहट में उनकी बात काट दी। वे मुस्कराए और मुझे परिणाम के बारे में बाद में बताने को कहकर जाने को कहा। मैंने बाहर निकलते ही आनंद को बताया कि इस बार लगता है नौकरी मिल जाएगी। नौकरी का कॉल लेटर आया तो विभव ने जाने को मना किया और मुझे हमारे वादे की याद दिलाई जिसमें हमने एसवीएम प्रोडक्शन के दुनिया पर छा जाने की बात कही थी। मैंने इस बात को भूल जाना ही बेहतर समझा।

जब नौकरी मिलेगी तो क्या होगा

मुझे इलाहाबाद पहुँचकर यूएनआई में दो अप्रैल से ड्यूटी ज्वाइन करनी थी। दिल्ली से मैं बोरिया बिस्तर समेटकर पहले अपने घर यानी बनारस पहुँचा। दिल्ली से बहुत जल्दी-जल्दी निकलना था और इस जल्दबाज़ी में मैं अपनी सारी किताबें नहीं ला पाया था। मैंने दो कार्टन्स में अपनी ढेर सारी किताबें और साहित्यिक पत्रिकाएँ रख दीं और उसे पांडव नगर के बी-32 में (जहाँ मेरी कहानी 'एक शून्य शाश्वत' का शाश्वत रहता था और वास्तव में वह शशि शेखर (चौथी दुनिया वाया इंडिया न्यूज़ और ईटीवी) और आनंद पांडेय (आईबीएन7 वाया ईटीवी) का डेरा था) रख दिया। विभव ने भी तब तक अलग फ़्लैट नहीं लिया था और मेरी किताबों की देखभाल करने के लिए सबसे विश्वसनीय शख़्स था। मैंने कहा कि मैं अगली बार जब दिल्ली आऊँगा तो अपनी किताबें ले जाऊँगा। ख़ैर, थोड़ी लापरवाही मेरी भी हो गई कि मैं उसके बाद कई बार दिल्ली गया और वहाँ से कार्टन्स को बिना लिए आ गया। इसके पीछे वजह यह थी कि मन-ही-मन मैं जल्दी ही मुंबई निकलने की योजना बना रहा था और चाहता था कि किताबें दिल्ली से सीधा मुंबई ले जाऊँ इसलिए उन्हें एक बार बनारस और फिर वहाँ से मुंबई ले जाने की जद्दोजहद मुझे बेकार लगी। ताज़ा ख़बर यह है कि वे दोनों कार्टन्स अपनी जगह पर मौजूद नहीं हैं और बार-बार पूछने पर मुझे बताया गया है कि आदरणीय शशि शेखर ग़रीबी के दिनों में कभी उन किताबें को बेचकर अपने पौवे का इंतज़ाम कर चुके हैं। हालाँकि शशि जी ने इस आरोप का पुरज़ोर खंडन किया है लेकिन किताबों की बाबत वे भी अनभिज्ञता व्यक्त करते हैं।

बहरहाल, 2 अप्रैल को ज्वाइन करने से पहले मैंने बनारस से ही 1 अप्रैल को इलाहाबाद में यूएनआई के कांटैक्ट परसन श्री जियालाल को फ़ोन किया और बताया कि मैं कल से आपके साथ ऑफ़िस ज्वाइन करने आ रहा हूँ। उन्होंने मेरी बात को इस भाव से सुना गोया मैं फ्रेंच में बोल रहा हूँ और उन्हें ये भाषा क़तई पसंद नहीं। मैं समझ नहीं पाया कि मामला क्या है और निश्चिंत होकर अपने कॉलेज के दिनों का एक गाना सोचते हुए सो गया।

"जब नौकरी मिलेगी तो क्या होगा
जिसम पे सूट होगा, पाँव में बूट होगा
हाथों में गोरी का हाथ होगा।"

दसियों नौकरियाँ करने और छोड़ने के बाद आख़िरकार यह ऐसी नौकरी थी जिसमें पढ़ना-लिखना था और भागदौड़ बहुत कम थी।

जब मैं 2 अप्रैल को सिविल लाइंस बस अड्डे पर बस से उतरा तो मैंने पहले सैलून में जाकर दाढ़ी बनवाई। यह वही शहर था जिसमें मैं कई बार कई प्रतियोगी परीक्षाएँ देने के बहाने से घूमने आ चुका था, जहाँ मेरे चाचा का घर था और जहाँ सिर्फ़ तीन महीने पहले मैं अपनी चचेरी बहन की शादी में गया था। लेकिन आज इस शहर में मैं एक राष्ट्रीय एजेंसी के पत्रकार की हैसियत से जा रहा था। मेरी कल्पना में एक ऑफ़िस आया जिसमें मुझे एक छोटा-सा केबिन मिले और सहयोगी स्टाफ़ हों। चूँकि मैं एक कल्पनाशील लेखक हूँ इसलिए मैं यह मानकर चल रहा था कि मेरे सहकर्मियों में ज़रूर कोई सुंदर लड़की भी होगी जिसे कहानियाँ, कविताएँ और फ़िल्मों वग़ैरह में रुचि होगी। कल्पनाएँ ढेर सारी थीं और समय बहुत आशावादी था। मौसम में गर्मी थी और सिविल लाइंस के गिरजाघर से थोड़ा आगे मैंने रिक्शा रुकवाया तो सामने एक बड़ा-सा बोर्ड था जिस पर लिखा था 'यूनाइटेड न्यूज़ ऑफ़ इंडिया'। मेरी धड़कनें बढ़ गईं। थोड़ी दूरी पर 'अमर उजाला' का बड़ा-सा बोर्ड टंगा था और वहाँ लाइन से चाय की दुकानें थीं। आगे जाकर जहाँ से नज़र वापस लौट आती थी, वहाँ ढेर सारे लोग काले कोट में खड़े चाय पी रहे थे। मैंने अपने क़दम अपनी मंज़िल की ओर बढ़ा दिए।

वहाँ एक दूसरा आश्चर्य मेरा इंतज़ार कर रहा था। कांटैक्ट परसन श्री जियालाल ने कहा कि उन्हें ऐसी कोई सूचना नहीं मिली कि यहाँ कोई पत्रकार

ज्वाइन करने आ रहा है। मैंने उन्हें कल बनारस से किए फ़ोन की याद दिलाई तो उनका मासूम-सा जवाब था कि उन्हें लगा कि कोई उन्हें 'अप्रैल फूल' बना रहा है। वे तीन कमरों के एक फ़्लैट में अपने छोटे मगर दुखी परिवार के साथ रह रहे थे और मुझे पता चला कि यही यूएनआई/यूनीवार्ता का दफ़्तर है और एकमात्र वही वहाँ के स्टाफ़। उन्होंने मुझे ज्वाइन कराने से इंकार कर दिया और दिल्ली फ़ोन मिलाकर प्रबंधन से बात करने लगे। मैं भी फ़िक्र को धुएँ में उड़ाने के लिए बाहर चला आया और बाहर आकर माँ को फ़ोन करके स्थिति बताई। वह दुखी हो गईं और मेरा पुराना इतिहास बताने लगीं कि मेरा कोई भी काम आसानी से नहीं होता और हर काम कगार पर आकर रुक जाता है, अब वक़्त आ गया है कि जिस रुद्राभिषेक और महामृत्युंजय जाप को मैं कई सालों से टालता आ रहा हूँ उसे करा लूँ। मुझे मेरी ग़लती का एहसास हुआ और मैंने फ़ोन काट दिया। फिर मैंने आनंद को फ़ोन लगाकर पूरी बात बताई तो उसने कहा कि मैं वहाँ से बिना ज्वाइन किए न हटूँ और वह आदमी अगर ज्वाइन न कराए तो उसे यह लिखवाकर ले लूँ। लिखवाकर लेने वाली सलाह ने मेरे क़दमों में फ़ुर्ती भर दी और मैं वापस उनके घर यानी अपने ऑफ़िस पहुँचा। मुझे कुछ कहने की ज़रूरत नहीं हुई। उन्हें दिल्ली से वांछित आदेश मिल चुके थे। उन्होंने कहा कि मैं कल से आ जाऊँ और यहीं यानी उनके फ़्लैट के बाहरी कमरे में जो ड्राइंगरूम होने के साथ-साथ यूएनआई का दफ़्तर भी था, बैठकर उनसे पत्रकारिता के गुर सीखूँ। मैंने ठंडी साँस ली। कल आने के लिए कहकर अपनी अटैची उठाई और चाचा के घर की तरफ़ यानी सुलेम सराय के लिए चल पड़ा।

आपने क्या सोच के ऐसे विषय पर कहानी लिखी

इलाहाबाद में नौकरी ज्वाइन करने के दो महीने बाद ही 'नया ज्ञानोदय' के युवा पीढ़ी विशेषांक में मेरी कहानी 'पिता तुम कायर थे' छपी और मैं उन दिनों दिन में चार से पाँच कॉल के औसत से अपनी कहानी की तारीफ़ देश के कोने-कोने से सुनता था। लोग उस कहानी को पढ़कर रोते-सुबकते हुए फ़ोन करते। कई ने मुझे यक़ीन दिलाया कि मैंने इस कहानी के रूप में हिंदी साहित्य को एक नायाब तोहफ़ा दिया है। मैं धीरे-धीरे उनकी बातों और उन जैसी कुछ और बातों पर यक़ीन कर चला था कि मेरी मुलाक़ात मुरलीधर जी से हुई। उसके पहले कुछ और बातों का ज़िक्र लाज़िमी है। इलाहाबाद में जो मेरा पहला दोस्त या साथी बना उसका नाम दुर्गेश मिश्रा था। वह भी मेरी तरह एक समाचार एजेंसी में पत्रकार था जिसका नाम बताने पर लोग कहते थे, "अच्छा-अच्छा, वह अख़बार?"

वह तुरंत सफ़ाई देता, "नहीं-नहीं अख़बार दूसरा है, यह भारत की पहली न्यूज़ एजेंसी है।" इस पर कई बड़े अख़बारों के पत्रकार पूछ बैठते, "अच्छा यह शुरू हो गई क्या? कब?" मुझे भी दुर्गेश से ही पता चला कि यह भारत की पहली न्यूज़ एजेंसी है क्योंकि जिस दिन क्लास में यह पाठ पढ़ाया गया हो शायद मैं कैंटीन में बैठा चाय सुड़क रहा होऊँ। दुर्गेश पूरी तरह एक आकस्मिक व्यक्ति था जो कभी कुछ भी कर सकता था। वह अपनी हीरो-पुक पर जब मुझे पीछे बैठाकर तेज़ स्पीड में चला रहा होता और उसे अचानक याद आता कि उसने गाड़ी में तेल नहीं डलवाया तो वह चालीस की स्पीड पर चल रही गाड़ी को ज़ोर-ज़ोर से हिलाने लगता।

“ई का कर रहे हो में?”

“देख रहे हैं विमल भाई कि तेल डलवाए थे कि नहीं... ।”

मैं घबरा जाता। कभी भी कुछ भी बोल सकने की अपनी योग्यता के कारण यह कई लोगों से गाली और एकाध से बहुत तगड़ी मार खा चुका था। उसके आराध्य देव शंकर भगवान और मुरली मनोहर जोशी थे और मेरे सामने वह मार्क्सवाद और मार्क्सवादियों को गाली देने से यथासंभव बचता था जबकि मैंने कभी उससे मार्क्सवाद के पक्ष या विपक्ष में कुछ भी नहीं कहा था। मेरे रोज़ न नहाने, दस पंद्रह दिनों पर दाढ़ी बनवाने की क्रिया और संघियों को कोसने वाले किसी बयान को मिलाकर वह पता नहीं किस प्रक्रिया से इस नतीजे पर पहुँचा था कि मैं मार्क्सवादी हूँ और उसका दूसरा आश्चर्यजनक निष्कर्ष था कि मार्क्सवादी सफ़ाई पर बिलकुल ध्यान नहीं देते।

मुझे नहीं पता था कि इलाहाबाद में साहित्य की किताबें कहाँ मिलती हैं या थियेटर कहाँ होते हैं। मैंने अपने मित्र और युवा कथाकार चंदन पांडेय को फ़ोन किया जिसके बारे में मेरा मानना है कि मैं ग्लोब के किसी भी हिस्से में रहूँ, अच्छी किताबें और फ़िल्में कहाँ मिलेंगी, जानने के लिए उससे अच्छा आदमी कोई नहीं है। उसने मेरी मदद की और मुझे दो लोगों के नंबर दिए जो काफ़ी समय से इलाहाबाद में थे और साहित्य के अध्येता थे। पहला नंबर स्विच ऑफ़ निकला जिसका आज मुझे नाम भी याद नहीं और दूसरा नंबर शेषनाथ का निकला, जिसने इलाहाबाद में रहने का मेरा आनंद कई गुना कर दिया और जिसके लिए मैं हमेशा चन्दन का शुक्रगुज़ार रहूँगा। इस बीच मेरी मुलाक़ात रणविजय सिंह सत्यकेतु से हुई जिन्हें मैं उनकी दो कहानियों 'फाँक' और 'कफ़्यू' से जानता था। वह गंभीर और बिलकुल सौम्य टाइप के आदमी लगे। उन्होंने मुझे मुरलीधर जी से मिलवाने को कहा और साथ में यह भी कि हम लोगों को मिलकर इलाहाबाद में कोई साहित्यिक गोष्ठी शुरू करनी चाहिए। आकाशवाणी में कार्यक्रम अधिशासी डॉ. मुरलीधर (जो अपने नाम के आगे डॉक्टर लगाने से चिढ़ते हैं) जी से मेरी पहली मुलाक़ात पता नहीं उन्हें याद है या नहीं, लेकिन मेरे लिए यह आँख खोलने वाली रही। मैं सत्यकेतु जी के साथ अशोक नगर स्थित उनके घर पहुँचा तो वह नीचे ही मिल गए। अपने साथ हमें वह ऊपर चौथी या पाँचवीं मंज़िल स्थित अपने फ़्लैट में ले गए।

जहाँ तक पहुँचते-पहुँचते मेरी साँस फूल जाती थी और हर बार मैं सिगरेट छोड़ने की सोचता था। हमें पानी देने के बाद उन्होंने मेरी ओर मुख़ातिब होकर कहा, ''आपकी कहानी पढ़ी इस बार नया ज्ञानोदय में।'' मैं आदतवश और अपने आशावादी स्वभाव के कारण अब प्रतीक्षा करने लगा कि अब वह किन शब्दों में इस कहानी की तारीफ़ करते हैं। मेरे चेहरे पर वह मुस्कराहट आ गई जो मुख्य अतिथि के चेहरे पर मंच से नीचे देखते वक़्त होती है। वह मेरी बग़ल में सोफ़े पर बैठ गए और अपनी गहरी और साफ़ स्पष्ट उच्चारण वाली आवाज़ में बोले, ''आपने क्या सोच के ऐसे विषय पर कहानी लिखी, जिस पर पचासों कहानियाँ लिखी जा चुकी हैं और सैकड़ों फ़िल्में बन चुकी हैं?'' मैं हक्का-बक्का था लेकिन हारा नहीं था। अपने बिखरे कांफ़िडेंस को ज़मीन से उठाकर मैंने अपने चेहरे पर लगाया और विषय के बारे में मज़बूत शब्दों और कमज़ोर आवाज़ में कोई दलील दी जो अब मुझे याद नहीं है। ज़ाहिर है वह याद किए जाने लायक़ थी भी नहीं।

''उस पर उसका अंत इतना टाइप्ड और सतही है कि वहाँ तक पहुँचते-पहुँचते कहानी बिलकुल ख़राब और अझेल हो जाती है।'' उनका निष्कर्ष था। मैं बहुत अजीब स्थिति में था। अपनी कहानी तो दूर, मैंने ऐसे शब्द किसी ख़राब कहानीकार के लिए भी कभी उसके सामने प्रयोग नहीं किए थे। कम-से-कम रचनाकार के सामने मैं उसकी रचना की तारीफ़ किए जाने का नियम जानता था। यह वही इलाहाबाद था और यह वही इलाहाबादी तेवर था जिसकी तारीफ़ में जितना कहा जाए, कम है। इस मुलाक़ात के बाद 'मुख़ातिब' को शुरू किए जाने की योजनाएँ बनने लगी थीं।

कानसेप्टै नै ना किलयर एनकै

चाचा के घर मेरा बहुत स्वागत हुआ और मैं भी अपने चचेरे भाई-बहनों से मिलकर काफ़ी ख़ुश हुआ। ख़ास तौर पर मेरे छोटे भाई बेटू यानी प्रशांत से मेरी अच्छी बनने लगी थी, लेकिन घर से निकलने का अर्थ मैं आज़ादी मानता था और एक घर से निकलकर फिर से दूसरे घर में रहकर अपनी आज़ादी को दाँव पर लगाने के पक्ष में नहीं था। दिल्ली में इतने सालों तक रहकर अकेले रहने की आदत पड़ गई थी और रवैया बदल चुका था। जैसे दिल्ली के शुरुआती दिनों में जब कभी छोटी-मोटी चोट लग जाती थी तो यह सोचकर मन रो उठता था कि कोई पूछने वाला नहीं है कि क्या हुआ, कैसे हुआ, और बाद के सालों में ऐसा होने पर यह संतोष होता था कि कोई हल्ला मचाने वाला नहीं है कि यह लगाओ वो लगाओ। चाचा जी के घर में दूसरी खटकने वाली बात यह थी कि वह घर के मुखिया थे और इस बात को ख़ासा सीरियसली लेते थे। मेरे घर में मेरे पिताजी ठीकठाक लोकतांत्रिक आदमी हैं और अख़बार आने पर उनसे कोई भी संपादकीय पृष्ठ माँग सकता है (जब वह मुखपृष्ठ पढ़ रहे हों)। चाचाजी के क़ब्ज़े से अख़बार तब तक नहीं पाया जा सकता था जब तक वह पूरा पढ़ न चुके हों। इससे बड़ी दुख की बात यह थी कि वे पीने के शौक़ीन थे और अक्सर ऑफ़िस से आने के बाद शाम को अपने कमरे में नमकीन और पानी लेकर दरवाज़ा अंदर से बंद कर लेते तो मेरा भी मूड बन जाता। मैं अपने बने मूड से ध्यान खींचने के लिए टीवी पर गाने सुनता या कुछ लिखता-पढ़ता, तब तक वे दरवाज़ा थोड़ी देर के लिए खोलते और सलाद कटवाकर फिर बंद कर देते। मैं व्याकुल हो उठता और मेरा गला भी सूखता

हुआ महसूस होता। ख़ैर, मैंने चाची से कहा कि मैं अलग कमरा लेना चाहता हूँ तो वह दुखी हुईं। उनका कहना अपनी जगह दुरुस्त था कि जब इसी शहर में अपना घर है तो फिर कमरा लेने की क्या ज़रूरत है! मैंने बहाना बनाया कि मेरा काम कुछ ऐसा है कि मेरे कमरे पर हमेशा लोगों का जमावड़ा रहेगा और इसलिए मैं अलग कमरा चाहता हूँ। चाची से बहाना बनाते हुए मुझे नहीं मालूम था कि इलाहाबाद जल्दी ही मुझे ऐसे दोस्तों से नवाज़ने वाला है कि मेरी यह बात एकदम सच साबित होगी। चाचा के घर का माहौल बहुत अच्छा था और मेरी छोटी बहन प्रिया, जो प्रयाग संगीत समिति की छात्रा थी, की वजह से मैं वहाँ से हटना बिलकुल नहीं चाहता था। उसके गाए गीत वहाँ रहने का मेरा बड़ा लालच थे और चाची का अपनत्व हमेशा अपने घर के माहौल की याद दिलाता। समस्या मुझे तब होती जब वे मेरी माँ और पापा को लेकर अपनी शिकायतों का पुलिंदा खोल बैठतीं। मैं चाहता था कि शिकायत जिससे हो उस तक सीधी पहुँचाई जाए और मुझे किसी चैनल की तरह न प्रयोग किया जाए। लेकिन मुख्य बात वही आज़ादी की थी कि अपने समय पर सोया जाए, जगा जाए और जब चाहे लौटा जाए। कुल मिलाकर आवारागर्दी की जाए। बेटू मेरे साथ कमरे के लिए बहुत दौड़ा और उसने एक कमरा दिलवाया भी जो लड़कों के लॉज में था और वहाँ प्रतियोगी परीक्षाओं का माहौल था। गर्मी के मौसम में कमरे के टॉप फ़्लोर पर होने से ज़्यादा दबाव वहाँ के प्रतियोगी परीक्षाओं के माहौल का था, जिससे एडवांस देने के बावजूद मैंने वहाँ क़दम रखने की हिम्मत नहीं की। प्रतियोगी परीक्षाओं की तैयारी करने वाले बिलकुल युवा और युवतर लोग जो विषय से प्यार करने के बजाय उससे लड़ते रहते हैं, मेरे मन में कई कारणों से डर पैदा करते।

इलाहाबाद में जितने अख़बार मैंने पढ़े थे या उनके बारे में जानता था उससे कई गुना अख़बार वहाँ से छपा करते थे (यह बात लगभग हर छोटे शहर पर लागू होती है), यह बात मुझे वहाँ के प्रेस कॉन्फ्रेंसेज़ में पता चलती थी। ज़्यादातर प्रेस कॉन्फ्रेंस ज़ेड गार्डेन रेस्टोरेंट, मिलन होटल, कान्हा श्याम होटल, येल चिको रेस्टोरेंट और प्रेस क्लब आदि जगहों पर हुआ करती थी। मोटे तौर पर आठ-दस मुख्य अख़बारों और आठ-दस चैनलों वाली मीडिया से कम-से-कम 60-70 आदमी हाथों में पैड और पेन लिए वहाँ पहुँचा करते

जिनके होंठों पर बड़ी-बड़ी बातें हुआ करती थीं। विधानसभा चुनावों के दिन थे और हर रोज़ दो-तीन बड़ी प्रेस कॉन्फ्रेंस या जनसभाएँ हुआ करती थीं। मेरा शेड्यूल बड़ा अजीब-सा था। दो-तीन दिन जियालाल जी के कमरे से ख़बरें भेजने के बाद मुझे उनके घर, जिसे वह बड़े गर्व से ऑफ़िस कहते थे, जाकर उस कंप्यूटर से ख़बरें भेजने में बड़ा संकोच-सा होने लगा जिसे उन्होंने पता नहीं किस सभ्यता से बचाकर रखा था। उसमें कृतिदेव जैसा ही न जाने कौन-सा फ़ॉन्ट था कि डी दबाने से तो क ही आता था, लेकिन फ के लिए शिफ़्ट के साथ क़्यू नहीं दबाना होता था बल्कि तीन-चार बटन एक के बाद एक दबाने पड़ते थे। मैं उस कंप्यूटर के चक्कर में ख़ुद का सीखा हुआ फ़ॉन्ट न भूल जाऊँ और हर रोज़ मेहमान की तरह उनके घर जाकर ख़बर भेजने से पहले उनकी चाय-नमकीन का दुश्मन न बनूँ, इसके लिए निर्णय लिया कि मैं साइबर कैफ़े से ख़बरें भेजा करूँगा। उनके घर में उनकी दो बेटियाँ और उनकी पत्नी थीं। सबकी तबियत अक्सर ख़राब रहा करती थी और ऐसी हालत में उनका मेरे लिए चाय बनाना मुझे और अधिक अपराधबोध से भर देता था। साइबर कैफ़े जाने के बारे में उन्होंने असहमति व्यक्त करते हुए कहा था कि मैं उनके साथ भेजूँ तो मेरी ग्रामर और न्यूज़ राइटिंग उनके मार्गदर्शन में अच्छी होगी। मुझे उनकी बात पर शक होता क्योंकि हिंदी में ख़बरें भेजते हुए वह टाइप करते, "आज इलाहबाद हाई कोट ने... " मैं कहता, "सर इलाहाबाद की जगह इलाहबाद और कोर्ट की जगह कोट हो गया।" तो वह मुस्कराकर कहते, "अरे कुछ लखनऊ वालों को भी करने दो।" यह कहते हुए उनके चेहरे पर बदला लेने की संतुष्टि आ जाती और वह कुर्सी की पुश्त पर पीठ टिकाकर लंबी साँस लेते। मुझे ख़ुद से ही ग़लतियाँ करके सीखने का विकल्प ज़्यादा अच्छा लगा। अब हर देर शाम या रात मैं जियालाल जी को फ़ोन करता और पूछता, "कैसे हैं सर?"

"ठीक हूँ। क्या चल रहा है?"

"ठीक हूँ सर। कल का क्या है?"

"कल ज़ेड गार्डन में सुबह ग्यारह बजे प्रेस कॉन्फ्रेंस है मुख़्तार अब्बास नक़वी की और तीन बजे सभा है मुलायम सिंह यादव की।"

"ठीक है सर। मैं प्रेस कॉन्फ्रेंस अटेंड कर लूँ?"

"नहीं वो मैं कर लूँगा। तुम जनसभा देख लेना मुलायम की।"

"ओके सर। मैं देखकर भेज दूँगा इंगलिश में।"

"अब तुम्हीं जाओगे तो हिंदी में भी भेज ही देना।"

"अम्मम ठीक है सर।"

"और कुछ हो तो कवर कर के मुझे नोट करा देना।"

"ओके सर।"

अब जनसभा हो और वह भी मुलायम, मायावती या सोनिया गाँधी जैसे बड़े चेहरों की तो फिर आपका पूरा दिन ख़राब होना स्वाभाविक है। तीन बजे की जनसभा में लोग बारह बजे से ही इकट्ठा होना शुरू हो जाते। दूर के गाँवों से ट्रकों में एक टाइम के खाने-पानी के एवज़ में भरकर लाए गए लोगों का क़ाफ़िला आकर दो बजे तक के पी ग्राउंड के आधे हिस्से को भर देता। फिर तीन बजते, चार बजते और इसके बाद पाँच बजते। स्थानीय नेताओं को अपने हथियारों को धार लगाने के ख़ूब मौक़े मिलते। घटिया शेरो-शायरी के बीच न्यूज़ चैनल के दोस्त आगे जाकर अपने कैमरे फ़िट कर देते और इंतज़ार की घड़ियाँ गिनने लगते। जो समय के कम ग़ैरपाबंद नेता होते वे तीन के शेड्यूल में पाँच साढ़े पाँच बजते हाज़िर हो जाते। इधर लखनऊ से मेरे पास फ़ोन आना शुरू हो जाते। "विमल, ख़बर भेजो यार।" "अरे सर अभी तो आए हैं मुलायम। ख़त्म होते ही भेजता हूँ।"

ख़ैर, जब तक जनसभा ख़त्म होती, शाम का अँधेरा घिर आता। मैं तुरंत बाहर निकलकर रिक्शा करता और किसी साइबर कैफ़े में जाता और ख़बर बनाना शुरू करता। "मुलायम अपील्स यूथ टु चूज अ रिस्पांसिबल गवर्नमेंट।" ये हेडिंग लगाकर मैं किसी से पूछ नहीं सकता था कि कोई बढ़िया हेडिंग क्या लगाई जा सकती है। कैफ़े से ख़बर भेजने भर में ज़ोनल ऑफ़िस लखनऊ से दो-तीन बार और फ़ोन आ जाता। "यार कितना टाइम लगाते हो, जल्दी भेजो।" मैं भेजकर ख़ाली होता फिर जियालाल जी को अपनी ख़बर के बिंदु बताता ताकि वह हिंदी में भेज सकें लेकिन अक्सर वह ख़बर टीवी पर देखकर पहले ही बना चुके होते थे।

दुर्गेश से मेरा परिचय जियालाल जी ने ही प्रेस क्लब में एक प्रेस-कॉन्फ्रेंस में कराया था। "इनसे मिल लो, ये भी एजेंसी के आदमी हैं।" उनके शब्दों

का मान रखने के लिए और इलाहाबाद की अजनबियत से बचने के लिए मैंने उससे दोस्ती कर ली लेकिन दरअसल मेरा स्वार्थ यह था कि मेरे पास कोई वाहन नहीं था और उसकी हीरो-पुक पर बैठने से ऑटो रिक्शे के किराये में बचत तो होती ही थी, अनजाने रास्तों की जानकारी भी मिल जाती थी। एक दिन मैं उसके हीरो-पुक पर बैठा सिविल लाइंस की ओर जा रहा था कि बैरहना से आगे बढ़ते ही उसने एक गली की ओर अपना वाहन मोड़ दिया। "आओ विमल भाई तुमका आपन एक दोस्त से मिलाई।" मैं कुछ प्रतिवाद करता तब तक गाड़ी गलियों में सरपट दौड़ती, पतली गलियों को पार करती एक दरवाज़े के सामने खड़ी हो चुकी थी। वह विवेक का घर था जिसके बारे में मेरा ख़याल था कि दुर्गेश का दोस्त है तो दुर्गेश जैसा ही बड़बोला और आत्ममुग्ध होगा। मेरे बारे में कुछ ऐसे ही ख़याल विवेक के मन में भी आए जब दुर्गेश ने मेरा परिचय करवाया, "ई विमल भाई हैं, यूयनाई में हैं, जनत्यो कि नै यूयनाई? कहानियो लिखत हैं, कानसेप्टै नै ना किलयर एनकै।" दो तरह के लोगों से मुझे बहुत कोफ़्त होती है। एक आत्ममुग्ध और दूसरे बड़बोले। दुर्गेश का मेरे बारे में कहना है कि मेरा कांसेप्टै क्लियर नहीं है क्योंकि मैं पत्रकारिता भी करता हूँ, सिनेमा पर भी लिखता हूँ, कहानियाँ भी लिखता हूँ और इधर उसका यह विश्वास और बढ़ गया है जब उसने पाया है कि मैं कविताएँ भी लिखने लगा हूँ। वह मेरे बारे में जितनी बातें करता, उनमें से मैं सिर्फ़ इसी एक बात पर उससे मुतमइन हो पाता।

पीटीआई की तरह यूएनआई भी एजेंसी है एक ठो

इलाहाबाद में पत्रकारों की जो प्रजातियाँ थीं वैसी सभी छोटे शहरों में होती होंगी लेकिन मेरा ऐसा पहला अनुभव था और मैं कई बार आश्चर्य में पड़ जाया करता था। एक दिन तंदूर रेस्टोरेंट में किसी नेता की प्रेस कॉन्फ्रेंस में एक लंबे-तगड़े नौजवान ने मुझसे हाथ मिलाया और मेरा परिचय पूछा। मैंने संकोच करते हुए बताया, ''यूएनआई।'' यह बोलकर मैं यूएनआई के बारे में उसे बताने ही वाला था कि उसने मुझसे हाथ मिलाते हुए टोक दिया, ''मायसेल्फ़ रिंकू फ्रॉम द न्यूज़ क्रिटिक टाइम्स।'' मैं पहले संकोच करने वाली बात का स्पष्टीकरण दे दूँ। जब भी कोई मुझसे मेरे बैनर का नाम पूछता तो पहले तो मैं गर्व से बताया करता था, ''यूनाइटेड न्यूज़ ऑफ़ इंडिया।'' लोग माथा सिकोड़ते, ख़ूब सोचते कि ये नाम कहाँ सुना है, फिर हारकर मुझसे पूछते, ''ये छपता कहाँ से है?'' मैं उनका सामान्य ज्ञान बढ़ाता, ''ये न्यूज़ एजेंसी है। अख़बारों को ख़बरें देती है। जो ख़बरें आप अख़बारों में देखते हैं जिनके ऊपर या नीचे कोष्ठक में लिखा होता है एजेंसी, वह हम जैसे एजेंसी वाले ही देते हैं।'' अगला कन्विंस तो नहीं होता लेकिन मेरे चेहरे की ईमानदारी का सम्मान करते हुए मान जाता कि ऐसा ही होता होगा हालाँकि उनके मन में कई ईमानदार सवाल ज़रूर उठा करते थे, ''अरे जब अखबार के आपन रिपोर्टर होई तो कोई तुम्हार खबर काहे लेई?'' मैं फिर से समझाता। तरीक़ा काफ़ी कठिन था लेकिन बाद में मैंने देखा कि मेरे सीनियर श्री जियालाल जी एक बड़ा अच्छा तरीक़ा अपनाते हैं तो मैं भी बाद में वही तरीक़ा अपनाने लगा और वह काफ़ी आरामदायक भी था। वह किसी को यूएनआई या यूनीवार्ता बताते और

अगले के चेहरे पर प्रश्नवाचक चिह्न बनने के साथ ही पूछ लेते, "पीटीआई जानते हो न?" अगला चहककर कहता, "हाँ हाँ, पीटीआई भाषा न?" "बस त वही, वही तरह यूएनआई भी एजेंसी है एक ठो।" ये तरीक़ा बहुत मारक था और इसमें पीटीआई का पिछलग्गू होने का कोई अपराधबोध अगर कभी रहा होगा तो अब पूरी तरह ख़त्म हो चुका था। एक ज़माने में पीटीआई से आगे रही यूएनआई को पहचानने के लिए अब पीटीआई के नाम का सहारा लेना पड़ रहा था जिसके बारे में पूरी बेशर्मी से कहा जाता था कि ये हमारी राइवल एजेंसी है। हम अब पीटीआई के राइवल होने के कहीं से भी योग्य नहीं थे लेकिन एक ज़माने में रही प्रतिद्वंद्विता को पूरी निर्लज्जता से ढो रहे थे।

मैं रिंकू की बात कर रहा था। उससे हाथ मिलाने के तुरंत बाद अपने अख़बार का नाम बताया और मेरी एजेंसी का नाम सुनते ही बोला, "वहाँ तो जियालाल जी थे न?" मैं ख़ुश हुआ कि इसे अपनी एजेंसी का काम नहीं बताना पड़ा। मैंने उससे पूछा कि उसका अख़बार कहाँ से निकलता है और वह क्या कवर करता है। उसने बताया कि वह सब कुछ कवर करता है। मैंने शक से उसकी तरफ़ देखा और पूछा कि उसका अख़बार किस भाषा का है। उसने 'द न्यूज़ क्रिटिक टाइम्स' अपनी जेब से निकाला। देवनागरी में लिखा हुआ यह नाम 'द टाइम्स ऑफ़ इंडिया' को मात दे रहा था और सब कुछ कवर करने वाले इस पत्रकार ने चार पन्ने के अपने अख़बार को चार बार मोड़कर अपनी पिछली जेब में रखा था।

मुख्य तौर पर दो तरह के पत्रकार थे। एक तो चार पन्ने वाले अख़बारों और लोकल न्यूज़ चैनलों के थे, जिनमें से ज़्यादातर की ईमेल आईडी भी नहीं थी और ईमेल वग़ैरह जैसी फ़ालतू चीज़ों के बारे में उनका रवैया तन्नी गुरू वाला हुआ करता था कि जिसको ग़रज़ होगी खुदै आएगा। सभी तो नहीं, लेकिन इनमें से ज़्यादातर पत्रकार पत्रकार-वार्ताओं में मिलने वाले गिफ़्ट पर अपनी नज़रें गड़ाए रहते। कुछ लोग खाने के मेन्यू को लेकर भी बड़े चिंतित रहते। जब किसी बड़ी कंपनी की प्रेस कॉन्फ्रेंस में नामों के आगे हस्ताक्षर कराकर सिर्फ़ बड़े अख़बारों या सेटेलाइट चैनलों के पत्रकारों को ही गिफ़्ट दिए जाते और इन पत्रकारों के कार्ड देखने के बाद उनसे माफ़ी माँगकर बाहर निकाल दिया जाता तो ये पत्रकार पूरा दिन सुभाष चौराहे (जिसे पत्रकार चौराहा

भी कहा जाता था) पर यह चर्चा करते हुए निकाल देते कि देश में अविश्वास का जो माहौल बन रहा है वह इसकी एकता और अखंडता के लिए भारी ख़तरा है।

दूसरे तरह के पत्रकार अमर उजाला, दैनिक जागरण और हिंदुस्तान जैसे अख़बारों के हुआ करते जिनमें से ज़्यादातर खाने के प्रति कोई रुचि नहीं दिखाते चाहे मेन्यू कितना भी अच्छा हो। इनके दोस्त तय थे, हाय-हेलो करने वाले चेहरे तय थे और यहाँ तक कि इनके सवाल भी तय थे। कुछ सेटेलाइट चैनलों के लोग भी ख़ुद को पुण्य प्रसून बाजपेयी और विनोद दुआ का स्थानीय संस्करण समझते। ये लोग स्वघोषित, स्वपोषित और स्वयंभू सेलेब्रिटी थे, जो रेवती रमण सिंह जैसे पुराने और अनुभवी नेताओं या नन्द गोपाल गुप्ता नंदी जैसे नये खिलाड़ियों से एक ही गूढ़ सवाल पूछते, "केत्ती सीट जीत रहे हैं इस बार?" अपने इस धारदार प्रश्न के बाद वह बाक़ी पत्रकारों के चेहरे हिक़ारत से देखते और फिर जवाब नोट करने में मशग़ूल हो जाते जिसके जवाब में वह नया या पुराना नेता कह रहा होता कि उसकी पार्टी इस बार सारी सीटें जीतने वाली है। ऐसे सवाल का इससे अच्छा जवाब कोई हो भी सकता है क्या? ये लोग कॉन्फ्रेंस ख़त्म होते ही उठते और उस दरवाज़े से बाहर निकलते जिधर खाने के आइटम रखे होते। रेस्टोरेंट का वेटर जिसे उस नेता का सख़्त निर्देश होता कि कोई खाए बिना न निकले, गिड़गिड़ाता हुआ उनके पीछे भागता, "सर कुछ खा लीजिए प्लीज़।" वे लोग अपना दाहिना हाथ ऊपर उठाकर मना करते, जिसमें एक पतला-सा लेटरपैड होता और बिना कुछ कहे इस ठसक के साथ बाहर निकल जाते कि उनके लिए काम ही पूजा है और वे फ़्री के खाने को ठेंगे पर रखते हैं। मैंने ऐसे एकाध पत्रकारों से बात करने की कोशिश की थी लेकिन मेरा फ़िज़िकल अपीयरेंस कुछ ऐसा था कि मैं बहुत ध्यान दिए जाने लायक़ आदमी नहीं दिखाई देता था और वे आमतौर पर पहली राय फ़िज़िकल अपीयरेंस को देखकर ही बनाते थे।

मान्यवर, आप लोग ग़लत न समझें

दुर्गेश ने जिस विवेक से मेरा परिचय कराया था वह इलाहाबाद की मेरी इंसानी उपलब्धियों में से एक साबित हुआ। मैंने उससे कहा कि मैं एक कमरा खोज रहा हूँ जो सुलेम सराय से दूर हो और वहाँ आज़ादी से रहा जा सके। वह भी गाहे-बगाहे पीने वाला आदमी था और उसने मेरी आज़ादी का बिलकुल सही मतलब निकाला। उसने एक कमरा खोज निकाला जो कीडगंज में ही था और एक लोहे के आम दिखते शटर के पीछे अपने पूरे रंगरूप में आबाद था। वह एक लॉज था जिसके मालिक के रूप में मुझे शिशु भैया मिले जो हाईकोर्ट में वकालत करने के साथ-साथ साहित्य में भी रुचि रखते थे। मेरा कमरा नंबर 110 था जिसके एक तरफ़ राजन और उसके समस्याग्रस्त बड़े भाई रहते थे तो दूसरी तरफ़ अतीव उत्साही, साहित्य अध्येता, परम पूज्यनीय प्रातः स्मरणीय श्री श्री 1008 श्री अजय दूबे जी रहते थे। वह पहले इतने शाकाहारी आदमी थे जो मैंने अपनी याद्दाश्त में देखा था। लॉज तीन मंज़िला था और वह पूरे लॉज में दूबेजी के नाम से जाने जाते थे। वह कभी भी किसी भी कमरे में जाकर उसका हालचाल ले सकते थे और उनके शब्दकोश में प्राइवेसी नाम का कोई शब्द नहीं था। मेरी बेतरतीब वेशभूषा देखकर लॉज के बच्चे (ज़्यादातर वहाँ सीए या आईएएस की तैयारी कर रहे बच्चे ही थे) मुझसे बात करने में रुचि नहीं दिखाते थे और शुरू-शुरू में दूबेजी भी मुझसे दूर-दूर रहे। बुरा हो सत्यकेतु जी का कि हिंदी दिवस के दिन उन्होंने मुझे अपने ऑफ़िस मिलने के लिए बुलाया और हिंदी दिवस की फ़िज़ूलख़र्ची जैसे किसी विषय पर मेरे विचार के साथ मेरी फ़ोटो भी छाप दी जिसे शिशु भैया ने भी 'अमर उजाला'

में देखा। विमल चंद्र पांडेय, युवा कथाकार लिखे होने के कारण शिशु भैया की नज़रों में मेरा क़द काफ़ी बढ़ गया और उन्होंने यह बढ़ोत्तरी अपने तक ही नहीं रखी बल्कि अपने शुभचिंतकों को भी बाँट दी। अब दूबेजी भी मेरे शुभचिंतक होने की प्रबल इच्छा लिए घूम रहे थे और मैं था कि अपने कमरे में घुसते ही दरवाज़ा बंद कर लेता था। लॉज में किसी से बात करने की जगह मैं अपने कंप्यूटर पर फ़िल्में या गाने देखता रहता या फिर नई ख़रीदी कोई पत्रिका पढ़ता रहता। एक दिन दूबेजी ने मेरा दरवाज़ा खटखटाया और अख़बार में मेरी तस्वीर प्रकाशित होने के बाबत पूछा। मैंने सहमते हुए हामी भरी और उन्होंने मुझे लगभग गले लगा लिया। उन्होंने मुझे बताया कि वह भी कभी-कभी कविताएँ लिखते हैं और मैं सोचने लगा कि अब कहाँ जाऊँ।

वैसे दूबेजी थे बड़े प्यारे इंसान। पूरे लॉज के लोगों का हालचाल लेते और किसी भी, कैसी भी समस्या में जान लेकर हाज़िर रहते। मेरी मदद करने के लिए भी वह बहुत कोशिशें कर रहे थे और मुझे मदद की दरकार ही नहीं हो रही थी। उनका मेरे कमरे में आना-जाना बढ़ता जा रहा था और अब तो ये होने लगा था कि मैं विवेक के साथ पीते हुए किसी मुद्दे पर बात करता रहता कि वह आकर उस मुद्दे का कोई ऐसा पहलू बताने लगते कि पूरी बात बात करने लायक़ नहीं बचती। एक दिन तो हद ही हो गई जब मैं और विवेक रात के दो बजे तक धीमी गति से इसलिए पीते रहे कि शुद्ध शाकाहारी इस पड़ोसी के जाने के बाद चिकेन हांडी की हांडी खोली जाए और वह दो बजे तक बैठे हमारी बातचीत में हिस्सा लेते रहे। आख़िरकार थककर विवेक ने पोटली खोली और उनके सामने चिकेन थाली में परोसता हुआ बोला, "चलिए भोग लगाइए मान्यवर।" दूबे जी थोड़ा दूर छिटक गए और हमारे चेहरे के भाव पढ़ते हुए बोले, "मान्यवर, आप लोग ग़लत न समझें, अगर मेरी वजह से आप खाने में देरी कर रहे थे तो ये एकदम ग़लत बात है। मैं शाकाहारी अवश्य हूँ परंतु आपके मांसाहार से मुझे कोई आपत्ति नहीं है। आप आराम से खाएँ।" जो ऐसी स्थिति में नहीं पड़ा वो नहीं जानता कि हमने उनके सामने शराब पीकर मांस खाते हुए कितनी शर्मिंदगी महसूस की। वो नहीं करते तो कम-से-कम हम तो करें, शायद ये हमारे मन में रहा हो।

इलाहाबाद में मैं जितने ठिकानों पर रहा उनमें सबसे अच्छा वक़्त इसी

लॉज में गुज़रा। विवेक का कमरा मेरे कमरे से थोड़ी दूरी पर ही था और हमारी रुचियाँ काफ़ी हद तक मिलती थीं। हम दोनों अच्छी फ़िल्मों और घूमने-फिरने के शौक़ीन थे। पढ़ना मेरा जुनून था और जो अच्छी चीज़ें मैं पढ़ता उसे विवेक को भी अनुशंसित करता। कीडगंज में ही अर्बेन्द्र रहता था जिससे पत्रकारिता के दौरान फ़ील्ड में मुलाक़ात हुई थी और वह भी हमारा अच्छा साथी बन गया। उसका गाँव शंकरगढ़ था और उसका पूरा नाम अर्बेन्द्र प्रताप सिंह राणा था जिसे वह बड़ी जतन से छिपाकर रखता था लेकिन बदक़िस्मती से एक दिन हमने उसके कमरे में रखी उसकी एक किताब पर यह नाम पढ़ लिया और काफ़ी दिन तक उसे राणा साहब पुकारते रहे जिस पर उसकी भृकुटी तन जाती। उसके पास एक हैंडीकैम था जिससे वह ए टीवी में पत्रकारिता किया करता था। ए टीवी, बी टीवी सी टीवी से लेकर छी टीवी तक वहाँ पाया जाना असंभव नहीं था। लोकल चैनलों की भरमार थी और विज्ञापनों के अलावा इनके पत्रकार कुछ चाहते थे तो सिर्फ़ प्रशासन का भ्रष्टाचार हटाना ताकि अपना भ्रष्टाचार फैला सकें। किसी ट्रैफ़िक पुलिस वाले से थोड़ी दूर छिपकर बैठना और कैमरा तैयार रखना इनकी पत्रकारिता का सबसे प्रमुख अंग था जिसमें किसी ट्रकवाले से पैसे वसूल रहे पुलिसकर्मियों से फ़ुटेज को न प्रसारित करने की शर्त पर वे उनसे 100 या 50 रुपये झटक लेते। मैं ऐसे पत्रकारों के बीच ख़ुद को बड़ा अप्रासंगिक महसूस करता। मेरा मन घबराने लगता और घबराकर भाग जाने को कोई ठिकाना था तो सिर्फ़ और सिर्फ़ शेषनाथ का कमरा, जहाँ वो अपने एक रिश्ते के भाई के साथ तैयारी के नाम पर रहकर साहित्य की किताबों और ख़बरों के बीच समय बिता रहा था।

अरे बिना मुँहे धोए चाय

मैं पहली बार शेषनाथ के कहने पर उसके कमरे पर गया और फिर बार-बार मेरा मन उसके यहाँ जाने को करने लगा। हम किताबों की, कहानियों की और पूरी दुनिया की बातें करते जिसका अच्छा-ख़ासा हिस्सा युवा लेखिकाएँ घेरतीं। शेषनाथ ग़ज़ब का साहित्य प्रेमी था और इस चक्कर में कथाकुंभ में कोलकाता और कथाक्रम में लखनऊ तक के चक्कर काट चुका था जबकि मैं ऐसे कार्यक्रमों के आमंत्रण मिलने के बावजूद वहाँ नहीं जाता था। मुझे उसकी बातें और साहित्यिक दुनिया की ख़बरें सुनना अच्छा लगता। उसका साहित्य अध्ययन भी मुझसे काफ़ी अच्छा और विषद था इसलिए उससे बहुत ज्ञानवर्धन भी होता। वह अपने रूम पार्टनर और भाई साहब को भी साहित्य पढ़ने को प्रेरित करता रहता लेकिन उनका कहना था कि वह वहाँ तैयारी करने आए हैं वक़्त बर्बाद करने नहीं, हालाँकि ये आंशिक रूप से सच था। वह और उसके बड़े भाई जितना ध्यान पढ़ाई पर लगाते उससे थोड़ा अधिक ही ध्यान खाने पर लगाया जाता और मुझे ये देखकर आश्चर्य होता कि पढ़ाई के घंटों से थोड़ा बहुत समझौता वे शायद स्वीकार कर लेते लेकिन खाने के मेन्यू से रत्ती भर समझौता उन्हें बर्दाश्त नहीं था। खाने में सुबह भात और रोटी के साथ दाल और सब्ज़ी दोनों रहती और पेट पर उपकार करते हुए सलाद का विकल्प भी लगभग हमेशा ही रखा जाता। मैंने देखा था कि तैयारी करने वाले लड़के अक्सर भात और रोटी में से एक चीज़ बनाया करते थे और उसमें भी भात को तरजीह दी जाती थी क्योंकि उसे एक बार रखने के बाद सीधे उतारने के लिए उठना होता था। लेकिन इन दोनों का भोजन देखकर मैं सुखद आश्चर्य से भर उठता। उस

पर तुर्रा ये कि मुझे खिलाते वक़्त दोनों भाई इतना मनुहार करते कि मैं सोचने लगता कि अपने ससुराल में भी मेरा इतना स्वागत होगा या नहीं। जब मैं खाकर उठता तो मेरा पेट गले तक भर चुका होता और मैं बात करने की स्थिति में नहीं होता। मैं बिस्तर पर गिरने के कुछ ही मिनटों बाद सुप्तावस्था में जाने लगता और शेषनाथ से साहित्य की चर्चाएँ करता रहता। हम अमरकांत, स्वदेश दीपक, निर्मल वर्मा, नीलाक्षी सिंह से लेकर न जाने किन-किन साहित्यकारों की रचनाओं और उनकी ज़िंदगियों के बारे में चर्चा करते। मैं कुछ देर तक हामी भरता, फिर उँघने लगता। मामला हद से आगे गुज़रने पर मैं ख़र्राटे भरने लगता और शेषनाथ समझ जाता कि आज के लिए काफ़ी हो गया। वह भी करवट बदलकर सो जाता।

चैन की लंबी नींद लेने के बाद जब मैं उस कमरे में पहली बार उठा तो यह वो कमरा नहीं था जहाँ मैं सोया था। जहाँ रात को कुछ अश्लील बातें भी हुई थीं और जहाँ तेल मसालों की गंध आ रही थी। मेरी आँखें धीरे-धीरे खुलीं तो किसी के मेरे पास ज़ोर से साँसें छोड़ने की आवाज़ आई। मेरी नाक में किसी बढ़िया सुगंधित अगरबत्ती का धुआँ घुसने लगा। मुझे फिर से नींद आने लगी लेकिन मैंने मामला जानने की ग़रज़ से अपने बग़ल में नज़र घुमाई। शेषनाथ नहा-धोकर, पूजा-पाठ कर, अगरबत्ती दिखा, हाफ़ पैंट और बनियान में कपालभाति प्राणायाम कर रहा था। उसके चेहरे पर बाबा रामदेव जैसा तेज था और आँखों में मनमोहन सिंह जैसी शांति, मैं झटके से उठ बैठा। उसने साँस लेने और छोड़ने के बीच इशारा किया कि मैं चाहूँ तो थोड़ा और सो सकता हूँ। इस इशारे में मुझे ख़ुद को आलसी और काहिल समझे जाने का अपमानबोध हुआ और मैं फुर्ती से उठ बैठा। मैंने अभी सबसे ज़्यादा बिकने वाले अख़बार के पन्ने पलटे ही थे कि शेषनाथ फुर्ती से अपना प्राणायाम ख़त्म कर उठा और चाय छानकर मेरे सामने रख दिया। मैं बहुत शर्मिंदा था और नियम धरम वाले इन महापुरुषों के कमरे में आकार ख़ुद को उन पर बोझ बना हुआ पा रहा था। अभी मैं चाय पी ही रहा था कि शेषनाथ के रूम पार्टनर-कम-भइया कहीं बाहर से आए और चहकती आवाज़ में मुझसे पूछ बैठे, "अरे बिना मुँहे धोए चाय?" उनकी आवाज़ इतनी फ्रेश थी कि पता ही नहीं चल रहा था कि उनका सूरज कितना पहले निकला है। मेरी आवाज़ ऐसी थी जैसे नींद के सात पर्दों के

पार से आ रही हो। उसी आलस भरी आवाज़ में मैंने जवाब दिया, "मैं तो प्रेशर बनाने के लिए पीता हूँ सुबह चाय बिना फ्रेश हुए।" मेरी दलील से वह एक बार और खुलकर हँसे और मेरी ओर हिकारत भरी नज़रों से देखते हुए अपने काम में लग गए यानी सब्ज़ी कौन-सी बनेगी, इसकी चर्चा करने लगे।

इस घटना ने मेरा ध्यान फिर से एक बार मेरी बेतरतीब जीवन शैली की तरफ़ खींचा जिसमें रहने की मुझे ऐसी आदत पड़ गई थी कि किसी दूसरे के घर ठहरने पर मुझे अपने सोने-जागने के समय में ख़लल पड़ने से ही सबसे ज़्यादा कोफ़्त होती थी। शेषनाथ मेरे लिए नियमित और संतुलित जीवन-शैली का प्रेरणा स्रोत बना। मैंने तय किया कि मैं शेषनाथ की नियमित जीवनशैली को आदर्श मानकर अपने बेपटरी हो चुके जीवन को फिर से पटरी पर लाने के लिए कमर कसूँगा। मैंने उसी शाम वहाँ से लौटने के बाद विवेक के साथ एक आकस्मिक मीटिंग की और उसके अनियंत्रित होते जा रहे वज़न के लिए उसे गलीच शब्दों में शर्मिंदा किया। कई बार ऐसा किए जाने पर उसके अंदर का अनुशासित इंसान और पूर्व स्पोर्ट्समैन भी आख़िर जाग ही गया और उसने मेरे जोश में जोश मिलाया कि हम लोग इस सोमवार से सुबह जल्दी जागेंगे और सिगरेट-शराब जैसी गंदी चीज़ों के बारे में न सोचकर सुबह-सुबह प्राणायाम और आसन करेंगे। मैंने जब विवेक को बताया कि एक ज़माने में मैं योग शिक्षक रह चुका हूँ और शरीर इतना लुंजपुंज होने के बाद भी अभी-भी चलते-फिरते शीर्षासन जब चाहे कर सकता हूँ तो वह प्रभावित और प्रेरित हुआ। मैंने उसे और प्रभावित करने के लिए अपनी चौकी पर फटाक से शीर्षासन करके दिखा भी दिया जिसमें मुझे दीवार से बाहर निकली आलमारी से हलकी चोट भी लगी, जिसे मैंने नज़रअंदाज़ कर दिया। हम इस काम को कल से ही शुरू कर सकते थे लेकिन सोमवार का दिन चुनने का मक़सद ये था कि अगले 2-3 दिनों में हम मानसिक ताक़त जुटा लें। सोमवार से बुधवार हम दोनों ने मेरे कमरे पर प्राणायाम और कुछ आसन किए। हमने सुबह की ठंडी हवा के बारे में बातें कीं और उन लोगों को मूर्ख कहा जो सुबह 8-9 बजे तक सोकर इस अमृत को व्यर्थ जाने देते हैं। हम अब तक की अपनी मूर्खता पर भी पछताए कि आज तक देर से जागकर जो अलौकिक अनुभव हमने खोया है उसकी भरपाई कैसे हो सकती है। विवेक ने कहा कि भरपाई तो ऐसे ही होगी

कि हम पूरे मन से अपना अनुशासन जारी रखें। सोम-मंगल-बुध तीन दिन के अनवरत परिश्रम के बाद वृहस्पतिवार को विवेक ने मुझे फ़ोन करके कहा कि वो मेरे कमरे पर नहीं आ सकता और अपने घर पर ही प्राणायाम करेगा क्योंकि उसे तुरंत कुछ काम से बाहर निकलना है। मैंने उसे आश्वस्त किया कि मैं भी अपने कमरे पर ही कर लेता हूँ। जब दूसरे दिन भी उसने ऐसा ही कहा तो मुझे थोड़ा ग़ुस्सा आया और मैं ग़ुस्से में सो गया कि उठकर करूँगा। 5 बजे जागकर फिर से सोने के बाद मेरी नींद सुबह आठ बजे खुली। देर से जागने और अपना अनुशासन भंग होने के कारण मेरा मूड बहुत ख़राब था। मैं बाहर निकला और शोले की दुकान पर चाय पीने के बाद एक सिगरेट पी और वहीं अपना चेहरा पानी से धोया ताकि पता न चले कि मैं अभी उठकर आ रहा हूँ। चाय पीने के बाद मैं ये सोचता हुआ विवेक के घर की ओर चल पड़ा कि उससे कहूँगा कि मैंने आज दो नये आसन शुरू किए हैं जिन्हें उसे सीखना चाहिए था क्योंकि उससे वज़न कम करने में सहायता मिलती है। उसके दरवाज़े को जब दो बार खटखटाने के बाद कोई प्रतिक्रिया नहीं आई तो मैंने वहीं खड़े-खड़े उसे फ़ोन किया। उसने फ़ोन उठाया और अलसाई आवाज़ में पूछा, "कौन?"

"कौन? साले सो रहे हो क्या अभी?" मेरी ग़ुस्से से भरी आवाज़ सुनकर उसकी आवाज़ अचानक मुस्तैद हो गई।

"नहीं यार जगे हैं। कहाँ हो?"

"तुम्हारे दरवाज़े के सामने, खोलो फट से।"

उसने दरवाज़ा खोला। वह लोवर और बनियान में था और उसके बाल खौरहे कुत्ते की तरह बिखरे थे। कुत्ते का संबोधन हमें बहुत पसंद था और हम अक्सर कुछ परिस्थितियों के लिए इसका प्रयोग करते थे। उसने मेरी ओर देखा और शर्मिंदा हुआ। मैंने अंदर जाते ही एक लंबी साँस ली और कहा कि आज मौसम बहुत अच्छा है। वह और शर्मिंदा हुआ। मैंने उसे बताया कि आज मैंने दो आसन ज़्यादा किए हैं तो वह थोड़ा और शर्मिंदा हुआ। मैंने कहा कि कोई नियम बनाना कठिन नहीं है, कठिन उसका पालन करना होता है। उसने कहा कि कल शाम से उसे ज़ुकाम की समस्या है जिसके बाद उसे थोड़ा बुख़ार भी हो गया था, इसी कारण उठने में देर हो गई। चूँकि हमारी दोस्ती नई-नई थी इसलिए मैं समझ नहीं पाया कि ये उसका बहुत पुराना और घिसा-पिटा बहाना

है। मैंने एकाध और दर्शन परोसने के बाद उसे बता दिया कि दरअसल आज मेरी भी नींद देर से खुली है। उसके सीने से बहुत बड़ा बोझ उतर गया और उसने मुझे मक्कारी का आरोप देते हुए एकाध गालियाँ दीं और इसी ख़ुशी में मुझे बिठाकर ख़ुद चाय बनाने ऊपर चला गया।

अपनी असफलता का ग़म किसी साथी की असफलता से अक्सर एक दार्शनिक आह्लाद में बदल जाता है।

ऐसे नहीं विमल,
कमर हिले नहीं, बस हाथ हिलना चाहिए

शायद ऐसे कुछ असफल प्रयास ही इसके पीछे रहे हों कि हमने अपनी इच्छाशक्ति को बाक़ायदा जाँचने के लिए एक बड़ा और बोल्ड निर्णय लिया। मेरे लिए ख़ास तौर से मेरे 50-52 किलो के शरीर को देखते हुए ये एक कठिन और दुस्साहसी निर्णय था। मैंने और विवेक ने अर्बेन्द्र को इतने अच्छे से कन्विंस किया कि वो भी इसमें हमारे साथ आ गया। हमें सुबह 5 बजे जागकर साढ़े पाँच बजे तक फ्रेश होकर कीडगंज पुलिस चौराहे के पास एक जिम में पहुँचना था, जहाँ मुझे सलमान ख़ान की तरह, अर्बेन्द्र को सनी देयोल की तरह बॉडी बनानी थी और विवेक को अपने कमर के आसपास की अतिरिक्त चर्बी से छुटकारा पाना था। जिम के लिए सबसे उत्साहित विवेक था और मैं शारीरिक मेहनत करने से इतना डर रहा था कि मैंने दलील दी कि अगर कोच अच्छा न हो तो कसरत का बहुत नकारात्मक प्रभाव पड़ता है। इन सस्ते जिमों में प्रशिक्षित ट्रेनर नहीं होते जिसके कारण मैं वहाँ जाने से बचता हूँ। विवेक ने इसकी इतनी अच्छी काट निकाली कि मैं लाजवाब हो गया। उसने बताया कि हम दोनों को ट्रेनर से प्रशिक्षण लेने की ज़रूरत नहीं क्योंकि वह स्टेट लेवल का वेटलिफ़्टर रह चुका है, कसरत की बारीकियाँ समझता है। वह हम दोनों के लिए अच्छा कोच साबित होगा। वह वेटलिफ़्टिंग में अपने राज्य का प्रतिनिधित्व कर चुका था और करियर के एक अच्छे मोड़ पर उसने वेटलिफ़्टिंग को तब अलविदा कह दिया था जब उसके कोच ने कहा कि इसके आगे के लेवल पर जाने के लिए उसे चिकन और मटन को अपने डाइट में शामिल करना होगा। हालाँकि

मुझसे परिचय होने के बाद जब मैं उसके लिए मांसाहार करने की प्रेरणा बना तो उसने इस बात पर दुःख प्रकट किया कि अगर मैं उसे पहले मिल गया होता तो आज वह राष्ट्रीय स्तर का वेटलिफ़्टर होता।

वह हम दोनों के लिए एक ज़ालिम कोच साबित हुआ। जिम में जाते ही वह जैसे ही हमारी ओर हमें वार्मअप कराने मुड़ता, उसका पूरा व्यक्तित्व उसी तरह बदल जाता जैसे 'पंच परमेश्वर' के आसन पर बैठने के बाद जुम्मन शेख़ का बदला था। मैं तो वार्मअप में ही थककर चूर हो जाता। हाँफने लगता और मेरे दिल की धड़कनें तेज़-तेज़ चलने लगतीं लेकिन वह चेहरे पर एकदम गंभीर भाव लेकर कहता रहता, "हाँ ठीक है, पाँच बार और करो, कम-ऑन, तीन... गुड... चार... .शाबाश... अबे एक और कम-ऑन... अरे यार... ।" मैं गिरकर ढेर हो जाता। वह व्यंग्य से मुस्कराकर कहता, "बस बाबा, वार्मपे में... कसरत कब करबो?"

वार्मअप के बाद मुझमें ज़रा भी हिम्मत नहीं बचती कि मैं उठकर अब प्लेट या डंबलों को हाथ लगाऊँ। कभी जोश में मेरे मुँह से एक बार निकल गया था कि मैं अपने स्वास्थ्य पर ध्यान देना चाहता हूँ और अपनी बॉडी को फ़िट बनाना चाहता हूँ। उसने मेरी इस इच्छा को दिल से लगा लिया था और मेरी बॉडी फ़िट कराने के लिए कुछ भी करने को तैयार था। हाई-स्कूल के दिनों से ही विभिन्न प्रकार के नशों का अभ्यस्त मेरा शरीर आत्मसमर्पण कर चुका था, लेकिन विवेक इस मामले में काफ़ी आशावादी था और उसे लगता था कि मैं आलस के कारण ज़्यादा मेहनत करने से कतरा रहा हूँ। अर्बेन्द्र ठेठ देसी आदमी था और मज़बूत शरीर का मलिक था लेकिन कसरत के लिए सबके पैमाने अलग थे। उससे भी विवेक तब तक कसरत कराता जब तक उसके माथे का पसीना पैरों तक नहीं आ जाता। सुबह जागने से अधिक दहशत हमें जिम में जाने से होने लगी। विवेक अंदर घुसते ही कोई दूसरा इंसान बन जाता और हमारे मज़ाक़ों पर हमें डाँट देता और कहता कि एक्सरसाइज़ की तरफ़ मन लगाओ फालतू की बात मत करो। बाहर निकलने के बाद हम फिर से वही पुराने दोस्त बन जाते और लौटते वक़्त चाय की जगह मुसम्बी का जूस पीते।

जिम के मालिक की जिम के बग़ल में ही पेंट की दुकान थी और जिम से

एकाध दिन कुछ चप्पलें चोरी हो जाने के बाद वह अपनी दुकान पर बैठा हर भीतर घुसने वाले के पैरों की ओर एक अपमानजनक दृष्टि से देखता रहता। मैंने उस दृष्टि का बहाना लेकर कहा कि मैं अब जिम नहीं जाऊँगा क्योंकि मुझे वहाँ का मलिक नहीं पसंद। एक दिन जिम बंद था और हम जब ख़ुशी-ख़ुशी वहाँ से वापस लौट रहे थे तो विवेक ने हमारी ख़ुशियों पर यह कहते हुए पानी फेर दिया कि हमें एडीसी (इलाहाबाद डिग्री कॉलेज) चलना चाहिए क्योंकि वहाँ फ़ील्ड में कसरत करने के कुछ उपकरण लगाए गए हैं। हम एडीसी गए और वहाँ फ़ील्ड की दीवार फाँदकर भीतर घुसे। मुझे नहीं मालूम था कि जिम बंद होने पर हमें प्राइमरी स्कूल के बच्चों के स्कूल बंद होने जैसी जो ख़ुशी हुई थी उसकी उम्र सिर्फ़ कुछ पलों की है। विवेक ने उस बड़े मैदान के, जिसमें कम-से-कम तीन-चार टीमें क्रिकेट खेल रही थीं, हम दोनों को 4-5 चक्कर लगवाए और ख़ुद चक दे इंडिया के शाहरुख ख़ान की तरह पीछे से हाँक लगाता रहा। हमने हाँफते हुए उसे भी दौड़ने को कहा तो उसने कहा कि हम उसे सिखाने की जुर्रत न करें और अपने काम पे ध्यान दें क्योंकि वो तीन मंज़िलें चढ़कर नहीं हाँफता। एक कोच के तौर पर वह सिर्फ़ दुखती रगों पर ही हाथ रखता था।

उसका हिसाब-किताब ऐसा ही था। वह हमें तो ख़ूब मेहनत कराता और ख़ुद हल्की-हल्की जॉगिंग करता नज़र आता। जिम में भी वह एक दाएँ-बाएँ घूमने वाली मशीन पर बैठ जाता और हिलता रहता जबकि हम उसी समय उसके सामने बीस किलो की प्लेट उठाकर हाँफ रहे होते। वह दाएँ-बाएँ घूमते ही चिल्लाता रहता, "ऐसे नहीं विमल, ऐसे नहीं, कमर हिले नहीं, बस हाथ हिलना चाहिए। हाँ ठीक और स्थिर रहो।" उसकी इस ऐयाशी पर एकाध मेहनती कसरतबाज़ धीरे से फुसफुसाए भी, "एका देखो, लड़कन से मेहनत कराय रहा है अउर अपने झूला पर बकइती पेल रहा है।" हमें इस बात से बल मिला कि या तो विवेक ख़ुद भी भारी कसरतें करेगा या फिर हमें कुछ रियायत देगा। लेकिन उसने इस बात को अफ़वाह की तरह सुना और भूल गया। हमें तो लगा कि उसने सुना ही नहीं लेकिन हम जब कमरे पर जाते वक़्त जूस पी रहे थे तो उसने हँसते हुए बताया कि कोई उसे ताना मार रहा था। ख़ैर, हमने एक महीना पूरी मेहनत के साथ जिम किया और आज मैं पूरे विश्वास से कह

रहा हूँ कि अगर मैं 6 महीने जिम कर लेता तो मेरा हाथ से निकल चुका शरीर वापस हाथ में आ सकता था। जिम छोड़ने के कारण मुझे याद नहीं हैं और न ही विवेक को याद होंगे। वे इतने निश्चित थे भी नहीं कि उन्हें शब्दों में बताया जा सके। बस मुझे अंतिम हफ़्ते का एक दृश्य याद है। मैं अपने हिस्से का बाईसेप्स और चेस्ट करके खड़ा हाँफ रहा था और अर्बेन्द्र बीस किलो की प्लेटों के साथ चेस्ट की कसरत कर रहा था। उसे तीसरे राउंड में यह क्रिया बीस बार करनी थी और वह दस की संख्या पार कर चुका था। शुरू में उसने जो क्रिया की उसे हिंदी में काँखना कहते हैं और इस क्रिया का इससे जीवंत उदाहरण मैंने कभी नहीं देखा था। इस क्रिया के बाद अब वह बाक़ायदा कराह रहा था और अब उसकी कराह इतनी तेज़ हो गई थी कि कई दयालु कसरतबाज़ अपना काम छोड़कर उसकी ओर सुहानुभूति भरी नज़रों से देख रहे थे। जिम की गति ठहर गई थी और अर्बेन्द्र कराहता हुआ कह रहा था कि अब नहीं हो सकता, विवेक उसे तेज़ आवाज़ में प्रेरित कर रहा था कि बस ग्यारह और करने हैं। अगर वह न करे तो फिर कल से जिम आने की ज़रूरत नहीं है। 'कसरत काहिल लोगों का काम नहीं है', कहने के बाद उसने मेरी ओर भी जलती नज़रों से देखा जिससे मैं शर्मिंदा हुआ। अर्बेन्द्र ने अपनी परेशानियों का वर्णन करना भी शुरू कर दिया था जिससे वहाँ उपस्थित लोगों की आँखों में आँसू भर नहीं भरे।

"अकेले पूरा खाना बनाना पड़ता है... ।"

"शाबास... तेरह।"

"उह्ह... कल रात का बर्तन अभी..आह उसी तरह रखा है... ।"

"शाबास... चौदह... ।"

"उसको भी धोना अआआ है... ।"

"रात का बर्तन रात ही में धो लिया करो। कम ऑन... गुड... पंद्रह... बस पाँच और।"

"आज कपड़ा भी ईईई धोना है... ।"

"शबाआआस... बस चार और... धोबी को दे देना... शाब्बास।"

"हमसे अब नहीं होगा... इग्नू का प्रोओओओजेक्ट भी... बनाना है।"

"अबे इग्नू में क्या लिखना होता हमको न बताओ... करो करो... ।"

''बहुत दर्द हो रहा है... नहीं हो पा रहा... ।''

''बहुत सही गुरु... बस तीन और करो और काम खतम, देखो सब लोग इधर देख रहे हैं।''

''इतना काम करना होता है और हाआआथ उठता नहीं ईएई... ।''

''अबे दो और करो, देखो सब लोग देख रहे हैं... ।''

''गाँड़ मराने जाएँ सब लोग... अआआ..और तुम भी... हम मर जाएँगे।'' वह वहीं ढेर हो गया। उसे उठाकर बेंच प्रेस करने वाली बेंच पर लिटाया गया तो अर्धबेहोशी की हालत में उसे लगा कि उससे बेंच प्रेस करवाया जाएगा और वह कुछ बुदबुदाने लगा। उसने अन्याय के ख़िलाफ़ पहली बार मुखर आवाज़ उठाई थी और मैं उसके साथ था। मैंने कहा कि वह कुछ न बोले और लंबी साँसें ले, उसे आराम मिलेगा। इस दृश्य को पूरी सुहानुभूति और उत्सुकता से देख रहे लोगों ने अर्बेन्द्र की कुछ बातों की निर्ममता से अपने भीतर की सुहानुभूति को ख़त्म किया और अपने कामों में लग गए।

अमिताभ के चाहने वालों की भीड़ उमड़ी

यूएनआई के उत्तर प्रदेश के ब्यूरो-चीफ़ सुरेन्द्र दूबे जी थे और लखनऊ ऑफ़िस में बैठते थे। सब कुछ ठीक चलता रहता, मैं थोड़ी नौकरी और थोड़ी मस्ती करता रहता कि अचानक उनका महीने भर बाद धमकी भरा फ़ोन आता। वह कहते कि इलाहाबाद बड़ा सेंटर है और वहाँ से बहुत सारी ख़बरें निकल सकती हैं। मैं हामी भरता। वह कहते कि वहाँ एक सेंट्रल यूनिवर्सिटी है, एक सेंट्रल रेलवे है और एक सेंट्रल कल्चरल सेंटर है जहाँ से हर रोज़ एक्स-क्लूसिव स्टोरीज़ निकाली जा सकती हैं, मैं फिर से हामी भरता। वह कहते कि जियालाल बहुत काहिल आदमी हैं और मैं उनके नक़्शे-क़दम पर न चलूँ, मेरी उम्र अभी मेहनत करने की है और मैं जमकर मेहनत करूँ, मैं फिर से हामी भरता तो वो मेरी नीयत समझ जाते और डाँटते हुए कहते कि मैं एक नियम बनाऊँ कि अब से हर हफ़्ते मैं कोई स्पेशल स्टोरी करूँगा वरना वह मेरा ट्रांसफ़र कहीं भी करा सकते हैं। मैं फिर से हामी भरता। कम-से-कम जियालाल जी से मैंने यह एक चीज़ तो सीख ही ली थी कि कोई काम किया जाए या नहीं हामी ज़रूर भरी जाए। एक तरफ़ लखनऊ ऑफ़िस से आए फ़ोन मुझे बताते कि मैं जियालाल जी की तरह कोरम पूरा करने वाली पत्रकारिता न करूँ तो दूसरी तरफ़ जियालाल जी मुझसे कहते कि मैं बहुत ज़्यादा परेशान न हुआ करूँ, एजेंसी में आलतू-फ़ालतू ख़बरें नहीं चलतीं, मैं सिर्फ़ बड़ी और क़ायदे की ख़बरों पर नज़र रखूँ और घर जाकर आराम करूँ। इधर मैं परेशान रहता था कि आख़िर बड़ी ख़बर कौन-सी है क्योंकि मेरी समझ न जियालाल जी से मिलती थी न लखनऊ ऑफ़िस वालों से।

छोटे–छोटे झटके तो पत्रकारिता ने मुझे कई दिए थे लेकिन जो सबसे बड़ा झटका था वह 2007 के किन्हीं अंतिम महीनों में लगा था जब मुझे लगने लगा था कि मुझे ये फ़ील्ड छोड़ देनी चाहिए क्योंकि मैं अपनी ऊर्जा इससे लड़ते हुए बर्बाद नहीं कर सकता। सुपरस्टार अमिताभ बच्चन की माँ तेजी बच्चन का देहांत हो गया था और वह संगम में उनकी अस्थियाँ विसर्जित करने आने वाले थे। उसी समय वरिष्ठ साहित्यकार अमरकांत जी को साहित्य अकादमी दिए जाने की घोषणा हुई थी। मुझे लखनऊ से फ़ोन करके एक दिन पहले से चेतावनी दी गई कि मैं अमिताभ की पूरी ख़बर कवर करूँ और कम–से–कम 3–4 स्पेशल स्टोरीज़ निकालूँ। मैंने एक स्टोरी पहले से बना ली थी जिसमें लगभग सारी ज़रूरी बातें थीं। और इसमें ज़रूरी था क्या, यही कि किस पंडित ने सारे संस्कार किए और उनके साथ कौन–कौन से वीआईपी मौजूद थे, कहाँ–कहाँ ठहरे और कब कैसे निकले। आज की तारीख़ में पत्रकारिता की जो हालत है उसमें मुझे इस स्थिति पर अधिक आश्चर्य नहीं होगा लेकिन एक तो समय आज से पाँच साल पहले का था और दूसरे ये कि मैं एक नया आदर्शवादी टाइप–का पत्रकार था, जिस पर सिर्फ़ हँसा जा सकता था। मैं ख़बर बनाने के बाद सत्यकेतु जी के साथ अमरकांत जी के घर एक विस्तृत इंटरव्यू के लिए चला गया कि जब भी मुझे पता चलेगा कि अमिताभ जी ने अस्थि विसर्जन की प्रक्रिया पूरी कर ली है, मैं एक–दो डिटेल्स डालकर ख़बर भेज दूँगा। चलिए मान लेते हैं कि अमिताभ वाली ख़बर ज़्यादा बिकती और अमरकांत का साक्षात्कार लेने जाना मेरा ख़ुद का स्वार्थ था लेकिन जो भी था मैं अमरकांत से मिलने के इस दुर्लभ पल को नहीं छोड़ सकता था। जब मेरी पोस्टिंग इलाहाबाद में हुई थी तो मुझे दो लोगों से मिलने का ज़बरदस्त उत्साह था, हालाँकि मुझ कम सामान्य ज्ञान वाले आदमी को वहाँ पहुँचकर पता चला कि मेरे प्रिय कवि कैलाश गौतम का तो मेरे पहुँचने के पाँच महीने पहले ही देहांत हो चुका है। ये मेरे लिए एक सदमे की तरह था, उनके अनगिनत प्रशंसकों की तरह मुझे भी पता नहीं क्यों लगता था कि मैं उन्हें बहुत निकट से जानता हूँ। कैलाश गौतम, हरिशंकर परसाई और ओशो के साथ उन चंद लोगों में से हैं जिनसे मिलने की अधूरी इच्छा लिए बिना ही मुझे मरना होगा। ख़ैर, मैं 'डिप्टी कलक्टरी', 'दोपहर का भोजन', 'ज़िंदगी और जोंक' और 'हत्यारे'

के उस लेखक से मिलने जा रहा था जिसकी किताबें कच्ची उम्र के बाद कुछ समझ आने के बाद भी, जब भी पढ़ीं, हर बार यही लगा कि लेखन में सहजता का कोई विकल्प नहीं है, न हो सकता है। वह अपनी रचनाओं की तरह ही सहज इंसान के रूप में मुझसे मिले। सत्यकेतु जी उनसे मिलते रहते थे लेकिन मेरे लिए यह पहला मौक़ा था। अमरकांत जी ने सत्यकेतु जी की उसी समय प्रकाशित कहानी 'अकथ' पर उन्हें डाँटा कि उन्होंने नायक के शुरुआती दिनों में उसे इतना क्रांतिकारी क्यों दिखाया है, यह अननेचुरल लगता है। सत्यकेतु जी ने मुस्कराकर उनका साक्षात्कार शुरू किया और मैं सोचने लगा कि काश! मेरी भी कोई कहानी पढ़कर मेरे इस पसंदीदा लेखक ने डाँटा होता तो मुझे भी मोक्ष मिल गया होता।

साक्षात्कार शुरू ही हुआ था कि मेरे पास लखनऊ से फ़ोन आना शुरू हो गए कि अगर अब तक विसर्जन न हुआ हो तो यही ख़बर भेजी जाए कि 'अमिताभ के चाहने वालों की भीड़ उमड़ी' या 'फ़लाँ-चिलाँ की उपस्थिति में अमिताभ पहुँचे संगम' आदि आदि। मैंने कहा कि पल-पल की ख़बर रखना तो चैनलों का काम है तो मुझे कहा गया कि कई चैनल भी हमारे सब्स्क्राईबर हैं जो ऐसी ख़बरें माँग रहे हैं। मैंने बताया कि मैं महान लेखक अमरकांत का साक्षात्कार ले रहा हूँ जो साहित्य अकादमी मिलने के बाद बहुत ज़रूरी है। मुझसे कहा गया कि यह कोई ख़बर नहीं है और मैं जल्दी से संगम जाकर अमिताभ से संबंधित ख़बर प्रायौरिटी बेसिस पर भेजूँ। मैंने पता किया तो मालूम हुआ कि अभी विसर्जन नहीं हुआ था। मैंने अपना फ़ोन स्विच ऑफ़ किया और अमरकांत जी के साक्षात्कार के दुर्लभ पलों में डूब गया। इसके बाद जब मैंने डिटेल पता किया तो विसर्जन थोड़ी देर पहले हुआ था और मैंने अपनी ख़बरों में तथ्य डालकर भेज दिया। कहना न होगा कि इस खुन्नस में अमरकांत जी वाली ख़बर पता नहीं वहाँ से भेजी गई या उसका क्या किया गया, मुझे अगले दिन के अपने सब्स्क्राईबर अख़बारों में मेरी स्टोरी से संबंधित कुछ भी कहीं देखने को नहीं मिला। वाक़ई अमिताभ अगले दिन के अख़बारों में इतने अश्लील ढंग से छाए थे कि इस मौक़े पर कम-से-कम अपने बारे में ख़बरें देखकर उन्हें ज़रूर ग़ुस्सा आया होगा। अस्थि-विसर्जन के बजाय अमिताभ मुख्य मुद्दा बने हुए थे और उन्हें चाहे जितना प्रचारलोलुप

कहा जाता हो इस मौक़े पर अपना प्रचार बुरा ही लगा होगा। अमरकांत उस दिन अख़बारों में भीतर के पृष्ठों में कहीं दबे हुए थे और ये वही अख़बार वाले थे, ये वही इलाहाबाद का प्रबुद्ध मीडिया था जिसने फिर से अमरकांत पर तभी प्रमुखता से स्टोरी की जब उन्होंने अपना साहित्य अकादमी पुरस्कार लौटाने की घोषणा की। मुझे पहली बार अपनी नौकरी में इतना ग़ुस्सा आया कि मैंने अगले तीन-चार दिन कई महत्वपूर्ण ख़बरें जान-बूझकर मिस कीं और ज़रूरत के समय अपना फ़ोन स्विच ऑफ़ कर दिया। ये मेरी लग्ज़री थी और इतनी ही मेरी विरोध जताने की सीमा भी थी। मैं चाहकर भी अपनी नौकरी को सीरीयसली नहीं ले पा रहा था और इन सब दिनों के बहुत पहले, सालों पहले से कहीं यह दिमाग़ में रहता आया था कि मेरी हर नौकरी अस्थाई होगी और जब भी मेरा मन करेगा मैं उसे छोड़ दूँगा। जब भी ऐसे मौक़े आते मैं इसके समाधान सोचता और जब सोचता-सोचता शून्य हो जाता तो कुछ पलायनवादी विचारों की शरण में जाता और सोचता कि मुझे वैसे भी साहित्य रचना है और फ़िल्ममेकिंग करनी है इसलिए यह नौकरी जल्दी ही छोड़नी ही है।

अन्दर्र रक्खो मित्र

हमारी एजेंसी घाटे में चल रही थी और तनख़्वाह आने में अक्सर देर हो जाती थी। मेरे पैसे महीने के अंतिम हफ़्ते में ख़त्म हो जाते और मैं विवेक के साथ टहलता यही चिंता करता रहता कि जेब में पैसे नहीं हैं और काम में संतुष्टि नहीं है, पता नहीं लाइफ़ कैसे चलेगी। फिर मैं उसे बताता कि मैं जल्दी ही सब छोड़-छाड़कर मुंबई जाऊँगा और कुछ फ़िल्में बनाऊँगा। विवेक इसके लिए मुझे कहता कि मुझे लोगों से थोड़ा मिलना-जुलना चाहिए, बड़े लेखकों को फ़ोन वग़ैरह करते रहना चाहिए ताकि नेटवर्क बने। कुछ बड़े लेखकों से शुरुआती उत्साह में मिलने का मेरा अनुभव बहुत ख़राब रहा था और न चाहते हुए भी मैं अक्सर न जाने किस भोकाल में रहता था कि किसी से काम के लिए नेटवर्क बनाना मुझे दुनिया का सबसे बुरा काम लगता। विवेक का कहना था कि चूँकि मैं बनारसी हूँ, मेरा रवैया तन्नी गुरु वाला हो गया है और ये आगे मुझे बहुत नुक़सान पहुँचाएगा। मैं यह कहता हुआ बात बदल देता कि मैं जो करूँगा, अपने तरीक़े से ही करूँगा, ''जहाँ पहुँचेंगे सब छलाँगे लगाकर, वहाँ पहुँचूँगा मैं भी मगर धीरे-धीरे।''

दरअसल अपने मन में एक असाधारण छवि बनाकर मैं जिन कुछेक बड़े लेखकों से मिला था वो छवि बहुत बुरी तरह इसलिए टूटी थी कि ये बड़े लेखक अपनी असल ज़िंदगी में एक सामान्य इंसान तक नहीं रह गए थे। उनकी रचनाओं ने उनके आसपास एक ऐसा अल्प-पारदर्शी मटमैले रंग का घेरा बना दिया था कि उन्हें अव्वल तो दुनिया दिखाई ही नहीं देती थी और कभी थोड़ी बहुत दिखती थी तो अपनी रचनाओं के रंग की ही। ये दिन में

25 घंटे अपनी रचनाओं के बारे में बात करते थे और इस बात को बार-बार दोहराने से इसे ख़ुद ही सत्य मान बैठे होते थे कि वे अपने समय के सबसे प्रतिभाशाली लेखक हैं।

आत्ममुग्धता एक ऐसी बीमारी थी जिसके लक्षण शुरू-शुरू में एकदम पता नहीं चलते थे और अंतिम चरणों में पता चलने पर इसका कोई इलाज दुर्भाग्य से मौजूद नहीं था।

अपनी रचनाओं के बारे में सोचना और उस पर बात करना बुरी बात नहीं लेकिन उसके असर के बारे जाने बिना ख़ुद उसकी तारीफ़ करने में जुटे रहना, दूसरे सभी लेखकों को खुले मन से गरियाना, दुनियादारी के दख़ल से कटे रहकर सिर्फ़ लिखने को बड़ा महान काम मानना, ये सब कुछ ऐसे दृश्य थे जो मेरे मन में जुगुप्सा पैदा करते और मैंने फ़ैसला किया कि इन बड़े लेखकों की मन में बनाई मेरी फ़र्ज़ी छवि से ख़ुश होने का विकल्प ज़्यादा सेहतमंद लगा। उनकी संगति से लाख गुना बेहतर उनकी किताबें होती हैं और मैं पढ़ता रहा।

समय मगर थोड़ा निराशा का था और उससे निकलने के रास्ते कम थे। एकमात्र रास्ता मेरे पास पढ़ने के बाद विवेक के साथ अच्छी फ़िल्में देखना था। हम अच्छी-अच्छी फ़िल्में खोज-खोजकर देखने की कोशिश करते। मातृभूमि जैसी अच्छी फ़िल्मों के साथ हम वेलकम जैसी बकवास फ़िल्में भी देखते। मैं कभी-कभी पॉर्न फ़िल्में भी देखता और विवेक भी बिना रुचि के मेरा साथ देता। विवेक स्वास्थ्य के प्रति बहुत सजग आदमी था और जहाँ तक मेरा अंदाज़ा है कि वह पॉर्न फ़िल्में इसीलिए देखना पसंद नहीं करता था कि कहीं उससे स्वास्थ्य पर प्रतिकूल प्रभाव न पड़े। वह सुबह जागने के बाद हर काम में ख़र्च होने वाली कैलोरी का अंदाज़ा लगा लेता था और उसी हिसाब से खाना खाता था। किए जाने वाले काम में ख़र्च की जाने वाली कैलोरी और ग्रहण किए जाने वाले भोजन की कैलोरी के अंतर्संबंधों पर उसने मुझे चलते-चलते कई प्रवचन दिए थे। मैं गंभीर मुद्रा बनाकर सुनता था कि कहीं वो बुरा न मान जाए कि मैं उसकी क़ीमती सलाहों की क़द्र नहीं कर रहा। वह बताता कि एक बार चुंबन लेने में क़रीब 8-10 कैलोरी ख़र्च होती है और एक टमाटर खाने से 20 के आसपास कैलोरी मिलती है। तुम दिन में अगर अपनी प्रेमिका को 10 बार किस भर ही कर लो तो तुम्हें भोजन के अतिरिक्त पाँच टमाटर खाने होंगे।

मैं उसकी सलाहों से इतना आतंकित हो जाता कि कल्पना करने लगता कि मैं अपनी प्रेमिका से मिलने जा रहा हूँ और मेरी जेबों में टमाटर भरे हुए हैं। ये तो अच्छा था कि उस समय मैं प्रेम में नहीं था और मेरी एकाध पूर्व प्रेमिकाओं से अब मेरी दोस्ती भर ही रह गई थी।

हमने किराये पर सीडी लाने के लिए एक दुकान चुनी थी, जिसका मालिक एक ख़ुशमिज़ाज पर अनिश्चित आदमी था और हमें 'मित्र' कहके बुलाता था। हमारी जानकारी के मुताबिक़ वह छह महीने पहले कोई और काम करता था और उसने यह सीडियों वाला धंधा अभी-अभी शुरू किया था। हम प्राय: हर शाम (जब मैं हाई कोर्ट की ख़बर भेजकर ख़ाली हो चुका होता था) उसकी दुकान पर जाते और मैं उसके ख़ज़ाने से कुछ ऐसी फ़िल्मों की तलाश करता जो मैंने न देखी हों और उन्हीं में से मुझे स्पर्श, इजाज़त और मंडी जैसी फ़िल्में मिल जातीं जिन्हें मैं खोज रहा होता था। इसके बाद कभी-कभी मैं उससे 'उन' फ़िल्मों की माँग करता और यह हिदायत भी देता कि वो कुछ ऐसी फ़िल्में दे जिनमें बढ़िया कहानी के साथ कुछ दृश्य हों यानी सीधे-सीधे हम पॉर्न फ़िल्म की नहीं एरोटिक फ़िल्मों की माँग करते थे, लेकिन न तो हम उसे अच्छे से समझा पाते और न वह अच्छे से समझ पाता। वह बहुत हँसमुख और फुर्तीला आदमी था और मेरे पॉर्न देखने के बावजूद न जाने क्यों मुझे सम्मान दिया करता था जबकि पॉर्न देखने वालों (और उसकी स्वीकारोक्ति करने) को तब भी और अब भी एक अजीब नज़रों से देखने का रिवाज है। दुकान पर कई ग्राहक उसकी सीडियों के डब्बे पलट रहे होते और वह फुर्ती से अंदर जाता, कुर्ते में कुछ छिपाकर लाता और जल्दी से मेरे हवाले करने के बाद बुदबुदाता, "अन्दर्र रक्खो, अन्दर्र रक्खो।" हमें कोई नहीं देख रहा होता न ही किसी को ये जानने की फ़ुर्सत रहती कि हम कौन-सी सीडी ले रहे हैं, लेकिन दुकानदार उसे इतनी गुप्त चीज़ की तरह हमें देता कि घबराकर फटाक से अंदर रख लेते। वैसे ही किन्हीं दिनों में मैं न जाने कैसे ओम शांति ओम की सीडी भी लेता आया जबकि न तो मेरी यह फ़िल्म देखने की इच्छा थी न विवेक की लेकिन शायद फ़िल्म बहुत चल रही थी और हर तरफ़ बज रहे उसके गानों से प्रेरित होकर सीडी वाले ने ही हमें प्रेरित किया कि हम यह धमाकेदार फ़िल्म ज़रूर देखें।

मैंने और विवेक ने ओम शांति ओम देखना शुरू किया और हमें बार-बार पेशाब लगने लगी। कभी मैं बाहर जाता तो कभी विवेक। क्या बकवास है? हमने एक-दूसरे से पूछा और बंद कर देने की इच्छा के बावजूद सिर्फ़ इस ख़बर की तस्दीक़ के लिए फ़िल्म देखते रहे कि आख़िर ये हिट कैसे हो रही है। फ़िल्म के अंत तक जाते-जाते हम दोनों पक गए थे। मुझे उस समय नहीं पता था कि ये फ़िल्म 'मधुमती' से प्रेरित है और अंतिम दृश्यों में जब दीपिका पादुकोण दिखाई पड़ी तो न जाने मेरे मुँह से कैसे निकल गया, "अरे ये असली वाली नहीं होगी, कहीं सचमुच की भूत न हो ये।" इस पर विवेक ने मुझे तुरंत डपटा, "अबे चुप रहो इतनी भी बकवास नहीं हो सकती।" ख़ैर, फ़िल्म ख़त्म हुई और हमारे सामने ये राज़ खुला कि भइया ये तो एक भुतहा फ़िल्म थी। हम अपने दो-ढाई घंटे गँवाकर चुपचाप बैठे थे। फ़िल्म ने हमें सदमे में डाल दिया था। "ई साली हिट कैसे हो रही है?" विवेक का प्रश्न था जिसका मेरे पास कोई उत्तर नहीं था। हमारा मूड ख़राब हो चुका था जिसे ठीक करने के लिए विवेक ने मेरी इच्छा के विपरीत कुछ ब्लू फ़िल्में देखीं और पाया कि बिगड़ा मूड और बिगड़ गया तो हम नन्हे अंडे वाले के यहाँ ऑमलेट खाने चले गए। नन्हे मुझे देखते ही तेज़ी से अधिक-से-अधिक हरी मिर्च काटने लगता था।

हम काफ़ी डिस्टर्ब रहे और दिन में कई बार हमने उसी फ़िल्म के बारे में बात की और शाहरुख़ के साथ फ़राह ख़ान और अन्य को गालियाँ भी दीं। शाम को हमारा कल का बिगड़ा मूड इस बात पर राज़ी हुआ कि कुछ पीने के बाद वह ठीक हो जाएगा। हम कीडगंज में ही शराब की दुकान से शराब लेने वाले थे कि सामने विश्वामित्र (जो बाद में अपने पड़ोसी सिनेमा हॉल काजल की तरह शहरों में आई 'मॉल लहर' में आकस्मिक बंदी की चपेट में आया) से ओम शांति ओम का शाम का शो छूटा और विवेक हरकत में आ गया।

"आओ चलो ज़रा पता करें सबको कैसी लगी फ़िल्म।" उसने प्रस्ताव दिया जो मेरी समझ में नहीं आया। निश्चित रूप से विवेक वह फ़िल्म देखकर मुझसे अधिक डिस्टर्ब था और सुबह ही पता नहीं कहाँ-कहाँ से खोज के लाई ख़बरें उसने मेरे सामने दुखी आवाज़ में सुनाई थीं कि इतने ही दिनों में फ़िल्म ने इतने का बिज़नेस कर लिया है। मैंने जाने को मना किया।

"जाने दो बे, किसी को अच्छा लगे या ख़राब, हमसे क्या मतलब?"

तब तक वह विश्वामित्र में घुस चुका था और लोगों से बातें करने लगा था। उसकी देखा-देखी मैं भी घुसा और दर्शकों की राय जानने लगा।

"भइया कैसी है पिक्चरवा?" इस एक सवाल पर हमें जो जवाब मिले उनका बहुमत हमें चौंकाने वाला तो था पर हम चौंके नहीं। कितना चौकेंगे आख़िर और कब तक?

"अरे अभी देखे नहीं का, बहुते धाँसू है।"

"हमसे का पूछ रहे हो में, जाय के देख लेओ।"

"बहुत मस्त पिक्चर है में, हम त दूसरी बार देख रहे हैं।"

"ठीके ठाक है।"

"गजब के पिच्चर है भइया, देख लेओ।"

"सहरुख्वा लपूझन्ना लागत रहा लेकिन हिरोइनिया बहुत मस्त है। देख लेओ में धमाकेदार पिच्चर है।"

हम लोग पीने बैठे तो हमारी चिंता सिर्फ़ यही थी कि आख़िर जनता को चीज़ें पसंद आएँ इसका पैमाना क्या है। इस टॉपिक पर हम इतनी दुखभरी गंभीरता से चर्चा कर रहे थे कि दूबे जी बीच में आए और चर्चा में रस न देखकर थोड़ी देर बाद अपने कमरे में वापस चले गए।

अब आख़िरी बार दौड़ रहे हैं

'ओम शांति ओम' हमारे लिए चेतावनी का अलार्म साबित हुई। विवेक का कहना था कि करने वाले लोग इतना कचरा-कचरा काम कर दे रहे हैं और हम सिर्फ़ सोच रहे हैं, हमें छोटे स्तर पर ही सही, अपना काम शुरू करना चाहिए। मैंने हामी भरी। जिस दिन मैंने अर्बेन्द्र का हैंडीकैम देखा, मेरा दिल ज़ोरों से धड़कने लगा। उसके कैमरे की रेंज अच्छी थी। मुझे लगा यह मेरे लिए ऊपर वाले का संदेश है कि ले बेटा कैमरा और कुछ कर। मैंने दिल्ली में सौरभ शर्मा (सूचना का अधिकार पर बनाई गई उनकी संस्था 'जोश' में काम करते हुए) और नीरज एडिटर के साथ मिलकर मानवाधिकार आयोग पर जो डॉक्यूमेंट्री बनाई थी, उसकी बहुत तारीफ़ हुई थी और उसके बाद एसवीएम प्रोडक्शन की कांग्रेस के लिए बनाई गई फ़िल्म भी उतनी बुरी नहीं थी। लेकिन बात यह थी कि मैं नॉन-फ़िक्शन का नहीं फ़िक्शन का आदमी था। विवेक का मन अलबत्ता नॉन-फ़िक्शन में लगता था लेकिन तय यही रहा कि हम अर्बेन्द्र के कैमरे से पहले एक 12 मिनट की शॉर्ट फ़िल्म बनाएँगे। मैंने पहले तो ज्ञान प्रकाश विवेक की दसों साल पहले इंडिया टुडे में प्रकाशित एक कहानी 'बोहेमियन' पर शॉर्ट फ़िल्म बनाने की सोची लेकिन उसके लिए हमें संसाधन ज़्यादा चाहिए थे और दो दमदार अभिनेता भी। विवेक उस कहानी से बहुत मुतास्सिर नहीं हो पा रहा था क्योंकि उसके हिसाब से वह कहानी एकदम आम दर्शक को थोड़ी कम समझ में आती। मैंने एक स्क्रिप्ट लिखी जिसमें एक दंगे का दृश्य था और वह एक क़साई की कहानी थी जो बहुत सीधे-सादे स्वभाव का है। विवेक रोज़ सुबह मेरे कमरे पर आ जाता और हम स्क्रीनप्ले

और प्रॉपर्टीज़ पर बहस करते। हमने काग़ज़ पर अच्छा-ख़ासा काम किया था और ये छोटी-छोटी बातें भले आपकी ज़िंदगी में प्रत्यक्षतः कुछ जोड़ती न हों, आपको सिखाती बहुत हैं। ये ऐसे अनुभव होते हैं जो हमेशा साथ रहते हैं। हम क़साई के रोल के लिए एक अच्छा अभिनेता खोज रहे थे और कई लोगों से बात करने के बाद विवेक ने मुझे आइडिया दिया कि हम क्यों न अर्बेन्द्र को ट्राई करें। हमने अर्बेन्द्र का स्क्रीन टेस्ट लिया और उसने हमें अपने चेहरे पर छाए 'नो एक्सप्रेशन' से कन्विंस कर दिया कि वह क़साई के रोल में घुस गया है। उसे फ़ाइनल कर दिया गया और मैंने इस ख़ुशी में लॉज के बाहर से लाकर सबको मुहूरत की मिठाई भी खिलाई। उन दिनों बनारस से अनुज भी आया हुआ था।

बनारस में हमारे पास इत्मीनान से बैठकर अड्डेबाज़ी करने के लिए कोई निश्चित जगह नहीं हुआ करती थी। जब से मैंने इलाहाबाद में कमरा लिया था तब से यह एक नियम बन गया था कि जब भी बनारस के दोस्त एक साथ ख़ाली होंगे, मेरे कमरे पर मयनोशी करने चले आया करेंगे। तो उन दिनों बनारस से अनुज एकाध दिनों के लिए आया हुआ था और उसे हर गर्मियों की तरह इस बार भी दो-तीन नाज़ुक जगहों पर फुंसियाँ निकली हुई थीं।

तो कुल मिलाकर प्री-प्रोडक्शन का काम शुरू होने का वक़्त आ चुका था। मैंने अपनी समझ से एक अच्छी स्क्रिप्ट लिखी थी और बाक़ी छोटी-मोटी बातें भी फ़ाइनल हो चुकी थीं। अब हमारे लीड अभिनेता पर काफ़ी कुछ निर्भर करता था। मैंने अर्बेन्द्र को किरदार में घुसने के कुछ तरीक़े बताए थे और कुछ उसने ख़ुद ईजाद किए थे। उसने बताया कि आजकल ए टीवी के ऑफ़िस से आते वक़्त वह रामबाग़ पर एक मटन की दुकान पर काफ़ी देर तक खड़ा रहता है। वहाँ से उसने उस क़साई की बहुत सारी भाव भंगिमाएँ नोट की हैं जो उसके किरदार के लिए बड़े काम की हैं। मुझे बहुत संतोष हुआ क्योंकि मैं निर्देशक के साथ-साथ निर्माता भी तो था। हमने पहली बार कैमरा ट्राईपॉड पर लगाकर अपने लॉज में ही रिहर्सल करवाने की सोची। अर्बेन्द्र को अनुज का हाथ पकड़कर उसे मारने के लिए अपना हथियार उठाना था। अनुज को एक छोटे बच्चे की भूमिका करनी थी जिसे 'मुझे छोड़ दो अंकल, जाने दो... प्लीज़' की विनती करते हुए हाथ छुड़ाना था। अर्बेन्द्र को तुरंत उसका हाथ नहीं

छोड़ना था लेकिन थोड़े संघर्ष के बाद उसका हाथ छोड़ देना था और शून्य में ताकने लगना था।

दोनों कलाकारों को दृश्य समझाया गया। हालाँकि अनुज का कहना था कि वो नहीं करना चाहता लेकिन उसे ये कहकर राज़ी किया गया कि उसे सिर्फ़ रिहर्सल में साथ देना है, फ़िल्म में नहीं। हम इस दृश्य को कैमरे पर देखना चाहते हैं कि क्या कमी हो रही है, इसलिए उसे इस पुनीत कार्य में हमारा साथ देना चाहिए। वह बिना मन के राज़ी हो गया।

दृश्य शुरू होते ही अर्बेन्द्र अपने कैरेक्टर में फटाक से घुस गया जब अनुज अभी सोच ही रहा था कि कैरेक्टर में घुसने की यह क्रिया होती कैसे है। दृश्य हम लोग लॉज के बरामदे में कर रहे थे और फ़ौजी और एकाध लड़के अपने खुले दरवाज़ों से हमें देखकर मुस्करा रहे थे। फ़ौजी बिहार से ताल्लुक़ रखते थे और लॉज का एक प्रमुख हिस्सा थे जिनके बारे में आगे बात की जाएगी। अर्बेन्द्र का किरदार में घुसना देखकर अनुज को भी मजबूरन अपने किरदार में घुसना पड़ा।

"मुझे छोड़ दो अंकल... अअआ... दर्द हो रहा है... प्लीज़।" लेकिन अर्बेन्द्र ने उसका हाथ नहीं छोड़ा और पास पड़ा अपना हथियार उठाया। इधर अनुज उसकी पकड़ से छूटने की पूरी कोशिश कर रहा था। उसने अनुज की कलाई इतनी कसकर पकड़ रखी थी कि उस पर सिलवटें आ गई थीं। उसकी आँखें क्रूरता से चमक रही थीं और पकड़ ख़ूब सख़्त थी, यही उसकी पूरी एक्टिंग थी जो उसने उस क़साई को देखकर सीखी थी। अनुज अपना हाथ छुड़वाने के लिए ताक़त लगा रहा था लेकिन क़साई अपने किरदार में गहरे उतर गया था।

"छोड़ दो अंकल... .प्लीईईज़... अबे छोड़ो... ।"

अर्बेन्द्र ने हाथ नहीं छोड़ा तो अनुज ने उसके पैर पर एक ज़ोर की लात लगाई और अपना हाथ झटके से छुड़ा लिया।

"छोड़ो भोसड़ी के... ... ..तब से अंकल अंकल कह रहे हैं समझ में नहीं आ रहा... चूतिया कहीं के... ।"

अनुज की बग़ल में निकली फुंसियों में से एकाध अर्बेन्द्र के जीवंत अभिनय के कारण फूट गई थीं और वह ज़मीन पर अधलेटी अवस्था में कराह रहा था। हमने उसे सहारा देकर उठाया तो फ़ौजी अपने दरवाज़े पर आकर खड़े

हो गए और हँसने लगे, "काहें हो ... फाट गईल?" अब ना बनबऽऽ हीरो?"

अनुज ने एक जलती नज़र फ़ौजी पर डाली और उन्हें जीवनदान देता हुआ कराहता कमरे में चला आया। यह वही अनुज था जिसका नाम कालांतर में 'बाबा' पड़ना था और जिसके ऊपर 'बाबा एगो हईये हउयें' (कथादेश में अप्रैल-2012 में प्रकाशित) कहानी लिखी जानी थी। अर्बेन्द्र भी किरदार से बाहर निकलकर चुपचाप आकर बाल्टी से पानी निकालकर पीने लगा और मुझसे वही पुरानी शिकायत करने लगा कि मैं बहुत फूहड़ आदमी हूँ जो पीने का पानी तक ढककर नहीं रखता। मैं विवेक को निराशा भरी नज़रों से देख रहा था कि हमारी शॉर्ट फ़िल्म का क्या होगा।

अगले दिन हम अर्बेन्द्र को लेकर कीडगंज के पीछे बोट क्लब गए और वहाँ हमने उसके कुछ एक्सप्रेशन कैमरे में क़ैद करने चाहे। वह दूर खड़ा था और वहाँ से उसे दौड़ते हुए चिल्लाते हुए कैमरे की तरफ़ आना था। उसने किसी तरह यह शॉट दिया लेकिन मज़ा नहीं आया। हमने इसे चार बार दोहराया और पाँचवी बार उसकी चेतावनी थी, "अब आख़िरी बार दौड़ रहे हैं, इसके बाद नहीं दौड़ेंगे।" वह आख़िरी बार पिछली कोशिशों से भी ख़राब दौड़ा। हमने उसे अपनी शर्ट खोलकर ग़ुस्से से कैमरे की ओर देखने और कुछ संवाद बोलने को कहा। उसने अपने आसपास नज़र डाली और शर्ट उतारने से साफ़ मुकर गया।

"अब नंगा भी करा दोगे क्या... ?" मेरा दिमाग़ ख़राब हो गया। मैंने कैमरा बंद करके विवेक के हवाले किया। "अब से कोई भोसड़ी का इस फ़िल्म के बारे में बात नहीं करेगा, ख़त्म।" और मैं चुपचाप आकर अपने कमरे में लेट गया। बाद में पता चला कि विवेक ने अपने तईं उसे कुछ देर समझाने की नाकाम कोशिश की थी। वह माना तो नहीं ही, उसका विवेक से सवाल था कि क्या सभी बनारसी गालियाँ बहुत देते हैं। विवेक ने उसे कहा था कि ऐसा नहीं है। कुछ ही बनारसी इतने बदतमीज़ होते हैं, जब इस पर अर्बेन्द्र ख़ुश हुआ तो विवेक ने वहाँ से निकलते वक़्त कहा कि बाक़ी बनारसी महाबदतमीज़ होते हैं।

ख़ैर, ये हमारी पहली कोशिश थी जो नाकाम रही थी और इस नाकामी ने हमें एक महीने तक कोई काम नहीं करने दिया।

कितना विकेट गिरा आज चचा

अर्बेन्द्र ने पगार न मिलने के कारण ए टीवी छोड़ दिया था। वह उन स्थानीय पत्रकारों की तरह पुलिस वालों और नेताओं से कमाने की कला नहीं जानता था और स्थानीय चैनल वाले बिना तनख़्वाह दिए इसीलिए काम कराते थे कि पत्रकार 'इधर-उधर' से तो खाने-कमाने लायक़ कमा ही लेगा। वह तो ऐसा कर्मठ पत्रकार था जो मर्डर की ख़बर मिल जाने के बावजूद घटनास्थल पर जाता था और लाश का बक़ायदा मुआयना करता था कि उसे कितनी जगह चोटें आई हैं। उसे उसके कुछ सीनियरों ने समझाया कि उसे अख़बार में काम करना चाहिए क्योंकि चैनल सब (अधिक मौक़े उपलब्ध होने के कारण) दलाल हो गए हैं। वह एक स्थानीय अख़बार 'शहर समता' में काम करने लगा जहाँ उसे हर महीने हज़ारों रुपये देने का वायदा किया गया।

इलाहाबाद के जाने माने अख़बार 'यूनाइटेड भारत' में एक क्राइम रिपोर्टर गिरीश पांडे जी थे जिनके बारे में माना जाता था कि वह अपराध होने से पहले ही ख़बर बना लेते हैं कि अपराध कहाँ और कब होने वाला है। उन्होंने ख़बरें निकालने के लिए मुझे कुछ गुरुमंत्र दिए थे जिनमें से एकाध मेरे काम भी आए थे। अर्बेन्द्र भी 'शहर समता' के लिए अपराध की रिपोर्टिंग करने लगा था और इस तरह गिरीश जी उसके सर बन गए थे। मैं अपराध की ख़बरें अर्बेन्द्र से ही ले लिया करता था और यह कहने में मुझे ज़रा भी शर्म नहीं आनी चाहिए कि इस नौकरी की वजह से मैं बहुत आरामतलब और आलसी-सा हो गया था। मुझे बैठे-बैठे ख़बरें मिल जाती थीं और मैं उसे बनाकर लखनऊ भेज दिया करता था। एक दिन मैंने यूँ ही अर्बेन्द्र से पूछ दिया कि अपराध की पत्रकारिता

कैसे होती है। उसने बदले में बड़ी-बड़ी बातें कीं, जैसे इसके लिए बहुत बड़ा कलेजा चाहिए, पत्रकार को बहुत मुस्तैद होना चाहिए और सबसे अधिक, किसी भी चीज़ से डरना नहीं चाहिए। उसने साथ में यह भी कहा कि वह कल से सुबह निकलते वक़्त मुझे भी अपने साथ ले लिया करेगा ताकि मैं भी कुछ गुर सीख लूँ। मैंने कोई उत्साह नहीं दिखाया।

लेकिन मेरे उत्साह दिखाने-न-दिखाने से क्या होता है जब सामने वाला अति-उत्साही हो। सुबह 7 बजे मेरा दरवाज़ा खटखटाया गया और अर्बेन्द्र ने मुझे सिर्फ़ 15 मिनट का वक़्त दिया कि मैं इसमें जो चाहे कर लूँ और उसके साथ निकल चलूँ। ये इलाहाबाद है, कोई इस तरह यहाँ कुछ सिखाता नहीं, इसलिए मुझे उसके जैसे दोस्त का फ़ायदा उठाना चाहिए। मुझे उसकी बातों में सच्चाई महसूस हुई। मैं उतनी देर में जितना तैयार हो सकता था, होकर उसकी हीरो-पुक पर सवार होकर चल पड़ा। वह सड़क से न चलकर गलियों का सहारा लेता था और एक पुराने इलाहाबादी की तरह उसे सारी गलियाँ मालूम थीं।

"हम कहाँ जा रहे हैं? कोई क्राइम हुआ है क्या?" मैंने पूछा, लेकिन अब वो मेरा सीनियर बन चुका था और उसने मेरे इस मामूली सवाल को वक़्त के भरोसे छोड़ दिया। इधर-उधर गलियों से गुज़रकर उसकी गाड़ी शहर के सरकारी यानी स्वरूप रानी अस्पताल पहुँची।

"यहाँ क्या... ?" मुझ नासमझ पत्रकार ने पूछा।

"घर में बैठे-बैठे पत्रकारिता करोगे तो यही होगा। यहीं से तो सब मसाला मिलेगा। देखते जाओ।"

मुझे अपनी काहिली पर फिर शर्म आई और मैंने सोचा कि अब मैं रोज़ सुबह इसके साथ निकला करूँगा और सीखूँगा कि ख़बरें कैसे निकालते हैं। अस्पताल में जाते ही उसने कल रात और आज सुबह भर्ती हुए लोगों की लिस्ट देखी। जो मारपीट वाले मामले थे उसके बेड नंबर उसने नोट कर लिए, फिर हम अस्पताल के भीतर पहुँचे। ज़्यादातर मरीज़ गाँवों से आए होते थे और ज़्यादातर मामले ज़मीन या लड़की के होते थे जिनमें एक पक्ष ने दूसरे को कट्टे, लाठी या चाकू से मारकर घायल किया होता था। कुछ लोग मर चुके होते थे जिनकी लाश मोर्चरी में रखी होती थी। अर्बेन्द्र ने भीतर जाकर पीड़ित

पक्ष का बयान लिया और एक दूसरे मामले में, जिसमें एक व्यक्ति की मौत हो चुकी थी, कुछ नोट किया। इसके बाद वह मोर्चरी की ओर चल पड़ा। मैं भी उसके पीछे हो लिया।

''देखो, यहाँ डेड बॉडी पड़ी होगी। आओ उसको देखते हैं।''

मैंने प्रतिवाद किया कि हम मृत व्यक्ति का शरीर देखकर क्या करेंगे, ये तो फ़ोटोग्राफ़र का काम है। हमें ख़बर चाहिए थी जो मिल गई। अब हमें चलना चाहिए।

''ऐसे नहीं होती है पत्रकारिता, पत्रकार का सब काम होता है... देखना पड़ता है, आओ अंदर आओ। थोड़ा भी डेडिकेशन नहीं है तुम्हारे अंदर... ।''

वो एक सरकारी शव विच्छेदन गृह था जिसमें एसी, कूलर क्या पंखे तक की व्यवस्था नहीं थी। लाशें पोस्टमोर्टम के बाद बुरी तरह बदबू कर रही थीं। अर्बेन्द्र ने वहाँ के कर्मचारी, जो उसे पहचानता था, से पूछा, ''और, क्या हाल?''

''सब चकाचक।''

''कितना विकेट गिरा आज चाचा?''

कर्मचारी ने लाशों को गिनते हुए बताया, ''एक, दो, अउर ... तीन। तीने ठो है आज तो... ।''

''कैसे-कैसे मरे... ? हत्या वाली बॉडी कौन-सी है?''

''ये वाली, बाकी तो दोनों लावारिस है।''

''अच्छा, कितनी चोटें लगी हैं चाकू की?''

''12 से 15 चोट हैं, छोट-बड़ सब मिला के... ।'' कर्मचारी ने खैनी मलते हुए बताया। वहाँ की बदबू से मेरा दिमाग़ फटा जा रहा था लेकिन मैं अब अर्बेन्द्र से यह नहीं कह सकता था कि यहाँ से जल्दी चलो। वह फिर जोड़ देता, ''ऐसे पत्रकार नहीं बन जाता कोई।'' मैं चुप रहा और सोचता रहा कि आख़िर अर्बेन्द्र भी तो यह सब सह ही रहा है। मैंने मन-ही-मन सोचा कि भाड़ में जाए क्राइम रिपोर्टिंग, मैं पॉलिटिकल और कल्चरल करके ही ख़ुश रहूँगा।

अर्बेन्द्र ने आराम से सारी बातें नोट की और वहाँ से बाहर निकलकर जब हम एक चाय की दुकान पर आए तब मैंने गला खँखारकर कई बार

थूका और लंबी साँसे लीं। अर्बेन्द्र मेरी ओर देखकर मुस्करा रहा था। उसने दो चाय का ऑर्डर दिया। मुझे मितली-सी आ रही थी, लाशों की सड़न भरी बदबू मेरी नाक में घुस गई थी जो निकलने को तैयार नहीं थी। लेकिन मैंने चाय के लिए मना नहीं किया वरना मुझे कुछ और व्यंग्य-बाण सहने पड़ते। लेकिन हद तो तब हो गई जब उसने दो समोसों का भी ऑर्डर दे दिया। मैंने तुरंत मना किया।

"मैं समोसा नहीं खा पाऊँगा... ।"

"अरे खाओ... ये सब यहाँ रोज़ होता है। छोटी-मोटी बातें हैं... टेंशन मत लो। चाँप के खाओ।"

मैं कुछ नहीं बोला और समोसा खाने से बचने के लिए मैंने पास की गुमटी से एक गोल्ड फ़्लेक लेकर सुलगा ली। उसने मेरी ओर दया भरी नज़रों से देखा जिसमें भाव था कि 'मेरी कितनी भी कोशिशों के बावजूद तुम असली पत्रकार नहीं बन सकते।' मेरे चेहरे पर न चाहते हुए भी भाव आ गया कि 'मुझे बनना भी नहीं असली पत्रकार, मैं अपने काहिलपने में बहुत ख़ुश हूँ।'

लेकिन दुखद पहलू यह रहा कि महीनों दौड़कर इस तरह मेहनत करने के बाद भी उस अख़बार ने वादे के मुताबिक़ पैसे उसे नहीं दिए। जब भी तनख़्वाह मिलने का समय आता, उसे टाल दिया जाता और जब वह ज़्यादा ज़िद करता तो उसे कभी 500 और कभी 1000 रुपये थमा दिए जाते। मेरी याद्दाश्त अगर धोखा नहीं खा रही तो अभी भी उस अख़बार पर अर्बेन्द्र के काफ़ी पैसे बाक़ी हैं। पगार देने में की गई हीलाहवाली ने उसके काम करने के जज़्बे पर असर डाला था। वह अक्सर निराश-सा रहता और कई बार बातों-बातों में कहता कि वह यह फ़ील्ड छोड़ने के बारे में सोच रहा है। कई बार निराशा हद से बढ़ने पर वह अपने गाँव शंकरगढ़ चला जाता और वहाँ से आकर हमें डॉक्यूमेंट्री के विषय बताता। वह कहता कि उसके गाँव में ऐसे बहुत से मुद्दे हैं जिन पर अच्छी डॉक्यूमेंट्री बनाई जा सकती है। मुझे उसके साथ का पहला अनुभव याद आ जाता और मैं साफ़ मुकर जाता। हालाँकि मोर्चरी वाले मुद्दे पर मैं डॉक्यूमेंट्री बनाने की सोच रहा था और विवेक से इस मुद्दे पर मेरी बात भी चल रही थी। इसी बीच उसने अपना दुखड़ा गिरीश सर से रोया या उसको कुछ और संपर्क मिल गए, मुझे उतना स्पष्ट तो याद नहीं कि कैसे लेकिन

उसे 'यूनाइटेड भारत' में फ्रीलांसिंग करने का मौक़ा मिल गया। उसे कुछ साहित्यकारों के साक्षात्कार कला-साहित्य टाइप के किसी पृष्ठ के लिए लेने थे और इसके लिए उसने मेरी मदद भी माँगी। मैंने उससे कहा कि मैं हमेशा उसके लिए तैयार हूँ।

इधर 'मुख़ातिब' की गोष्ठियों की बाक़ायदा शुरुआत हो चुकी थी। 2007 के किसी महीने में एक रविवार कुछ लोगों की उपस्थिति में मुरलीधर जी ने 'मुख़ातिब' की पहली कहानी 'खोखल' का पाठ किया जो बाद में 'कथादेश' में छपी। पाँच-छह लोगों से शुरू हुआ 'मुख़ातिब' का कारवाँ ऐसा चला कि एक दिन ऐसा भी आया जब इलाहाबाद का कोई साहित्यकार ऐसा नहीं बचा था जिसने 'मुख़ातिब' में शिरकत न की हो। कुछेक ऐसे साहित्यकार जो आने में असमर्थ थे जैसे शिवकुटी लाल वर्मा, 'मुख़ातिब' उनकी कविताओं पर गोष्ठी करवाने उनके घर पर भी पहुँचा। शुरुआत में हिमांशु जी, मुरलीधर जी, सत्यकेतु जी के अलावा जो दो और नये लोग इस नेक काम के लिए जुड़े थे उनमें कैलाश जी और देवेन्द्र जी प्रमुख थे। देवेन्द्र जी साहित्य प्रेमी थे और वे जिस स्कूल में पढ़ाते थे, उनके सौजन्य से बेली रोड स्थित उसी स्कूल को हर दूसरे रविवार 'मुख़ातिब' की गोष्ठी के लिए चुना गया। यहाँ से इलाहाबाद में मेरे बिताए गए दिनों को दो भागों में बाँटा जा सकता है। पूर्व कैलाश काल और उत्तर कैलाश काल, यानी कैलाश जी से मिलने से पहले का मेरा इलाहाबाद प्रवास और कैलाश जी से मिलने के बाद का इलाहाबाद प्रवास। कैलाश जी इलाहाबाद के सबसे सज्जन आदमी थे और उनकी सज्जनता का हुलिया पीने के पहले और पीने के बाद कुछ इस तरह से आपस में घुलता-मिलता था कि उसे अलगाना मुश्किल है। मैं अगर थोड़ा विस्तृत ढंग से समझाने की कोशिश करूँ तो यही कि सज्जन तो वह पीने के बाद भी रहते हैं और वही मीठी बातें पीने के बाद भी करते हैं लेकिन यदि कोई चुस्त-मुस्तैद आदमी रहे तो पकड़ लेगा कि पीने के बाद हर मीठी बात के बाद सच बोलकर उसका खंडन भी करते हैं। प्राइमरी का अध्यापक होने के साथ-साथ वह ज्ञानवाणी में भी काम करते थे और उनकी आवाज़ और उच्चारण एकदम बेदाग़ और गरिमापूर्ण थी। उनकी ज़िंदगी की असली कहानी ऐसी थी कि बड़ी-बड़ी कल्पनाओं पर भारी पड़ती थी।

और हरवाओ भाजपा के, अब तो फटबे करीगा

यूएनआई की राइवल कही जाने वाली एजेंसी पीटीआई के इलाहाबाद के ब्यूरो चीफ़ नचिकेता नारायण मेरे लिए उस वक़्त एक बड़े भाई की तरह मदद लेकर तब आए जब मुझे इसकी सख़्त ज़रूरत थी। हुआ ये कि जियालाल जी ने ही मेरा उनसे परिचय कराया था और मेरे जाने के साल भर के भीतर ही उनका वाराणसी ट्रांसफ़र हो गया। यह मेरे लिए अच्छी बात भी थी और बुरी भी। मैं अब एक तरह से इलाहाबाद यूएनआई का अघोषित चीफ़ था लेकिन मेरे सिर पर जियालाल जी कंपनी की एक आलमारी, कई सभ्यताओं पहले का एक कंप्यूटर, एक बाबा आदम के ज़माने का टाइपरायटर, दो मेज़ों और कुछ कुर्सियों का भार भी छोड़ गए थे। वे अपने परिवार के साथ तीन कमरे का फ़्लैट लेकर रहते थे और कंपनी के सामानों का उपयोग करते थे। मैं एक कमरे के लॉज में रहने वाला इनका उपयोग कहाँ करता। एक दिन यूँ ही मुलाक़ात में मैंने अपनी समस्या नचिकेता जी से बताई और उन्होंने मेरी समस्या बाक़ायदा हल कर दी। उन्होंने एक पत्र लिखवाकर उसकी कार्बन कॉपी अपने पास रख ली, जिसमें लिखा था कि आवश्यक जगह न होने पर मैं एजेंसी के कुछ सामान फलाँ पते पर रख रहा हूँ। यह मेरे लिए थोड़े संकोच की बात रही कि जितने समय के लिए वो सामान मैंने वहाँ रखे थे उसे कई गुना समय मुझे उन्हें वहाँ से हटाने में लग गया लेकिन नचिकेता जी ने कभी इसकी शिकायत नहीं की। मैं उनका बहुत सम्मान करने लगा था और हमेशा उन्हें बड़े भाई जैसा आदर देता था जो अब भी बरक़रार है। मुझे वो एक कंप्लीट पत्रकार नज़र आते थे, जो कभी फालतू की प्रेस कॉन्फ्रेंस में नहीं दिखाई पड़ते थे और उनके सूत्र

हर जगह ऐसे मौजूद थे कि कोई भी ख़बर जब मुझे कहीं से नहीं मिलती तो मैं उनकी ही शरण लेता। उन्होंने कभी मुझे निराश नहीं किया और आज भी उनका स्नेह मुझ पर बड़े भाई की तरह ही है, लेकिन शायद वह मूर्तियों के टूटने का समय था और वह दौर मुझे सिखा रहा था कि दुनिया में आदर्श नाम की कोई अवधारणा नहीं होती। मैं उस समय तक काफ़ी किताबी टाइप का आदर्शवादी था और थोड़ा व्यक्तिपूजक टाइप का भी, जो आदतें मेरे घर और समाज ने मुझे दी थीं वो साहित्य का साथ मिलने के बावजूद पूरी तरह टूटी नहीं थीं और इलाहाबाद बड़े क़रीने से उन्हें एक-एक कर तोड़ता जा रहा था। नचिकेता जी अच्छा साहित्य पढ़ने वाले और अच्छी फ़िल्में देखने वाले एक सुलझे हुए इंसान थे और उन्हें देखकर मुझे लगता था कि अगर मैं दस साल और पत्रकारिता कर पाऊँगा तो शायद उनके जैसा ही होऊँगा।

एक दिन मेरे पास भारतीय जनता पार्टी के पूर्व मंत्री मुरली मनोहर जोशी के यहाँ से फ़ोन आया कि उन्होंने कुछ चुनिंदा पत्रकारों को एक ख़ास वार्ता के लिए अपने घर पर आमंत्रित किया है। दो एजेंसियों यानी यूएनआई और पीटीआई के साथ ईटीवी के उमेश, आकाशवाणी के सुनील शुक्ल जी भी थे। मेरी याद्दाश्त के हिसाब से ख़ुद को सबसे बड़ा कहने वाले दो अख़बारों के प्रतिनिधि भी थे। भाजपा और विहिप के ज़्यादातर नेता ख़ाली बैठे थे और उनके पास कहने-सुनने को कुछ ख़ास नहीं हुआ करता था। अक्सर विहिप अध्यक्ष अशोक सिंघल जी के घर पर राम सेतु पर कॉन्फ्रेंस हुआ करती थी जिसमें वो अकाट्य सबूतों के साथ बताया करते थे कि कैसे राम सेतु स्वयं श्रीराम जी ने अपने हाथों से बनाया था और इसका टूटना देश का टूटना है। वो इसके पक्ष में कुछ वैज्ञानिक सबूत भी दिया करते थे जिससे ख़बरों में दम आ जाता था। बड़े-बड़े बैनरों के स्वघोषित प्रबुद्ध पत्रकार इस बात पर काफ़ी चिंतित दिखाई देते कि देश के ऊपर ख़तरा बढ़ता ही जा रहा है। कभी जोशी जी जैसे वरिष्ठ नेता किसी होटल में कॉन्फ्रेंस बुलाकर यह घोषणा किया करते कि वो मायावती की राज्य सरकार, संप्रग की केंद्र सरकार, मार्क्सवादियों द्वारा दिए गए समर्थन, मुलायम के समाजवाद, लालू के परिवारवाद, महँगाई, बेरोज़गारी, गुंडागर्दी, नशेबाज़ी, ट्रेन डकैती, शिक्षा में ह्रास, कुसंस्कृति, लिंगभेद, आदि आदि सभी चीज़ों की निंदा करते हैं। पत्रकार चुपचाप उस निंदा में अपनी

तरफ़ से दो-चार चीज़ों की और निंदा करते हुए छाप देते और राज्य में कोई भी समस्या होती तो सामने वाले से कह देते, "और हरवाओ भाजपा के, अब तो फटबे करीगा।"

तो हम कुछ पत्रकार मुरली मनोहर जोशी के आवास पर पहुँचे और उन्होंने देश की सुरक्षा और राम सेतु, गंगा और भ्रष्टाचार पर कुछ रूटीन बातें कीं। हमने उन्हें अपनी डायरी में नोट किया, कुछ जलपान किया और चलने को उद्यत हुए। जोशी दरवाज़े पर खड़े थे। उमेश एक युवा नौजवान था जो हमेशा अच्छी ख़बरों की तलाश में रहता था। वह जोशी जी का अभिवादन करके बाहर निकल गया, मैंने भी नमस्कार किया और बाहर निकलकर नचिकेता जी का इंतज़ार करने लगा। शुक्ला जी ने बाक़ायदा जोशी जी के पैर छुए और मुझे इस पर ज़्यादा आश्चर्य नहीं हुआ। लेकिन जब नचिकेता जी ने भी उनके पैर छुए तो मैं बाहर से खड़ा देख रहा था और इस दृश्य को हज़म करने में मुझे लंबा समय लग गया। मैं एक आघात में था और यह ऐसा मुद्दा था जिस पर मैं उनसे बात भी नहीं कर सकता था। हमारा रिश्ता बड़ा पारंपरिक-सा था और वहाँ ऐसे सवालों की गुंजाइश नहीं थी। वो मुझे चप्पल पहनकर बाइक चलाने पर डाँटते और कहते कि मुझे जूते पहनने चाहिए। मैं उन्हें यक़ीन दिलाता कि मैं कल से जूते पहनकर ही बाहर निकलूँगा। मैं एक ऐसी बात पर दुखी था जिसका उस टाइम फ्रेम में कोई ख़ास अर्थ निकलता नहीं था। मैंने सामान्य होने की कोशिश की और इस कोशिश में लंबे समय तक असामान्य रहा। विवेक मेरी परेशानी को जितना समझ पाया उस हिसाब से उसने मुझे भी समझाने की कोशिशें कीं।

"अमें तुम कईसन-कईसन बात पे आपन दिमाग खराब करत हो। हमका तुम्हार दिमागे नै ना समझ आवत। कभी हमका लगित है कि तुम समद्दार आदमी हो अउर कभी लगत है कि तुम एकदम्मै बकलंड हो।"

मैंने कुछ समझाने की कोशिश की तो उसने लाउड होकर कहा कि मैं चूतिया हूँ और चाहता हूँ कि हर जगह मुझे हमेशा अच्छी लगने वाली चीज़ें ही दिखें। उसकी इस दलील ने मुझे एक साथ कई बातें समझाईं।

इस बात पर एक पार्टी तो बनती है बंधु

'मुख़ातिब' ने मेरी रचनात्मक ज़िंदगी में इतना कुछ जोड़ा कि न मैं इलाहाबाद का एहसान उतार सकता हूँ न ही 'मुख़ातिब' का। हम हर दूसरे रविवार गोष्ठियाँ करते और जब तक ये तय नहीं हुआ था कि वहाँ आने वाला हर सदस्य चायपान और .फ़ोटोकॉपी वगैरह के ख़र्चे के लिए हर महीने 15 रुपये मात्र दिया करेगा, मेरा उत्साह इतना ज़्यादा था कि मैं अपनी मोटरसाइकिल पर अपने ख़र्चे पर .फ़ोटोकापियाँ बाँटा करता था। 'मुख़ातिब' के कुछ नियम बनाए गए थे जो और कहीं बनाए गए नियमों के ख़िला.फ़ थे। जैसे इसमें कोई अध्यक्ष नहीं होगा। संचालन हर ह.फ़्ते बदल-बदल के कोई भी करेगा। कोई मुँहदेखी वाह-वाह नहीं होगी। बेबाक ईमानदारी से अपनी बात रखी जाएगी। पहले से छपी प्रशंसित रचनाओं की जगह नई रचना का पाठ और उस पर बात की जाएगी और नये-से-नये रचनाकार या श्रोता को अपनी बात रखने की आज़ादी दी जाएगी। वैसे तो रचनाकारों की नई रचनाएँ सुनने का उत्साह बहुत रहा करता था लेकिन उससे कहीं ज़्यादा उत्साह बाद में उन दो लोगों को सुनने का रहने लगा जो साहित्य की किसी भी विधा पर इतने अधिकार और तार्किक रूप से बोलते थे कि गोष्ठी एक ऊँचाई पर पहुँच जाया करती थी। मुरलीधर जी और हिमांशु जी बिना किसी घोषणा के 'मुख़ातिब' के सभी नियमों का कट्टरता से पालन करते थे और जिन रचनाओं पर मैं मुग्ध रहा करता था, अपनी बारी आने पर उनमें से कोई-न-कोई अक्सर उसकी बखिया उधेड़ देता। मुझे याद है जब हमने नीलाभ जी को 'मुख़ातिब' में अपनी कविताएँ पढ़ने के लिए आमंत्रित किया था। उन्होंने अपनी दस कविताओं का

पाठ किया जिनमें से कई कविताएँ नई थीं। मैंने नीलाभ को पहले बहुत ज़्यादा नहीं पढ़ा था और मुझे उनकी कई कविताएँ पसंद आई थीं। श्रोताओं को भी कविताएँ काफ़ी अच्छी लगी थीं और कई सकारात्मक प्रतिक्रियाओं के बाद जब हिमांशु जी का नंबर आया तो उनकी बात की शुरुआत कुछ यों थी, ''मुझे नीलाभ की कविताओं ने कभी प्रभावित नहीं किया। उनकी कविताओं में एक चौकन्नापन है जो अक्सर उनकी सहजता पर हावी हो जाता है और कविताओं को परफ़ेक्ट बनाने के चक्कर में जो अतिरिक्त श्रम किया जाता है, उसकी वजह से कविताएँ अक्सर नापीतौली लगने लगती हैं।''

हालाँकि इसके बाद हिमांशु जी ने उन दस कविताओं में से किन्हीं दो कविताओं की तारीफ़ भी की जिन्होंने उन्हें प्रभावित किया था। नीलाभ जी एकदम शांत थे जैसे किसी पुराने इलाहाबादी साहित्यकार को होना चाहिए। 'मुख़ातिब' की साहित्यिक उपलब्धियों के अलावा मुझे कैलाश जी के रूप में एक और उपलब्धि हासिल हुई थी। वह मुझे पहले पढ़ चुके थे और मेरे प्रशंसक टाइप के थे। हमारी ख़ूब बनने लगी क्योंकि हमारी गंदी आदतें एक जैसी थीं। मैं भी नशे के प्रकारों को लेकर अधिक नखरा नहीं किया करता था और वो भी वक़्त ज़रूरत देसी तक से काम चलाने वाले आदमी थे। उनका कहना था कि उनकी शुरुआत देसी से ही हुई थी इसलिए वो उन्हें ज़्यादा अपनी लगती है। उनके बचपन की कहानी में काफ़ी संघर्ष था लेकिन इसके बावजूद उनका विकास कुछ इस तरह हुआ था कि बचपन की दुर्घटनाओं का ज़िंदगी पर बुरा असर पड़ने की बात बेमानी लगने लगती थी। हालाँकि उन्हें पूरा मैं काफ़ी बाद में समझ पाया। शुरू में तो यही लगता था कि वे इतने ख़ुशमिज़ाज और हँसमुख आदमी हैं कि उनकी जान भी माँग ली जाए तो वे आसानी से दे देंगे और जान निकाले जाने से पहले जान माँगने वाले से कहेंगे, ''इस बात पर एक पार्टी तो बनती है बंधु।''

उनके बचपन में हुए ज़मीन-जायदाद के बँटवारे में उनके पिता के हिस्से काफ़ी कम संपत्ति आई थी और धोखे से उन्हें लगभग कंगाल बना दिया गया। कैलाश जी हाई स्कूल पास करने के बाद इस घटना की वजह से एक ट्रक पर खलासी का काम करने लगे और लगभग दस सालों तक वह खलासी रहे। परिस्थितियाँ कुछ सही होने पर उन्होंने पत्राचार से इंटर पास किया और पत्राचार

से ही बीए भी। हिंदी से एमए में उन्होंने इलाहाबाद विश्वविद्यालय में बाक़ायदा प्रवेश ले लिया और कभी-कभी समय निकालकर कक्षाएँ अटेंड करने भी गए, लेकिन ज़िंदगी ने उतना वक़्त नहीं दिया कि वे एक तरफ़ ध्यान दे पाते। लेकिन उन्हें साहित्य से प्यार हो गया था और किताबें उन्हें अपने ज़िंदा रहने का कारण लगतीं। प्रेमचंद से लेकर शरतचंद और रेणु तक की कहानियाँ और मुक्तिबोध से लेकर धूमिल तक की कविताएँ उन्हें जीने की वजह बतातीं। वे चाहकर भी परीक्षाओं से पहले परीक्षाओं की तैयारी नहीं कर पाए और वह दिन भी आ गया जब अगले दिन से पेपर था। वे उस ट्रक पर रात में एक क्वार्टर लाकर पीते और सिलेबस उठाकर सुबह तक पूरा पढ़ भर डालते। एक पेपर पर एक क्वार्टर के हिसाब से उन्होंने अपने पेपर दे दिए और फिर से किताबों से हिम्मत पाते हुए ज़िंदगी को अपनी जिजीविषा से चिढ़ाने में लग गए। जिस दिन परिणाम आने वाले थे, उनके साथ परीक्षा दिए हुए किसी परिचित ने उन्हें बताया कि आज परिणाम आने वाले हैं और उन्हें विश्वविद्यालय जाकर अपना परिणाम देखना चाहिए। उन्हें पूरा विश्वास था कि वे अच्छे नंबरों से पास होंगे लेकिन जब उन्होंने वहाँ लगी सूची में अपना नाम देखा तो उनकी आँखें भर आईं। उन्होंने पूरे विश्वविद्यालय में टॉप किया था और भविष्य में उन्हें सबसे अधिक अंक लाने के लिए स्वर्ण पदक दिए जाने की घोषणा की जानी थी। कैलाश जी आज भी इस बात पर सख़्त अफ़सोस करते हैं कि जब उन्हें इलाहाबाद विश्वविद्यालय की पहचान माने जाने वाले प्रोफ़ेसर सत्य प्रकाश मिश्र ने अपने अंडर में पीएचडी करने के लिए कहा तो उन्होंने सिर्फ़ इसलिए एक मैडम के अंडर में शोध करना स्वीकार किया क्योंकि उन्होंने उन्हें स्कूल में पढ़ाया था और वे उन्हें पहले कह चुके थे कि वे उनके अंडर में ही शोध करेंगे। शोध पूरा होकर कैलाश मिश्रा से डॉक्टर कैलाश मिश्रा बन जाने के बावजूद कैलाश जी प्राइमरी से होते हुए अभी जल्दी ही इंटर कॉलेज तक पहुँचे हैं तो इसमें दोष हमारी उस व्यवस्था का सबसे ज़्यादा है जहाँ सरस्वती का उपक्रम करने के लिए बिना लक्ष्मी के पत्ता तक नहीं सरकता। कैलाश जी को किसी विश्वविद्यालय में होना चाहिए था लेकिन क्या मजाल कि इस बात पर उनकी सुई कभी दो मिनट से ज़्यादा रुके। ख़ुश रहना उनका धर्म है और सकारात्मकता उनकी जाति, हालाँकि कभी-कभी ये सकारात्मकता इतनी ज़्यादा

हो जाती है कि भागने को रास्ता नहीं मिलता।

कैलाश जी मेरे लॉज पर दो-तीन बार आ चुके थे और मेरे साथ बैठकर एकाध घंटे बाद चले गए थे। तब तक मैंने उनके साथ सिर्फ़ एकाध बार ही पी थी और वो पीने के बाद बड़ी अच्छी-अच्छी बातें करते जो कभी-कभी शाकाहारी नहीं रह जातीं। हमारे बीच जो माहौल बनता उसमें पता नहीं चलता कि मेरी और कैलाश जी की उम्र में कोई अंतर भी है और वो भी कुछ दसेक सालों का।

एक दिन मैं और विवेक खाना खाकर कंप्यूटर पर कोई फ़िल्म देख रहे थे कि अचानक दरवाज़ा खटखटाया गया। रात के एक बजे थे और हम हैरान थे कि इस वक़्त बिना इत्तला किए कौन आ धमका। मैंने दरवाज़ा खोला तो सामने कैलाश जी थे। उन्होंने तुरंत मुझे एक ओर धकेला और आकर चौकी पर निढाल गिर गए। मैं कुछ पूछूँ, इससे पहले अपनी रेडियो वाली भाषा और बेदाग़ उच्चारण में बोलने लगे।

''इस लाइन में सारे शटर साले एक जैसे ही हैं, मैं कितनी देर से इस लाइन में घूम रहा हूँ और आपके लॉज का शटर ढूँढ़ने की कोशिश कर रहा हूँ।'' मैंने कहा कि उन्हें मुझे फ़ोन कर लेना चाहिए था। उनका कहना था कि वह घर से अचानक ऐसे ही टहलने निकले थे, मोबाइल और मोटरसाइकिल के बिना कि चौराहे पर एक दोस्त मिल गया।

''हम दोनों ने साथ में बैठ के एक बार में पिया फिर वो अपने घर चला गया। मैं बहुत देर तक एक पार्क में बैठा गुलज़ार के गाने सुनता रहा। जब सुनते-सुनते ऊपर तक कुछ भर आया तो जाकर थोड़ी शराब और पी। इसके बाद मेरा आपसे मिलने का बहुत मन होने लगा। देखिए आपको खोजते-खोजते मेरे पैरों में छाले पड़ गए।''

उन्होंने वाक़ई एक अबोध प्रेमिका की तरह अपने पाँव उठाकर मुझे दिखाए तो विवेक से रहा नहीं गया, ''आपौ गजब आदमी हैं, राती के घरे जाए के चाही तो... भाभी क्या सोच रही होंगी?''

''मैं उन्हें बता दूँगा कि मैं विमल जी से मिलने गया था तो वो कुछ नहीं कहेंगी।'' उन्होंने विश्वास से कहा। मैं उनके विश्वास को देखकर ख़ुश हुआ वरना असलियत मैं जानता था। मैं जानता हूँ कि मेरे नये पुराने सभी दोस्त मुझे

बहुत मानते हैं लेकिन इसका ग़लत उपयोग इतना हुआ है कि ये बुरी तरह से मेरे ख़िलाफ़ चला गया है। मैं जब भी बनारस जाता हूँ, मेरे जिन दोस्तों की शादियाँ हो गई हैं, उनकी बीवियाँ घबरा जाती हैं। कभी राजेंद्र यादव का कोई संस्मरण पढ़ा था, उनकी जो हालत थी वैसी ही मेरी हो गई है। बनारस में कोई भी दोस्त जैसे सुनील, अनुज या संजय ही जब मेरे साथ रहे और देर हो जाए तो सफ़ाई देने की ग़रज़ से पहले ही बीवी को फ़ोन करके कह देता है, "अरे वो विमल आया है न तो थोड़ी देर हो जाएगी।" काफ़ी समय बाद दोस्त मिलते हैं तो कुछ पीना पिलाना होगा ही। तो संजय जैसे एक पैग वाले दोस्त भी पहले ही पत्नी को सूचित कर अपनी वफ़ादारी का परिचय देते हैं। अगर रात को घर पहुँचने में देर हो गई तो अनुज अपने घर पर अपनी बीवी को सफ़ाई देता है, "अरे विमलवा रोक लिया था, साला आने ही नहीं दिया।" या सुनील मुँह महकने की सफ़ाई इस तरह देता है, "अरे मेरा मन तो क़तई नहीं था। विमल कहने लगा तो बस एक पैग ले लिए।"

कुल मिलाकर माहौल कुछ ऐसा हो गया है कि मैं मुंबई में भी रहूँ और किसी दोस्त को बाहर देर हो जाए तो कई बार उनकी पत्नियों के मैसेज मुझे सीधे आ जाते हैं, "आप बनारस आ गए हैं क्या?" मैं समझ जाता हूँ। अब तो मेरे दोस्तों ने मेरा लिहाज़ करना भी छोड़ दिया है और वे कहीं से भी गला तर कर के आते हैं तो निस्संकोच मेरा नाम लगा देते हैं। मेरे कंधे पर बंदूक़ रखकर चलाने और पत्नी के साथ मिलकर मुझे चार गालियाँ देने के बाद वो रात को सोते समय मुझे मैसेज भी कर देते हैं, "यार आज एक दोस्त के साथ दारू पी लिए। तुम्हारी भाभी पूछी तो कह दिए कि तुम पिलाए हो। अगर बाई चांस फ़ोन करे तो कह देना कि एक हफ़्ते के लिए बनारस आए हो। गुड नाईट, स्वीट ड्रीम्स।"

कहाँ से लगवायो आपन जोगाड़

ज्ञानपीठ में नये लेखकों की पांडुलिपियाँ आमंत्रित की गई थीं और मैंने एक-एक करके अपनी सारी कहानियाँ टाइप की थीं और भेज दी थीं। मेरे साथ ही सत्यकेतु जी ने भी अपनी पाण्डुलिपि भेजी थी और मेरे कमरे में बैठकर हम दोनों ने एक दूसरे की कहानियों के इंडेक्स देखे थे। शेषनाथ के साथ कहानियों के क्रम निर्धारित किए थे और उसने मेरी दो कहानियों के अच्छे नाम सुझाए थे जिनके नाम मैं बदलना चाहता था। सत्यकेतु जी ने अपने कहानी संग्रह का नाम 'अकथ' रखा था और मैंने 'डर'। मुझे विश्वास था कि मेरी कहानियाँ औसत से तो अच्छी हैं ही और ये संग्रह छपने के लिए अनुशंसित होना चाहिए। मैं कहानियाँ लिखने तक उनके लिए परेशान रहता हूँ और उनके छप जाने के बाद पता नहीं क्यों उन्हें नापसंद करने लगता हूँ। मुझे अपनी कोई भी कहानी इतनी अच्छी नहीं लगती कि मैं उसके बारे में यहाँ एक पैराग्राफ़ लिख सकूँ। मेरे कुछ दोस्तों और समकालीनों का कहना है कि मैं अपने साहित्य को लेकर गंभीर नहीं हूँ। मैं अपने लिखने को लेकर बहुत सजग और गंभीर हूँ लेकिन उसे लेकर किसी साहित्यिक सौदेबाज़ी और आत्मप्रचार जैसा कभी मन में नहीं आता। फ़ेसबुक पर आने के बाद से तो दोस्तों के सिखाए पर कुछ अमल भी करने लगा हूँ वरना मेरे कमरे में रहने वाले लोगों को भी पता नहीं चला करता था कि आज मैंने एक कहानी पूरी की है और कमरे पर मेरे पैसों की जो दारू पी रहे हैं वह इसी ख़ुशी में है। कभी जो मेरे कई शुभचिंतक ये सलाहें दिया करते थे कि मुझे अपने लिखे को लेकर थोड़ा गंभीर होना चाहिए, मुझे बाद में उनकी मंशा समझ में आई कि उनके तईं गंभीर होने का

उनका अर्थ हमेशा अपनी कहानियों और उनकी रचना प्रक्रिया के बारे में बात करने से था, जिसकी तुलना में मैंने नैचुरल रूप से अगंभीर होने का विकल्प चुना है और मैं इसमें बहुत ख़ुश हूँ।

मैं विवेक के साथ बैठा कमरे में कुछ बातें कर रहा था कि अचानक कथाकार मित्र मनोज कुमार पांडेय का फ़ोन आया कि मुझे ज्ञानपीठ का नवलेखन पुरस्कार दिए जाने की घोषणा की गई है। मैंने इसे मज़ाक़ में लिया और फ़ोन कटने के बाद फिर से विवेक से बातों में मशग़ूल हो गया। इसके बाद जो फ़ोन आया उसने मुझे विश्वास दिलाया कि ये घटना सच है। मुझे ज्ञानपीठ से आधिकारिक रूप से रवीन्द्र कालिया ने फ़ोन किया और पुरस्कार दिए जाने की सूचना दी। मैंने विवेक को बताया और उसने मुझे बधाई दी। फिर मैंने एकाध और दोस्तों को भी फ़ोन करके बताया। दिल्ली में मुझे सिर्फ़ बिभव को सूचित करने की ज़रूरत होती है और वह सबसे तेज़ चैनल की तरह पूरी दिल्ली में ये बात फैला देता है। मैंने बेदिका और मुरारी को फ़ोन पर ये ख़ुशख़बरी दी। मेरे दोस्तों की रेंज बहुत बड़ी है और हर तरह के दोस्त मुझे बहुत अज़ीज़ हैं। मुझे उस समय की मुख्यत: दो तरह की प्रतिक्रियाएँ याद हैं। दोस्तों के एक समूह ने पूछा, ''पैसा भी मिलेगा?''

मैंने कहा, ''हाँ, पचीस हज़ार रुपये मिलेंगे और मेरी पहली किताब भारतीय ज्ञानपीठ से छप के आएगी।''

प्रतिक्रिया – ''अबे किताब जाए गांड मराने, पचीस हज़ार रूपया... ! सोचो कितने दिन तुम पार्टी दे सकते हो... बहुत सही गुरु।''

दूसरे समूह ने पूछा, ''किताब भी छपेगी न?''

मैंने कहा, ''हाँ किताब भी छपेगी और पचीस हज़ार रुपये भी मिलेंगे।''

प्रतिक्रिया – ''अरे महाराज, पैसे-वैसे को गोली मारिये, ज्ञानपीठ से पहली किताब का मतलब समझ रहे हैं? बहुत बधाई हो।''

मैंने दोनों तरह की प्रतिक्रियाओं को माथे से लगाया और जब फ़ोन के सिलसिले से निकल स्वघोषित, स्वपोषित, स्वयंभू सेलेब्रिटी होकर विवेक की ओर पलटा तो उसका एक मासूम-सा सवाल सामने था।

''कबे तुम तो कहे थे कि ई सब पुरस्कार बिना तेल लगाए नहीं मिलता है। बहुत रगड़ना पड़ता है और तगड़ा जोगाड़ लगाना पड़ता है। कहाँ से लगवायो

आपन जोगाड़?''

मैं कभी अपने ही दिए बयानों के जाल में फँस चुका था और मैंने उसे समझाने की कोशिश की कि कभी-कभी डिज़र्विंग लेखकों को भी पुरस्कार दे दिए जाते हैं।

''अच्छा! अपने के त डिजर्विंग दुनिया कहत है में, एमें कवन नई बात है?'' मैंने उसे एकाध बार और विश्वास दिलाने की कोशिशें कीं और फिर चुप बैठ गया। एकाध दिन बाद वही शोध करके ये सूचना ले आया कि मुझे पुरस्कार इसलिए मिला है कि पांडुलिपियाँ कम गई थीं और जिन लेखकों की गई थीं उन अंधों में मैं काना राजा था। मैंने इसका प्रतिवाद करना ज़रूरी नहीं समझा।

मुझे इत्ती शर्म आ रही है विमल जी

कैलाश जी और मुझमें एक और कॉमन बात थी जिसकी वजह से हम एक दूसरे के साथ इतना वक़्त बिताने लगे थे। हालाँकि हमने इस पर बहुत कम बार ही बात की है लेकिन वह बात इतनी गहरे पैठी थी कि हम एक दूसरे को काफ़ी अच्छी तरह समझने लगे। वह कॉमन बात थी ज़िंदगी को लेकर हमारा नज़रिया। हम दोनों कहीं-न-कहीं बहुत आशावादी आदमी थे और ज़िंदगी के सकारात्मक पहलुओं पर ध्यान देते थे यानी गिलास को आधा भरा देखते थे। लेकिन जैसे ज़िंदगी से प्यार करने वाले हर इंसान के भीतर कहीं गहरे से एक अँधेरा, अकेलापन छुपा होता है वह कहीं-न-कहीं हमारे भीतर था। इसलिए मैं हमेशा अपने प्रिय लोगों के साथ होने के बहाने खोजता हूँ और समय का सबसे अच्छा उपयोग मुझे वही लगता है जब हम अपने चाहने वालों की संगत में बैठ कुछ दिल की बातें कहें, बनिस्बत इसके कि हम कुछ और पैसे जुटा लें या फिर अपनी श्रेष्ठता साबित करने के लिए कोई काम करें। ग़ौर से देखा जाए तो हम दोनों ही थोड़े अध्यात्मिक टाइप के थे और कैलाश जी में मुझे ये बात अच्छी लगी कि व्यवहार में कई जगह सामंती अवशिष्ट बचे रहने के बावजूद वह धर्म और ईश्वर जैसी अफ़वाहों को लेकर बड़े प्रैक्टिकल और तार्किक थे। बनारस में मेरे बचपन के दोस्तों में ज़्यादातर इस अफ़वाह की चपेट में आकर ज़िंदगी बिताने वाले हैं और मज़ेदार तो तब होता है जब वे इस कांसेप्ट को बड़ी मासूमियत से खाने-पीने और नाख़ून काटने तक से उसी तरह जोड़ देते हैं, जैसा उनके दिमाग़ में भरा गया है। चिकन खाने वाले दोस्त भी मंगलवार और गुरुवार को अंडों तक को हाथ नहीं लगाते। आनंद अब भी मंगलवार की

रात चिकन या अंडा करी बनने पर देर होने का इंतज़ार करता है और जैसे ही बारह बजते हैं, उसके प्रिय हनुमान जी अपना बोरिया बिस्तर समेटकर पेड़ की किसी डाल पर जा बैठते हैं क्योंकि दिन मंगलवार से बुधवार हो चुका होता है। जब आनंद देखता है कि हनुमान जी अपनी गदा-वदा समेटकर जा चुके हैं तो वह आराम से आकर बैठता है और अँग्रेज़ी कैलेंडर के हिसाब से मंगलवार की रात बुधवार की सुबह का भोजन करता है।

इलाहाबाद छूटने के कुछ समय बाद मैंने कैलाश जी को लेकर एक कहानी 'बड़े सज्जन आदमी हैं लेकिन... ' शुरू की थी लेकिन इसलिए छोड़ दिया कि कहीं वो 'बाबा एगो हईये हउयें' जैसी न हो जाए क्योंकि दोनों का अंत एक जैसा होना तय था। हालाँकि उस पर काम करता रहता था और सोचता था कि एक बार पूरी कर लूँ फिर देखी जाएगी।

मेरे पास पुरस्कार के पैसे अभी आए नहीं थे लेकिन बधाई देने वालों से ज़्यादा पार्टी माँगने वालों का ताँता लग गया था। मैं भी इस सम्मान से ख़ुश था और पहले सबको ये कह के टरकाने के बाद कि 'पैसा मिलने पर पार्टी होगी', मैंने पार्टी के लिए हामी भर दी। कैलाश जी ने अपने अध्यापन का फ़ायदा उठाते हुए फाफामऊ के एक निजी स्कूल में रात को पार्टी आयोजित कर दी। हिमांशु जी, मुरलीधर जी, कैलाश जी और देवेन्द्र जी के साथ कैलाश जी के कुछेक और मित्रों को आमंत्रित किया गया। आमंत्रित तो युवा कवि अंशुल त्रिपाठी को भी किया गया लेकिन वादा करके और ऐन वक़्त पर न आना उनकी एक ख़ास अदा है जिसपर मैं फ़िदा रहता हूँ। तो उस दिन भी निकलते-निकलते उन्हें कुछ ज़रूरी काम आ गया और वह नहीं आ पाए। पार्टी बड़ी हंगामाख़ेज़ रही और कैलाश जी ने पीने के बाद मुरलीधर जी और हिमांशु जी समेत सबकी खटिया खड़ी कर दी। मैंने उन्हें समझाने की कोशिश की तो उन्होंने मुझ समेत युवा पीढ़ी के सभी लेखकों को गालियाँ दीं कि हम फ़ैशन वाला लेखन कर रहे हैं और रेणु, प्रेमचंद और मुक्तिबोध जैसा लेखन नहीं हो रहा। विवेक ने कुछ कहने की कोशिश की तो उन्होंने विवेक को ये कहकर चुप करा दिया कि वह साहित्य में आउटसाईडर है, इसलिए चुपचाप सुने सिर्फ़, बोले नहीं। उन्हें दरअसल रेणु और मुक्तिबोध की इतनी याद आ रही थी कि वह हाय रेणु, हाय प्रेमचंद कहते हुए बाक़ायदा रो पड़े थे।

ख़ैर, वहाँ जाने से पहले मैंने और विवेक ने तय किया था कि हम नशे में रात को बाइक चलाते हुए लौटने का जोखिम नहीं मोल लेंगे और वहीं सो जाएँगे, लेकिन पीने के बाद हमेशा की तरह आत्मविश्वास बढ़ गया था और मैंने अपनी डिस्कवर चलाने के लिए किक मारना शुरू कर दिया। जब कई किक के बाद भी वह स्टार्ट नहीं हुई तो विवेक ने मुझसे चाभी ली, उसे लगाया और मुझे दो बातें बताईं, "एक तो बाबा ई गाड़ी के पहिले चाबी लगाके ऑन करे पड़त है और ओके बाद दूसर बात कि ई तुम्हार गाड़ी बटनस्टार्ट है।" ये पते की बात समझाने के बाद उसे लगा कि वह बहुत होश में है और उसने मुझे बिठाकर चलाना शुरू किया। हिमांशु जी मुरलीधर जी के स्कूटर पर थे और देवेन्द्र जी कैलाश जी की मोटरसाइकिल पर। कैलाश जी की हीरो होंडा उन्हीं के जैसी बिंदास चलती है और थोड़ा पीने के बाद हेलीकॉप्टर बन जाती है।

फाफामऊ वाली उस सड़क पर ट्रकों का आवागमन शुरू हो चुका था और हमारे एकदम पास से ट्रकें सन्न की आवाज़ करती गुज़र रही थीं। कुछ ट्रकों के ड्राईवर, जो पिए हुए थे और पीकर रात को गाड़ी चलाना अपना एकाधिकार समझते थे, हमें डगमगाती चाल में बाइक चलाते देख क्रोधित हो रहे थे। वे अपने ट्रक को हमारे वाहन के बिलकुल क़रीब लाते हुए धक्का मारने की इच्छा जताते। विवेक घबराकर सड़क के किनारे गाड़ी उतार देता और गाड़ी और तेज़ी से डगमगाने लगती। जब भी गाड़ी डगमगाती, मैं नशे की झोंक में बड़बड़ाता, "दो हम चलाएँ, साले तुमको नहीं आता चलाने।" विवेक भी बड़बड़ाता, "चुपचाप बैठे रहो बे।"

तब तक हमने देखा कि एक मोटरसाइकिल हमारे बग़ल से हवा की रफ़्तार से गुज़री। गाड़ी की गति से घबराकर हम नशे में जितना देख पाए, उसमें यही दिखा कि कैलाश जी मुक़द्दर का सिकंदर के अमिताभ की तरह उचक-उचक के गाड़ी उड़ा रहे हैं और पीछे बैठे देवेन्द्र जी अलगनी पर टंगे सूखे कपड़े की तरह हाथ-पाँव उठाकर हवा में उड़ रहे हैं। हमारी बग़ल से गुज़रने पर जो अस्पष्ट आवाज़ हम सुन पाए थे वो भी कुछ ऐसी ही थी, "अरे रोकिए कैलाश जी, हम मर जाएँगे।"

"अबे उ तो कैलाश जी लग रहे हैं, पीछे थे क्या अभी तक?" विवेक ने फालतू-सा सवाल पूछा जिसका जवाब देने की मैंने ज़रूरत नहीं समझी

और एक बार आँख खोलकर देखने के बाद फिर से उसके कंधे पर सो गया। विवेक ने गाड़ी की स्पीड बढ़ाई और कैलाश जी की मोटरसाइकिल का पीछा किया। इसमें समय तो काफ़ी लगा लेकिन आख़िर हम पहुँच ही गए। रास्ते में हमें एक थका हुआ आदमी धीरे-धीरे चलता हुआ दिखा जिसने शायद हमें आवाज़ भी दी लेकिन हमने ध्यान नहीं दिया। हमने कैलाश जी को ओवरटेक किया तो वह अकेले थे और बुरी तरह से हँस रहे थे।

"आप अकेले? देवेन्द्र जी कहाँ हैं?" विवेक ने पूछा।

"अरे मैं उनको डरा रहा था ट्रक को ओवरटेक करके... वो कुछ ज़्यादा ही डर गए और मुझे गालियाँ देकर कहने लगे कि यहीं उतार दो मुझे... ।" कैलाश जी हँसे जा रहे थे लेकिन मैं गंभीर हो गया था।

"और आपने इतनी रात को उनको इस सुनसान सड़क पर उतर दिया? दिमाग़ सही नहीं है क्या आपका?" मेरी डाँट से वह थोड़े सामान्य हुए और उन्हें अपने किए पर पछतावा हुआ। "मैं तो सिर्फ़ एक पहिये पर गाड़ी चलाकर उनसे मज़ाक़ कर रहा था बंधु... ।" उन्होंने अपराधी की तरह कहा, उन्हें अपनी ग़लती का बोध हो गया था। ये अलग बात है कि बाद में अलग-अलग मौक़ों पर नशे की डोज़ ज़्यादा हो जाने पर उन्होंने शेषनाथ और विवेक जैसे कई मित्रों को एक पहिये की सवारी का सौभाग्य प्राप्त कराया और सबने एक बार एक पहिये की सवारी करने के बाद फिर कैलाश जी के वाहन पर न बैठने की क़सम खाई। हम फिर से पीछे जाकर देवेन्द्र जी को रिसीव करने के लिए मुड़ने ही वाले थे कि देवेन्द्र जी एक वाहन पर लिफ़्ट लेकर बग़ल से चिल्लाते हुए गुज़रे।

"कैलाश तुम्हारा दिमाग़ ख़राब हो गया है। मर जाओगे ऐसे ही... ।" उनकी आवाज़ में ग़ुस्सा था और उन्होंने कैलाश जी से ज़्यादा उनकी मोटरसाइकिल को जलती नज़रों से घूरा था।

अगले दिन सुबह-सुबह मेरे पास कैलाश जी का फ़ोन आया। रात के हंगामे के बाद वह सबसे फ़ोन करके माफ़ी माँगते थे और उनकी माफ़ी की स्क्रिप्ट इतनी तय थी कि सबको ज़बानी याद थी।

"मुझे इत्ती शर्म आ रही है विमल जी... .मैं आपके सामने अब कैसे आऊँगा हिमांशु सर... ये मदिरा इतनी गंदी चीज़ है मुरलीधर भाई साहब... अब

मैं पागल हूँ जो फिर से इसे हाथ लगाऊँ... ..आपके ये बोलने से मुझे इतना संतोष हुआ है कि क्या कहूँ... बहुत बहुत धन्यवाद आदि आदि।''

कैलाश जी की ज़िंदगी कहानियों जैसी है और उसमें बहुत से विरोधाभास हैं। सबसे पहली बात तो है उनकी ज़िंदगी में अनवरत बनी रहने वाली परेशानियाँ। उनके परिवार में हमेशा कोई-न-कोई बीमार रहता है और सब ठीक चले तो गाँव से कोई इलाज कराने चला आता है, जिसकी पूरी ज़िम्मेदारी उन पर ही आती है। संस्मरण का यह अंक लिखे जाने से पहले आज सुबह उनसे बात हुई है और पता चला है कि अस्पताल में उनकी बहन भर्ती है जो छत से गिर गई है और उसकी हड्डियाँ टूट गई हैं। उनके बहनोई उन्हें भर्ती कराकर वापस चले गए और दूसरे भाई आकर देखकर वापस गाँव चले गए। अब आगे की ज़िम्मेदारी कैलाश जी को निभानी है जो अपने दो बेटों के साथ-साथ दो भतीजों की पढ़ाई का ख़र्च भी उठा रहे हैं। वह लगातार किसी-न-किसी परेशानी में घिरे होते हैं और जब सब कुछ सही चल रहा होता है तो वह ख़ुद बीमार हो जाते हैं। शायद उनकी कुंडली को परेशानियों की आदत हो गई है। लेकिन इसका दूसरा पहलू यह है कि वह इन चीज़ों के बारे में बात करने से अधिकतर बचना चाहते हैं। शराब को उन्होंने बहुत पहले से अपना साथी और राज़दार बनाया था जो अब उनकी किडनियों को धोखा दे रही है।

अभी कुछ महीने पहले मैं अपनी पत्नी को विदा कराने अपनी ससुराल गोरखपुर गया था। मैं सुबह जगा ही था कि मेरे मोबाइल पर इलाहाबाद से दुर्गेश का फ़ोन आया और उसने हँसते हुए बताया कि अभी-अभी उसने दैनिक जागरण अख़बार में पढ़ा है कि कैलाश जी की मोटरसाइकिल चोरी हो गई। उसे न जाने क्यों ये ख़बर पढ़के बड़ा मज़ा आया था और उसने मुझे भी पढ़के सुनाया जिसका सारांश था कि एक अध्यापक डॉक्टर कैलाश मिश्रा की मोटरसाइकिल शोहदों ने तब पार कर दी जब वह अपने एक मित्र से मिलने गए थे। डॉक्टर मिश्रा चित्रकूट के एक गाँव में अध्यापक हैं और उनका परिवार इलाहाबाद में रहता है। मेरे अंदर का स्वार्थी लेखक जाग गया और मेरी लंबी कहानी जो एक मोड़ पर लंबे समय से अटकी थी, उसे अचानक एक अंत मिलने का आभास होने लगा। मैंने फ़ोन काटने के बाद फिर कैलाश जी को फ़ोन मिलाया। वह ज्ञानवाणी में सुबह की ड्यूटी पर थे। क्या हुआ भाई साहब,

मैंने पूछा।

"अरे बंधु, एक मित्र के साथ मैंने एक पार्क में थोड़ी सी वोदका पी और उसके बाद वो घर चला गया। मेरा मन नहीं भरा तो मैं एक बार में चला गया और बाइक बाहर खड़ी करके भीतर पीने लगा। जब बाहर निकला तो देखा गाड़ी है ही नहीं। बंधु आप तो जानते ही हैं कि मेरी गाड़ी में ताला ही नहीं है। किसी माधरचोद हेरोइनबाज़ ने देख लिया होगा कि इसे खोलने के लिए चाभी की ज़रूरत नहीं है और ले गया।"

मेरे दिमाग़ में आज से साल-डेढ़ साल पहले का वह दृश्य कौंध गया जब मेरे छोटे भाई की शादी के रिसेप्शन में कैलाश जी और विवेक इलाहाबाद से शामिल होने गए थे और विवेक को बहुत बड़ा आश्चर्य हुआ था कि कैलाश जी ने रात भर के लिए अपनी बिना चाभी के चल पड़ने वाली मोटरसाइकिल रामबाग़ रेलवे स्टेशन के सामने खड़ी कर दी थी और आराम से ट्रेन पकड़ बनारस चले आए थे। वह गाड़ी रात भर रामबाग़ स्टेशन पर भगवान भरोसे खड़ी रही थी।

"लेकिन आपको कैसे पता चला?" उन्होंने पूछा।

"अरे दैनिक जागरण में निकला है। दुर्गेश ने बताया।"

"ओह, मैंने रात में अपने एक मित्र को बताई थी ये घटना जो जागरण में है, उसी ने छापी होगी।"

"आपको पुलिस में रिपोर्ट करनी चाहिए थी कैलाश जी, की या नहीं?"

"मैं गया था मुठ्ठीगंज थाने बंधु लेकिन रिपोर्ट लिखी नहीं दुष्ट पुलिसवालों ने।"

"ऐसा क्यों?" मैंने पूछा।

"पता नहीं, मैं धड़धड़ाते हुए एसओ के केबिन में घुस गया और मैंने कहा कि मेरी रिपोर्ट लिखिए तो मुझे भगा दिया उसने।" उनकी आवाज़ में बच्चों जैसी नाराज़गी थी।

"आख़िर क्यों?"

"कहने लगा मास्टर साहब कल होश में आइएगा, अभी धीरे से निकल लीजिए यहाँ से नहीं तो अंदर कर दूँगा। क़ानून व्यवस्था ध्वस्त हो चुकी है

बंधु।'' मैंने उनकी बात में हामी भरी और उन्हें समझाया कि ज्ञानवाणी से निकलकर वह ज़रूर जाकर रिपोर्ट लिखवाएँ। उन्होंने हामी भरी।

''अभी देखिये सुबह छह बजे से ड्यूटी थी तो बेटे की साइकिल लेकर आया हूँ यहाँ। निकलूँगा तो लिखवा दूँगा रिपोर्ट।''

मैं अभी नहा धोकर खाना खाने जा ही रहा था कि एक घंटे के भीतर ही विवेक का मैसेज आया, ''अबे चोरवा के फट गई, अइसन आदमी के गाड़ी चोरायेस कि कोतवाली ले जाके वापस कै दिहा।''

मैंने ख़ुश होकर कैलाश जी को फ़ोन लगाया तो उठाते ही वह आह्लादित आवाज़ में बोले, ''तो आपको पता चल गया बंधु कि मेरी गाड़ी मिल गई? अभी थाने से फ़ोन आया था कि कोतवाली के सामने इस नंबर की गाड़ी खड़ी है, आप काग़ज़ दिखाकर ले जाएँ। मुझे लगता है विमल जी ये पुलिस वाले ख़ुद तो नहीं... ?'' मैंने उनकी पूरी बात नहीं सुनी। मुझे अच्छा लग रहा था। मैंने खाना छोड़कर अपनी कहानी पर काम करना शुरू कर दिया। बहुत जीवंत कहानी बन रही थी और मुझे लिखने में भी मज़ा आ रहा था लेकिन क्लाईमैक्स पर आते-आते न जाने क्यों मेरा मन उसे पूरा करने का नहीं हुआ।

वह कहानी अब भी अधूरी पड़ी है।

कुछ लोग किसी भी तरह के क़िस्से-कहानियों से बड़े होते हैं। कैलाश जी उनमें से एक हैं।

आप कान्यकुब्ज हैं या सरयूपारीण

कंपनी घाटे में चल रही है, सब्स्क्राईबर कम हो रहे हैं, पुराने कर्मचारी वीआरएस नहीं ले रहे हैं, नये सब्स्क्राईबर नहीं मिल रहे आदि आदि। ये वे कारण थे जो उस सवाल के जवाब में आते थे जो एक नौकरीपेशा इंसान के लिए सबसे ज़रूरी होता है। तनख़्वाह इतनी लेट क्यों आ रही है, ये सवाल पहले तो मैं जियालाल जी से पूछ लिया करता था लेकिन जब वह मुझे इलाहाबाद की पत्रकारिता का तथाकथित साम्राज्य देकर स्थानांतरित होकर वाराणसी चले गए तो मैं इस ज्वलंत सवाल के साथ अकेला रह गया। ये सवाल मैं विवेक के साथ गोरा क़ब्रिस्तान में अँग्रेज़ों की क़ब्र पर बैठा सिगरेट पीता हुआ पूछता था और वह कहता कि जितने पैसे मुझे तनख़्वाह के रूप में मिलते हैं उतने में मैं अगर ठीक से ख़र्च करूँ तो महीने भर से अधिक चला सकता हूँ। मैं हर बार तनख़्वाह आने से पहले ख़ाली जेब और ख़ाली हाथ मिंटो पार्क में या सड़कों पर टहलता हुआ बड़बड़ाता कि ज़िंदगी कुत्ते जैसी हो गई है। मैं ज़्यादा दिन इस नौकरी में रुकूँगा नहीं, जिसमें हर महीने तनख़्वाह का इतना इंतज़ार करना पड़ता है। इस बात पर वहाँ घूम रहे कुत्ते भौंकने लगते और पत्रकार की ज़िंदगी से अपनी ज़िंदगी की तुलना किए जाने पर नाराज़ होते। ऐसे में एक दिन 'मुख़ातिब' की गोष्ठी के ख़त्म होने के बाद मैंने वहाँ अपनी समस्या का ज़िक्र किया तो मुरलीधर जी ने मुझे आकाशवाणी में अपनी कहानियाँ लेकर जाने को कहा। उन्होंने यह भी कहा कि वहाँ जो रामजी मिश्रा नाम के कार्यक्रम अधिशासी हैं, उनसे मैं उनका ज़िक्र न करूँ क्योंकि उन दोनों की बनती नहीं। सत्यकेतु जी ने भी अपनी कहानी के प्रसारण के लिए जाने को कहा था और

मैंने उनसे कहा कि मैं भी उनके साथ ही चलूँगा।

आकाशवाणी इलाहाबाद में वैसे तो मैं कई बार मुरलीधर जी से मिलने जाता रहता था, लेकिन उस दिन हम दूसरी ईमारत में गए। वहाँ पहली मंज़िल पर मिश्रा जी का कमरा था। मैं सत्यकेतु जी के साथ घुसा तो वह किसी से बातें कर रहे थे। हमने उनके ख़ाली हो जाने का इंतज़ार किया। वह माथे पर लाल गोल टीका लगाए हुए थे और क्लीन शेव उनके चेहरे से अध्यात्मिक टाइप का तेज टपक रहा था। अपने होमवर्क के तहत जब मैंने कुछ जानकारियाँ बाद में जुटाईं तो मुझे पता चला कि यह तेज इसलिए है कि उन्होंने अध्यात्म पर अच्छा-ख़ासा काम किया है, जिसमें सबसे महत्वपूर्ण काम है करपात्री जी महाराज पर लिखी उनकी पुस्तकें। उनकी उपलब्धियाँ इतनी चमकदार थीं कि उनके चेहरे पर चिपकी रहती थीं। तेज की बारिश होती थी और ज़रूरतमंदों को उसमें नहाना होता था। हम दोनों उसी में नहाने गए थे। सत्यकेतु जी के पास एक औज़ार था जिसका नाम 'अमर उजाला' था। उन्होंने उसका प्रयोग किया, वह मिश्रा जी से एक बार फ़ोन पर बात कर चुके थे। वह करपात्री जी पर लिखी गई किसी किताब की समीक्षा अमर उजाला के 'आखर' यानी साहित्य कला के पृष्ठ पर छपवाने की बात करने लगे तो मिश्रा जी तन्मय होकर उनकी बात सुनने लगे। उन्होंने जल्दी ही वह पुस्तक भिजवाने का वायदा किया और जब हम मुद्दे पर आए तो वह सत्यकेतु जी से उनकी कहानियों के बारे में चर्चा करने लगे। उन्होंने रणविजय सिंह 'सत्यकेतु' को बताया कि रेडियो में पढ़ने के लिए कहानी की अवधि लगभग 12 मिनट की होनी चाहिए, एकता और अखंडता की बातें होनी चाहिए, कहानी में कोई संदेश होना चाहिए और भाषा शालीन होनी चाहिए। सत्यकेतु जी ने ध्यान से शर्तें सुनी और मेरा मन बैठ गया कि कुछ कहानियों के माध्यम से जो चार पैसे अतिरिक्त कमाई के रूप में मिलने की उम्मीद थी वह धूमिल दिखाई दे रही थी क्योंकि मैं कितनी भी शालीनता ओढ़कर चलूँ, जल्दी ही पता चल जाता है कि तथाकथित शालीनता की मेरी ज़्यादातर कहानियों में भी वैसी ही कमी है जैसी मुझमें। सत्यकेतु जी ने इसके बाद मेरा परिचय कराया, "ये विमल हैं, ये भी कहानियाँ लिखते हैं। यूएनआई में हैं।" शुक्र है मिश्रा जी को यूएनआई का मतलब पता था। यह ज़ाहिर करने के बाद उनके कुछ सवाल रैपिड फ़ायर जैसे थे।

"कहाँ से हैं विमल जी?"

"जी मूलतः तो मैं बलिया से हूँ लेकिन पैदाइश और पढ़ाई-लिखाई बनारस की है।"

"अरे वाह, बनारस में कहाँ?"

"जी लहरतारा... ।"

"वही कहीं कबीरदास भी पैदा हुए थे न?"

"जी मेरे घर के पास ही वो तालाब है।"

"बहुत बढ़िया, पूरा नाम क्या बताया आपने?" हालाँकि मैंने अभी बताया नहीं था पूरा नाम लेकिन उन्होंने किसी ज़रूरी सवाल की तरह पूछा तो मैंने बता दिया।

"विमल चंद्र पांडेय।" वह अपनी गद्‌देदार कुर्सी पर सीधे हो गए।

"अरे, पांडे हैं आप?" उनकी आवाज़ में आश्चर्यमिश्रित ख़ुशी थी। मैं थोड़ा हैरान था उनकी आवाज़ का उत्साह और उनकी भाव-भंगिमा देखकर। सत्यकेतु आश्चर्य में नहीं थे, आख़िर अनुभव का कोई विकल्प थोड़े ही है।

"जी... ।" मैंने कहा। मैं उनकी मेज़ की ओर झुक आया था क्योंकि उधर से वह मेरी ओर जिस प्यार से झुकते आ रहे थे मुझे लगा वह मुझे जल्दी ही गले न लगा लें।

"क्या हैं आप... कान्यकुब्ज या सरयूपारीण?" उनका अगला सवाल था। मैंने मेज़ पर अपनी हथेलियाँ रखी थीं और उन्होंने अपनेपन से मेरी हथेली पकड़ ली। मैं सोच ही रहा था कि क्या बताऊँ कि मेरी कहानियों के स्वीकृत होने के चांस बढ़ जाएँ कि उन्होंने ख़ुद ही कहा, "सरयूपारीण ना?... हम पहले ही समझ गए थे पांडेय जी। चलिए अपनी कहानियाँ लेकर अगले बुधवार को आ जाईये। पहले आपकी लगा देते हैं फिर सत्यकेतु जी की लगा देंगे।"

हम उन्हें नमस्कार करके विदा हुए। ब्राह्मण होने का सामाजिक फ़ायदा तो मैंने कई बार देखा था लेकिन इसका आर्थिक फ़ायदा भी हो सकता है, यह पहली बार जाना था। मेरा मन हुआ कि मैं दिल्ली फ़ोन लगाकर अपने बचपन के दोस्त टीटू से पूछूँ कि हमने आज के आठ-दस साल पहले बौद्ध धर्म धारण करने का जो फैसला लिया था और जिसपे इसलिए अमल नहीं हो पाया कि टीटू जिस दिन सारनाथ बौद्ध धर्म ग्रहण करने गया, उस दिन धर्म परिवर्तन

कराने वाले लामा बाहर गए हुए थे, वह आख़िर क्यों था। बौद्ध धर्म के प्रति जो अनुराग मन में था वो अब भी है लेकिन बाद में शायद मेरे और टीटू (विवेक सिंह) दोनों के मन में ये आया कि जब हमें किसी धर्म को मानना ही नहीं तो फिर इसे छोड़ने या उसे अपनाने का क्या अर्थ। जब धर्म का उपयोग यही रह गया है तो हम क्यों इसका उपयोग करें, क्यों न हम इसे छोड़कर अपने हिसाब से चीज़ें बरतें। टीटू ने तो अपने नाम के पहले 'बोधिसत्व' लगाकर बुद्ध को अपनी पहचान के साथ जोड़ लिया है लेकिन मैं चाहकर भी 'पांडेय' नहीं हटा पाया हूँ। कुछ कोशिशें कीं लेकिन कुछ काग़ज़ी मामलों की वजह से फिर इसे छोड़ दिया। मेरी पहली कहानी 'साहित्य अमृत' में जुलाई 2004 में छपी थी और इसमें मैंने बड़े गर्व से अपना नाम विमल चंद्र छपवाया था लेकिन इस कहानी के बदले में जो 100 रुपये का मानदेय आया, उस चेक को भँजाने में मुझे कितने पापड़ बेलने पड़े ये मैं ही जानता हूँ। इसके बाद मर्चेंट नेवी वाली दिक़्क़तें और फिर कंप्यूटर की पढ़ाई के दौरान वज़ीफ़े की दिक़्क़तें आदि आदि।

मैंने ये घटना अपने कमरे पर आकर दूसरे विवेक यानी इलाहाबादी विवेक को सुनाई। उसने कहा कि मैं कुछ अच्छी कहानियाँ लेकर जाऊँ और वहाँ जाकर सुना दूँ, जिससे एक हफ़्ते का खाने-पीने का ख़र्च निकले।

मैं तय समय पर अपनी कुछ कहानियाँ लेकर पहुँच गया जिसमें मेरी मोटी बुद्धि के अनुसार कोई संदेश छिपा था और वो कुछ शालीन भी थीं। मिश्रा जी ने मेरी कहानियाँ ले लीं और मुझसे पूछा कि मैं कौन सी कहानी सुनाना चाहता हूँ। मैंने बताया कि 'स्वेटर' नाम की एक कहानी है जिसमें एक लड़का पढ़ाई के लिए विदेश जा रहा है और उसकी प्रेमिका उसे छोड़ने एयरपोर्ट पर आने वाली है। वह लड़की उसके लिए एक स्वेटर बुन रही है जो उसे कूरियर से विदेश के पते पर भेजेगी। लड़के के पिता लड़के के लिए एक स्वेटर नेपाल से बड़े प्यार से लाए थे लेकिन वह उस स्वेटर को अपने साथ विदेश नहीं ले जाना चाहता। वह उस स्वेटर को तकिए के नीचे छुपा देता है। पिता जब एयरपोर्ट छोड़ने जाते हैं तो लड़का उन्हें मना कर देता है क्योंकि उसके दोस्त वहाँ उसे छोड़ने जाएँगे और फिर वह लड़की भी वहाँ उसे विदाई देने आने वाली है। यह कहानी युवा पीढ़ी और अपने अभिभावकों से उनके संबंधों में आ रही

उदासीनता को दिखाती है और साथ ही उन सपनों की उड़ान को भी... ।

मैं बोलता जा रहा था कि उन्होंने मुझे रोक दिया, ''बाक़ी सब तो ठीक है लेकिन उसे लड़की से मत मिलाइए, ये ठीक नहीं है। पिता जी को एयरपोर्ट जाना चाहिए। इस तरह से खुलेआम सड़क पर बेटे का सिगरेट पीना भी ठीक नहीं है।''

आकाशवाणी में मेरा एक छोटा अनुभव बनारस का भी है और इलाहाबाद में तो आकाशवाणी ने मुझे कई बार आर्थिक मदद की। मेरी कई कहानियाँ वहाँ से प्रसारित हुईं लेकिन मैं उन्हें कभी अपनी मामूली उपलब्धि भी नहीं मान सकता। मुझे आश्चर्य होता है जब मैं बहुत सारे लेखकों के परिचय में इस बात का उल्लेख बड़े गर्व के साथ देखता हूँ कि उनकी कई कहानियाँ रेडियो से प्रसारित हुई हैं। मैंने इस बात को अपने कुछ ख़ास दोस्तों के अलावा सबसे छुपा के रखा है कि मेरी कई कहानियाँ आकाशवाणी से प्रसारित हुई हैं। फिर मैं सोचता हूँ कि आख़िर सब जगह एक जैसे माहौल नहीं होते, जो लेखक इसे उपलब्धि मानते हैं क्या पता वहाँ माहौल अलग हो।

मैंने रेडियो का फ़ॉर्मेट कुछ ही दिनों में समझ लिया। जब मेरी एक कहानी से मिश्रा जी को बहुत आपत्ति थी क्योंकि उसमें मैंने एक हिंदू और एक मुसलमान दोस्त के बारे में कुछ मामूली-सी बातें कही थीं और उन्होंने मुझे बीच रिकॉर्डिंग में रुकवा दिया।

''नहीं पांडेय जी, ये रेडियो में नहीं चलेगा।''

अचानक मुझे ज्ञान की प्राप्ति हो गई। मैंने उन्हें कहा कि मेरे पास एक और कहानी है जो मेरे दोस्त के पास है, मैं उसे लेकर 15 मिनट में आता हूँ। उन्होंने कहा कि ठीक है तब तक वे कुछ काम निपटा लेंगे। मैं आकाशवाणी के बाहर चाय की दुकान पर गया, एक चाय का ऑर्डर किया और जितनी देर में चाय ख़त्म होती उतनी देर में एक कहानी लिख दी जिसकी अवधि 12 मिनट के आसपास ठहरती थी। मैं वापस गया और कहानी उन्हें सुनाई। पहली बार उनका एक्सप्रेशन था, ''वाह पांडेय जी, मुझे पहले से मालूम था आप प्रतिभाशाली कथाकार हैं।''

कहानी ख़ूब लाउड थी और उसे जो कहना था वो इतना चीख़-चीख़कर कह रही थी कि बहरों को भी सुनाई दे जाए। लेकिन उसकी भाषा निहायत

ही शालीन थी और उसमें एक अश्लील-सा संदेश छिपा था कि चाहे ग़रीबी आपको कितना भी परेशान करे, आप उसे बर्दाश्त करते रहिए और क़ानून को हाथ में मत लीजिए। सरकार का मतलब है धरती पर भगवान और ऊपर वाले भगवान के साथ नीचे वाले भगवान पर भी भरोसा रखना इंसान का फ़र्ज़ है, जहाँ देर है लेकिन अंधेर नहीं। ये सरकारी कहानी वहाँ से स्वीकृत कराने के बाद मुझे ख़ुद पर बड़ी शर्मिंदगी महसूस हुई और मैंने रात को विवेक के सामने इसे स्वीकार किया। विवेक ने कहा कि इसे मैं उसी तरह लूँ जैसे कोई भाजपाई विचारधारा का पेंटर ग़रीबी में कांग्रेस के स्लोगन पेंट करता है।

मैं जब अपनी पहली कहानी रिकॉर्ड कराके आया तो दूबे जी ने मुझे घेर लिया। उन्हें विवेक ने बताया था कि मेरी कहानी की रिकॉर्डिंग है। उन्होंने मुझसे पूछा कि ये कहानी कब और कितने मेगाहर्ट्ज़ पर प्रसारित होगी। मैंने अपनी आधी-अधूरी जानकारी में उन्हें समय बताया जो उन्होंने नोट कर लिया। एक हफ़्ते बाद जब मैं शाम की चाय पीकर यूँ ही कमरे में अनमना-सा लेटा था कि विवेक आ गया। मेरी ज़िंदगी में प्यार की आमद हो रही थी और मैं हमेशा एक नशे में रहता था। विवेक के साथ थोड़ी देर बातें करने के बाद मुझे नींद आने लगी। मैं यूँ ही सो गया और मुझे सोया देख विवेक हेडफ़ोन लगाकर कंप्यूटर पर गाने सुनने लगा। अचानक मेरे मोबाइल पर फ़ोन आया, मैंने दुबेजी का नंबर देखा। मैं प्यार में था और उस समय मेरा मन उदास होने का कर रहा था, मैं किसी से बात करने के मूड में नहीं था। फ़ोन फिर आया और मैंने फिर नहीं उठाया। लेकिन वह कोई साधारण योद्धा नहीं दुबेजी थे। उन्होंने तब तक रिंग किया जब तक मैंने उठा नहीं लिया।

''अरे मान्यवर सुन रहे हैं कि नहीं अपनी कहानी? हम यहाँ बैठे हैं एक मित्र के यहाँ, कई लोग सुन रहे हैं। यहाँ भी आपके प्रशंसकों की संख्या बढ़ा दिए हैं हम।''

मैंने उन्हें टालना चाहा यह कहकर कि मैंने ही वो कहानी पढ़ी है और मुझे पता है कि आगे क्या होगा लेकिन वह निराश होने वालों में से नहीं थे। उन्होंने कहा कि मैं बेकार में कहता हूँ कि मेरी आवाज़ अच्छी नहीं है, रेडियो पर तो मेरी आवाज़ ख़ासी सेक्सी सुनाई दे रही है। वह मेरी आवाज़ सुनकर जिस मूड में आए थे, मैं उससे एकदम अलग मूड में था लेकिन यही दूबे जी की ताक़त

है कि उन्होंने तब तक ऐसे फालतू के मज़ाक़ किए जब तक मेरा मूड उदासी से ग़ुस्से वाला नहीं हो गया। मैं उन्हें डाँटने के मूड में आ गया कि मुझे ये कहानी सिर्फ़ पैसों के लिए लिखनी पड़ी है और मैं इसे सुनने में क़तई इंट्रेस्टेड नहीं हूँ और वो भी न सुनें लेकिन तब तक उन्होंने फ़ोन यह कहकर काट दिया कि विज्ञापन का ब्रेक ख़त्म हो गया और कहानी फिर शुरू हो रही है। मैं झल्लाया हुआ सा फिर से चाय पीने शोले की दुकान पर आ गया। विवेक को बुलाने पर उसने कहा कि उसने दोहरा खाया हुआ है और वह चाय पीने के लिए इसे थूक नहीं सकता। 'शोले' का नाम दरअसल 'सोले' था लेकिन लोकप्रिय सिनेमा की पहुँच इतनी थी कि लोगों के नाम बदल जाते थे। हम नशे की पिनक में चाहे जितने बजे मोहल्ले में टहलने निकलें, सोले अक्सर जॉगिंग करता दिख जाता था और हम हैरान होते थे कि कब-से-कब तक आख़िर ये जॉगिंग करता है। हमने जो अंदाज़ा लगाया था, उस हिसाब से उसके माँ-बाप बचपन से ही उसे कहते रहे होंगे कि 'सो ले, बेटा सो ले' और वह जॉगिंग करता रहा होगा। मैं जब तक कीडगंज में रहा मेरी सुबह सोले की चाय से ही हुई।

जदी कवनो कम्पटीसन निकाले के बा नू तऽ ई कुल कहानी-कविता से दूरे रहीहऽ

चूँकि मेरा कहीं कोई ऑफ़िस नहीं था, मैंने दुर्गेश के ऑफ़िस में ही बैठना शुरू कर दिया था। दिन भर हम वहाँ बैठे दुनिया-जहान की बातें करते रहते और कोई ख़बर मिलती तो मैं दुर्गेश के कंप्यूटर और इंटरनेट कनेक्शन का प्रयोग करता, जिससे मेरे साइबर कैफ़े के पैसे बच जाते। इस पर दुर्गेश का कहना था की मुझे उसे चाय-वाय पिलानी चाहिए लेकिन चाय पिलाने के मामले में दुर्गेश ज़रा भी कंजूस नहीं था और उसके पास पैसे होते तो वह ज़रूर ख़र्च करता था।

उसका कहना था कि उसके पास नॉलेज बहुत है लेकिन उसका मुँह छोटा है (मुहावरा वाला छोटा मुँह नहीं) इसलिए अक्सर लोग उसे सीरियसली नहीं लेते। दुर्गेश से ज़्यादा स्पष्टवादी इंसान मैंने सिर्फ़ हिंदी सिनेमा के परदे पर देखा था इसलिए उसकी कुछ बातें पचाने में मुझे तब तक बड़ी दिक़्क़त होती थी जब तक मैंने उसे ठीक से समझा नहीं था। वह संघ से जुड़ा हुआ था और जब मैंने इस पर एकाध बार कुछ फ़िक़रेबाज़ी की तो उसने मुझे साफ़ शब्दों में समझाया कि मैं बाहर यानी फ़िल्ड में इस बात को न कहूँ क्योंकि बहुत से बेवक़ूफ़ लोग हैं जो संघ कि महत्ता नहीं समझते। मैंने कहा कि आख़िर ऐसी जगह से जुड़ के क्या फ़ायदा कि कहीं खुल के बताया भी न जा सके।

मेरी ऐसी बातों पे अक्सर वह चिढ़कर पूछ बैठता, ''ई बताओ बिमल भाई, तुम कम्युनिस्ट हो का?''

मैं उसके इस आरोप का खंडन करता और मैं जितना खंडन करता उतना ही

उसका शक पुख़्ता होता जाता। मेरा डर ये था कि कहीं वो मुझसे नाराज़ हो गया तो मुझे इलाहाबाद की सड़कें पैदल नापनी पड़ेंगीं। मैं उससे स्थानीय चीज़ों पर बात करना चाहता और वह भारत–पाकिस्तान संबंधों या फिर अर्थ नीति जैसी चीज़ों में रुचि दिखाता। कहीं पढ़े हुए लेख में से कुछ तथ्यों में अपने विचार जोड़कर वह अक्सर ऊँची आवाज़ में कुछ भाषण टाइप का खुलेआम देता और मेरी ओर देखकर मुस्कराता हुआ कहता, "देखे बिमल भाई, है पूरे इलाहाबाद में कोई के पास एतना नॉलेज?" मैं कहता कि नहीं और अगर होगा भी तो हमें कैसे पता चलेगा, जब तक वह चौराहे पर खड़ा होकर उस नॉलेज को उगलने न लगे। वह हँसता और इसे अपनी तारीफ़ समझता। उसका सेंस ऑफ़ ह्यूमर काफ़ी ख़राब था और मैंने शुरू से देखा है कि मेरी दोस्ती उन्हीं लोगों से अच्छी और लंबी चलती है जो किताबें पढ़ते हों या नहीं, फ़िल्में देखते हों या नहीं, किसी भी कला के प्रति उनमें कोई जागरूकता हो या नहीं, उनका सेंस ऑफ़ ह्यूमर ज़रूर अच्छा होना चाहिए। मेरे कुछ मित्रों का कहना है कि मेरे भीतर गंभीरता का किंचित अभाव है जिसके कारण मुझे साहित्य में गंभीरता से नहीं लिया जा रहा। मेरे बाद आए कई होनहार लेखक कितने ही पुरस्कार पा चुके हैं और किताबें छपवा चुके हैं, जबकि मैं अभी तक उसी एक किताब को थामे बैठा हूँ जिसकी पाण्डुलिपि कई दोस्तों के कहने पर एक प्रतियोगिता के लिए भेजी थी। मैं उनकी बातों को गंभीर हास्य की श्रेणी में रखता हूँ और मुस्करा देता हूँ। शुरू–शुरू में एक अच्छे मित्र की तरह मैंने दुर्गेश को समझाने की बहुत कोशिशें की थीं कि उसे हर जगह बिना पूछे डींगें नहीं हाँकनी चाहिए या छोटे अख़बारों के पत्रकारों को अपनी पढ़ाई से नहीं हड़काना चाहिए। इस पर उसका कहना था कि मैं चूँकि इलाहाबाद का नहीं हूँ इसलिए मुझे नहीं पता कि यहाँ मूतना कम और हिलाना ज़्यादा पड़ता है। मैं कहता कि मैं बनारस का हूँ और वहाँ इलाहाबाद से कुछ भी अलग नहीं है। मैं दोस्तों को अपनी सीमा तक समझाने की कोशिश करता था और रचनाकार दोस्तों की रचनाओं की कमियाँ निकालते वक़्त 'मुख़ातिब' के दिए संस्कारों का प्रयोग करता था, लेकिन मैंने पाया कि आम ज़िंदगी और साहित्य, दोनों ही जगह जाहिलों की एक जैसी ही भीड़ है जो अपनी सकारात्मक आलोचना पर भी मारने चढ़ बैठते हैं। कई साहित्यकार मित्रों के साथ मेरा अनुभव यह रहा है कि वे अपनी तारीफ़ तो

बड़े धैर्य से 'अच्छा, अरे वाह' करके सुनते हैं लेकिन कोई कमी निकालने पर सामने वाले की समझ पर ही उँगली उठाने लगते हैं और हद तो ये कि बुरा मान जाते हैं। ऐसे लोग सच्ची प्रतिक्रियाएँ डिज़र्व नहीं करते और मैं झूठ बोलना पसंद नहीं करता। अब मैंने बुरी और औसत चीज़ों पर बिना माँगे प्रतिक्रिया देने की अपनी जानलेवा गंदी आदत छोड़ दी है और उन्हीं चीज़ों पर प्रतिक्रिया देता हूँ जो मुझे अच्छी लगती हैं।

ख़ैर, दुर्गेश इलाहाबाद छोड़ने के कारण और उद्देश्य खोजने लगा था। शेषनाथ तैयारी के समय को साहित्य पढ़ने में बिताकर अब किसी भी तरह की रूटीन तैयारी के लिए अयोग्य हो चुका था। साहित्य उसका नशा बन चुका था और इलाहाबाद उसकी आदत। तैयारी के लिए आने वाले नये रंगरूटों को वह दुःख भरी आवाज़ में समझाया करता, "देखऽ बबुआ, जदी कवनो कम्पटीसन निकाले के बा नू तऽ ई कुल कहानी कविता से दूरे रहीहऽ जनलऽ नाहीं त एकर नसा बड़ा बाउर होला।" वह भी अब इलाहाबाद से बोरिया-बिस्तर उठाकर आरा शिफ़्ट होने की तैयारी में था। मगर इन सबके बीच मुझे इलाहाबाद में मज़ा आने लगा था। मेरी हर तरह की थकान दूर करने के लिए दुनिया की ढेरों किताबें और ढेरों फ़िल्में थीं जिनपर मैं विवेक से बिना थके घंटों बातें कर सकता था। ज़िंदगी में रोमांच के कई कारण थे। एक तरफ़ पत्रकारिता का असंतोष भरा माहौल था जो कई बार ऐसे हैरतअंगेज़ झटके दिया करता था जिनसे निकलने में महीनों लग जाते थे तो दूसरी तरफ़ एक साहित्यिक दुनिया थी जिसके बारे में मेरे कई भरम छँटते जा रहे थे।

एक दिन अचानक कैलाश जी की तरफ़ से संदेश आया। उन्होंने कहा कि उनके एक मित्र के यहाँ ममफ़ोर्डगंज में पार्टी है और मैं विवेक को लेकर चला आऊँ। विवेक वरिष्ठ और गरिष्ठ टाइप के लोगों से बहुत घबराता था और उसका कहना था कि जहाँ बहुत अधिक साहित्य चर्चाएँ होने लगती हैं वहाँ वह घबराने लगता है। वह बुरा मान जाता था कि साहित्य के लोग हमेशा ये बताने में क्यों लगे रहते हैं कि उन्होंने क्या-क्या और कितना पढ़ा हुआ है। कैलाश जी ने मुरलीधर जी, हिमांशु जी और देवेन्द्र जी को भी आमंत्रित किया था और देवेन्द्र जी से ये इसरार किया था कि वो अपनी ग़ज़लों वाली डायरी लेकर आएँ। हमें ये नहीं पता था कि वहाँ अंशुल त्रिपाठी को भी आमंत्रित किया गया

है। मैं विवेक के साथ फ़व्वारा चौराहा पहुँचा और वहाँ से कैलाश जी ने हमें रिसीव किया और अपने दोस्त बुद्धिसागर के कमरे पर ले आए। बुद्धिसागर बहुत प्यारे इंसान थे और उनकी नई-नई नौकरी लगी थी, मेरी याद्दाश्त के मुताबिक़ यह पार्टी इसी उपलक्ष्य में थी। धीरे-धीरे सारे मेहमान पहुँच गए और बारिश का सामना करते हुए अंशुल भाई भी वहाँ पहुँच गए। उन्हें देखकर हम सबको काफ़ी ख़ुशी हुई क्योंकि वह कम जगहों पर पहुँचा करते थे। मुझे उनकी कविताएँ पसंद थीं और मैं चाहता था कि आज उनकी भी कविताएँ सुनी जाएँ। मुझे नहीं पता था कि श्रोताओं ने ये मांग अंशुल से पहले ही कर रखी थी और वह अपनी कुछ कविताएँ लेकर आए भी थे।

तीसरे पैग के बाद कैलाश जी को अचानक देवेन्द्र जी की डायरी याद आई और उन्होंने उनसे निवेदन किया कि वे स्कूटर की डिक्की से अपनी डायरी लेकर आएँ और अपनी गज़लें सुनाएँ। तब तक किसी ने कहा कि पहले अंशुल की कविताएँ सुन ली जाएँ लेकिन कैलाश जी ने पहले देवेन्द्र जी की ग़ज़लों के प्रस्ताव पर ज़ोर दिया। देवेन्द्र जी डायरी लेकर आए और उन्होंने ग़ज़लें सुनानी शुरू की। मुझे उस ग़ज़ल में सिर्फ़ 'शाम होती है' याद है, जब फूलों की पंखुडियाँ झुक जाएँ (जैसा कुछ) तो शाम होती है, इंतज़ार करती आँखें थम जाएँ (जैसा कुछ) तो शाम होती है... हर लाइन में देवेन्द्र जी के 'शाम होती है' कहने से पहले ही अंशुल तेज़ आवाज़ में कह उठते, "शाम होती है"। देवेन्द्र जी ने उस एक ग़ज़ल के बाद ग़ुस्से के मारे अपनी डायरी बंद कर ली और अपना नया पैग बनवाने लगे। थोड़ी देर तक सन्नाटा रहा जिसे तोड़ने की पहल करते हुए अंशुल को अपनी कविता सुनाने का आग्रह किया गया। अंशुल ने फटाफट अपना चौथा पैग ख़त्म किया और एक पत्रिका खोली, भूमिका में उन्होंने बताया कि इस कविता का रूसी भाषा में अनुवाद हो चुका है और एकाध और भाषाओं में होने वाला है। यहाँ पर एक और घटना का ज़िक्र करता चलूँ। मेरी एक कहानी का पंजाबी में और दो कहानियों का तेलुगु और उड़िया में अनुवाद उस समय तक हो चुका था और जब मैंने पहले-पहल इसे एक ख़ुशख़बरी की तरह अपने बचपन के दोस्त आनंद को फ़ोन करके बताया था तो उसकी प्रतिक्रिया कुछ यूँ थी, "अनुवाद तुम किए हो?"

"नहीं यार, हम कैसे करेंगे, अनुवादकों ने किया है हमसे इजाज़त

लेकर... ।''

''तो साले इसमें तुम्हारी क्या अचीवमेंट है?''

मैं बोलने में क़तई अच्छा नहीं हूँ। बहुत सारे आक्षेपों और बकवास आरोपों के मुँहतोड़ जवाब मुझे बाद में सूझते हैं लेकिन अक्सर मैं त्वरित प्रतिक्रियाएँ तर्कों के साथ नहीं दे पाता। हालाँकि अच्छी नीयत वाले दोस्तों को क्या जवाब देना।

''साले एक ही कहानी के लिए कए बार मुबारकबाद लोगे? अनुवाद हो गया तो इसमें तुम्हारा क्या अचीवमेंट है बे? अच्छा लिखे थे इसका मुबारकबाद तुमको पहिले ही मिल चुका है काम खतम, अब अगली कहानी पे काम करो जम के।''

मुझे भी लगने लगा है कि अनुवाद होना कोई इतनी बड़ी घटना नहीं है जितनी एक अच्छी रचना पूरी करना जिससे लिखने वाला संतुष्ट हो। आपको मानना है तो अनुवाद और पुरस्कार जैसी चीज़ों को बाद में इसका प्रोत्साहन मान सकते हैं लेकिन उपलब्धि नहीं।

अंशुल ने अपनी कविता सुनानी शुरू की और सभी लोग शांत होकर सुनने में लग गए। कविता सुनाकर उन्होंने श्रोताओं की ओर प्रतिक्रिया पाने के लिए देखा। सबने एक स्वर में तारीफ़ की और मैंने दो क़दम आगे बढ़कर क्योंकि मुझे कविता बहुत अच्छी लगी थी। हिमांशु जी ने भी न्यूनतम शब्दों का प्रयोग किया और उस कविता को बुरा नहीं बताया। अगर किसी रचना में हिमांशु जी कोई कमी न निकालें तो इसका साफ़ मतलब होता है कि वह बहुत ही बेहतरीन रचना है। जब मुरलीधर जी की बोलने की बारी आई तो उन्होंने शांत और स्पष्ट आवाज़ में कुछ यूँ कहा, ''कविताएँ आप अच्छी लिखते हैं और ये कविता भी मुझे अच्छी लगी लेकिन इसमें जिस राग का ज़िक्र आपने किया है वह उस समय का राग नहीं है जिस समय का आपने कविता में बताया है।''

कुल मिलाकर ये कि कविता में एक राग का ज़िक्र आया था जिसे कवि ने एक समय का राग बताकर उस समय से जोड़ा था लेकिन मुरलीधर जी का कहना था कि ये उस समय का राग है ही नहीं। अंशुल ने थोड़ी देर के लिए उनसे बहस की फिर अपनी बात पर अड़ गए। उन्होंने मीर और ग़ालिब की कुछ बातों और एकाध शेरों का ज़िक्र किया और मुरलीधर जी फिर भी न

माने तो वह कविता में अभिव्यक्ति की आज़ादी की बात करते हुए ज़िंदगी में अभिव्यक्ति की आज़ादी का फ़ायदा उठाने लगे। मुरलीधर जी फिर भी राग के समय से समझौता करने के लिए तैयार न हुए तो अंशुल भड़क गए।

"कौन भोसड़ी वाला कहता है कि ये सुबह का राग है! मैंने इस कुर्सी को कुर्सी नहीं मेज़ कहूँगा तो मेरा कोई क्या उखाड़ लेगा। मैं इस दरवाज़े को आलमारी कहूँगा और इस किताब को कंप्यूटर तो कोई क्या कर लेगा..मैं जो चाहे वो कहूँगा।"

कविता पाठ समाप्त हो चुका था। पार्टी भी समाप्त हो चुकी थी। बारिश तो कब की रुक गई थी। सबके घर जाने का वक़्त हो गया था।

एक बीस रुपये का वोडा लेते आना

ज़िंदगी के नये सबक़ सीखता मैं यूएनआई में अपने प्रोबेशन के दस महीने पूरे कर चुका था और अब कं.फ़र्मेशन के लिए मुझे लखनऊ जाकर एक परीक्षा देनी थी। मैं लखनऊ गया और मनोज के घर पर ठहरा। मैंने मनोज से वादा किया था कि मैं परीक्षा देकर वापस उसके कमरे पर आऊँगा लेकिन वहाँ मेरी इतनी क्लास ली गई कि मेरा कहीं भी जाने का मूड ख़त्म हो गया और मैं बस पकड़कर वापस इलाहाबाद चला आया। क्लास लेने वाले अपनी जगह बिलकुल सही थे। मेरा काम में मन नहीं लगता, मैं आलसी हो गया हूँ और अगर ऐसा ही रहा तो वे मेरा ट्रांसफ़र करा देंगे आदि आदि। चूँकि वे सारी बातें सच बोल रहे थे इसलिए मैं दुखी तो हुआ लेकिन उनका प्रतिवाद करना मैंने ठीक नहीं समझा।

अगले कुछ महीने बाद मेरा कं.फ़र्मेशन हो गया और मुझसे पार्टी की माँग की गई। इलाहाबाद के पार्टी-प्रेमी लोगों से मिलने से पहले दिल्ली में मैं सिर्फ़ शशि शेखर को जानता था जो किसी भी मौक़े को पार्टी के लिए मुफ़ीद बताकर तुरंत पार्टी की माँग कर बैठता था, जैसे अगर आपकी शादी हो रही हो तो, "पार्टी दो शादी करने जा रहे हो।" या फिर आपका तलाक़ हो रहा हो तो, "पार्टी दो ग़ुलामी से आज़ाद हो रहे हो।" किसी के घर में बच्चा पैदा हुआ हो तो, "बधाई हो, दुनिया की सबसे बड़ी नेमत मिली है पार्टी दो।" या फिर किसी के घर में कोई मर गया हो तो, "चलो इस झाँटू दुनिया से मुक्ति मिली, उनकी आत्मा की शांति के लिए एक छोटी-सी पार्टी होनी चाहिए।"

मैंने पार्टी दी और मेरी तनख़्वाह बढ़ जाने के बाद मैं सोचने लगा कि अब

ये एक कमरे वाला सिस्टम छोड़कर कोई दो कमरों वाला सेट लेना चाहिए जिसमें दोस्त मित्र आएँ तो आराम से बैठें। मैंने विवेक से कहा कि मेरे लिए कोई दो कमरे का सेट देखे जो ढाई हज़ार के आसपास में मिल जाए। विवेक ने कई कमरे मुझे दिखाए और आख़िरकार मैंने पिकेट चौराहे पर एक कमरा पसंद किया। अलग-अलग समय पर इंसान के दिमाग़ में क्या फ़ितूर भरा रहता है, यह कुछ वक़्त बाद बताना कितना असंभव हो जाता है। उस कमरे का पूरा जुग़राफ़िया चिल्ला-चिल्लाकर कह रहा था कि इसमें कोई नॉर्मल इंसान नहीं रह सकता, लेकिन मुझे पता नहीं उस कमरे में क्या बात दिखी कि मैंने उसे किराये पर ले लिया। कीडगंज की उस पतलिएस्ट (उससे पतली गालियाँ मैंने विश्वनाथ गली में भी कम ही देखीं) गली में एक छोटा-सा दरवाज़ा था जिससे अपनी बाइक निकालने पर उसका पिछला टायर सामने वाले घर के चबूतरे पर चढ़ जाता था। अंदर घुसने पर अचानक आप ख़ुद को एक घुप्प अँधेरे में पाते थे और ये सोचकर दिल दहल जाता था कि अभी एकदम काले अँधेरे से भरी पतली-पतली सीढ़ियों वाली दो मंज़िलें ऊपर चढ़ने के बाद आपका कमरा आएगा। जब इस तरह जान पर खेलकर ऊपर पहुँचे तो इस बात से ही क्या फ़र्क़ पड़ जाएगा कि ये दो नहीं तीन कमरों का सेट है। दरअसल प्राप्त जानकारी के अनुसार यह एक क़ायदे का मकान था लेकिन बँटवारे के बाद दो भाइयों ने इसे स्केल से नापकर इसके बीचोंबीच एक दीवार उठा दी थी। इस दीवार ने उस पूरे मकान की ख़ूबसूरती को लील लिया था और दीवारों के दोनों तरफ़ वाले घरों में दिन भी रात जैसी होती थी। बँटवारे के नुक़सान पर किसी को कुछ लिखना या शोध करना हो तो वह सिर्फ़ इस मकान को देख ले। इस घर के मालिक के रूप में विवेक को सुशील भइया मिले थे जिनके लिए हर दिन होली और हर रात दिवाली हुआ करती थी। वह उठते ही पहले रात के हैंगओवर कम करने के लिए दो चार पैग लगाते थे और फिर दोपहर के खाने को (अगर खाते तो) पचाने या भुलाने के लिए तीन-चार पैग लगाते। शाम होते ही उन्हें लगने लगता कि शाम का नशा जो होता है वैसा मज़ा सुबह या दोपहर में पीने से नहीं आता। फिर वो रात में पीते और कुछ ज़्यादा हो जाने पर अक्सर बिना खाए सो जाते। लब्बोलुबाब ये कि वह महीने के तीसों दिन चौबीस घंटे नशे में रहते थे। कहने को तो वे अपने परिवार सहित ममफ़ोर्डगंज

में अपने दूसरे घर में रहते थे लेकिन उनकी रातें और लगभग दिन अक्सर यहीं बीतते। दिन में कुछ घंटों के लिए अगर वे अपने ऑफ़िस जाते (जैसा वो कहते थे) तो वहाँ थक जाने के कारण सीधे यहीं आ जाते और पीने के कार्यक्रम का शुभारंभ कर देते। अनवरत नशे में रहने के कारण वह चीज़ों में जल्दी फ़र्क़ नहीं कर पाते थे जिसके कारण वह बहुत दुखी रहा करते थे और उन्हें लगता था कि दुनिया में सब उल्टा-पुल्टा हो चुका है। इस दुनिया के बनिस्बत उन्हें अपनी दुनिया बहुत अच्छी लगती थी और उस दुनिया का दरवाज़ा खोलने के लिए ही वह पीया करते थे।

जब मैं वहाँ शिफ़्ट कर गया तो मुझे बड़ी शिद्दत से एहसास होने लगा कि मैंने ग़लती की है। जब तक मैं वहाँ रहा, तब तक सुशील भइया कन्फ़्यूज़ रहे कि उनसे कमरे की बात किसने की और रहता कौन है। वह अपने कमरे में रहते और मुझे या विवेक को फ़ोन करके परेशान करते रहते। एक दिन मुझसे मिलने आ रहे विवेक को उन्होंने पहली मंज़िल यानी अपने कमरे के पास रोक लिया।

''कहाँ थे दो दिन आए ही नहीं?''

''हाँ ज़रा बाहर चले गए थे इलाहाबाद के।''

''अरे बाहर? लेकिन कमरे की बत्ती तो जल रही थी।''

''हाँ तो जल रही होगी। विमल तो था ही यहाँ।''

''अच्छा विमल को रहने के लिए बोल के गए थे क्या?''

''नहीं, बोलना क्या है, वो तो रहता ही हैं यहीं तो... ?''

''तो फिर तुम कौन हो?''

''मैं विवेक हूँ भइया, विमल का दोस्त।''

''कमरे की बात तुमने ही की थी न... ?''

''हाँ मैंने ही की थी अपने दोस्त विमल के लिए... ।''

विवेक ने आकर मुझे बताया तो मैंने ज़्यादा ध्यान नहीं दिया क्योंकि वो मुझसे पहले भी ऐसी बहकी-बहकी बातें कर चुके थे और मैं उनसे सुहानुभूति रखता था। लेकिन दिक़्क़त तब होने लगी जब मैं एक रात बाहर से खाना खाकर आ रहा था और वह लड़खड़ाते हुए अपने कमरे से निकलकर बाथरूम की तरफ़ जा रहे थे। उन्होंने मुझे रुकने का इशारा किया। वह इत्मीनान से

पेशाब करते रहे और गुनगुनाते रहे, ''लोग कहते हैं मैं शराबी हूँ।'' मैं खड़ा उनका इंतज़ार करता रहा। वह पूरे पाँच मिनट तक गुनगुनाते हुए पेशाब करते रहे फिर मेरे पास आकर गंभीर आवाज़ में मुझसे पूछा, ''और भाई इतनी रात को?''

''खाना खाने गए थे भइया।''

''अकेले? विमल कहाँ है?''

मैंने आपने चारों तरफ देखा। वह मुझसे ही मुख़ातिब थे।

''भइया हम ही विमल हैं, आपको बताए तो थे... ।''

''हाँ हाँ याद आया विमल हो तुम, तुम उधर थाने वाली सड़क पे रहते हो न?''

''नहीं भइया वो तो विवेक है।''

''विवेक ही रहता है न ऊपर?''

''नहीं भइया ऊपर हम रहते हैं।''

''अच्छा तो विवेक कहाँ रहता है?''

''विवेक थाने वाली सड़क पे रहता है।''

''अच्छा ! मगर कमरे की बात जिसने की थी उसका नाम तो विमल था।''

''नहीं भइया मेरा नाम विमल है और जिसने आपसे कमरे की बात की थी, जो थाने वाली सड़क पर रहता है और जो मुझसे अधिक मोटा, लंबा और गोरा है उस इंसान का नाम विवेक है।''

''हाँ यार, याद आया वो हीरो जैसा लगता है न? अब याद रहेगा, जो गोरा चिट्टा लंबा है वो विवेक है और जो लपूझन्ना जैसा है उ विमल है। ठीक है न?''

''हाँ भइया बिलकुल ठीक।''

मुझे लगा मैंने उन्हें अच्छी तरह से समझा दिया है और वह समझ गए हैं लेकिन इसके हफ़्ते भर बाद उन्होंने मुझे फिर अविश्वसनीय तरीक़े से रोक लिया और कहने लगे, ''क्या बात है विवेक, कल तुम बत्ती बुझाए बिना ही चले गए थे।''

''नहीं भइया बंद तो किए थे।''

“अरे जली हुई थी। अच्छा रहते तुम ही हो न ऊपर?”

“जी हाँ मैं ही रहता हूँ ऊपर, मेरा नाम विमल है और मैं हमेशा निकलने से पहले बत्ती बुझा देता हूँ।”

“ठीक करते हो विमल लेकिन तुम पहले बहुत मोटे लंबे थे, अब क्यों दुबराते जा रहे हो उस लपूझन्ने विवेक की तरह... ?”

मैं समझ गया कि अब जल्दी-से-जल्दी इस रूम को छोड़ देने का वक़्त आ गया है। मैंने फिर से विवेक के कंधों पर ये ज़िम्मेदारी डाली कि वह मेरे लिए जो कमरा खोजे उसमें कुछ भी न हो लेकिन रौशनी ढेर सारी हो। सुशील भइया रात को अचानक मेरे फ़ोन पर फ़ोन करते और पूछते, “कहाँ हो विवेक?”

मैं कहता, “अभी आने में दो घंटे लगेंगे भइया।”

इसके बाद वह मेरे सामने बैठे विवेक को फ़ोन करते और पूछते, “विमल, कहाँ हो, कितनी देर में आओगे?”

“भइया मैं तो अपने घर पर हूँ और वहाँ विमल रहता है मैं नहीं।”

वह कहते, “विमल ने अभी फ़ोन किया था कि आने वाला है दस पंद्रह मिनट में। तुम भी आ जाओ, दोस्त से मिलना हो जाएगा।”

हमने बाद में समझा कि वह अपने अकेलेपन से बहुत परेशान थे। मुझे कभी-कभी ये भी लगता कि कहीं ये शराबी हमसे मज़ा तो नहीं ले रहा लेकिन बाद में विवेक ने बताया कि उन्हें कन्फ़्यूज़ करने में उसका भी हाथ था। वह शुरू में कई बार अपने नंबर पर विमल बनकर बात कर लिया करता था। शराब ने उन्हें दुनिया से काट दिया था और शराब के साइड इफ़ेक्ट्स ने अपने परिवार से। वह मेरी या विवेक की मौजूदगी में उस भूत बंगले जैसे घर में ख़ुद को सुरक्षित महसूस करते थे। जिस भी दिन मुझे देर हो जाती, वह फ़ोन करके इधर-उधर की बातें करते और फ़ोन करने का कारण जताते हुए कहते, “एक बीस रुपये का वोडा लेते आना।”

वह बीस रुपये से ज़्यादा रिचार्ज नहीं कराते थे। जब उनका मोबाइल मैं या विवेक 20 रुपये के वाउचर से रिचार्ज करा देते तो उनका फिर से फ़ोन आता, “शुक्रिया विवेक।”

“किस बात का भइया?”

''यार तुमने मेरा मोबाइल रिचार्ज कराया इसके लिए। चाहो तो मैं कल पैसे दे दूँगा या फिर किराये में काट लेना।'' वह विनीत भाव से कहते।

''ठीक है भइया, देख लिया जाएगा।'' मैं टालता। उनका फ़ोन काटने के बाद मैं फिर से विवेक से बातें करने में मशग़ूल होता कि वे दुबारा फ़ोन करते, ''यार मैं तुम्हारा धन्यवाद करना चाहता हूँ विवेक।''

''आप धन्यवाद दे चुके हैं भइया... ।'' मैं या विवेक याद दिलाते।

''अच्छा, दे चुका? कोई बात नहीं दोस्त, तुम्हारा फिर से धन्यवाद।'' वह कहते। अक्सरहाँ रिचार्ज कराए गए 20 रुपये में से आधे से अधिक वह धन्यवाद कहने में ख़र्च कर देते। मैंने और विवेक ने उनके लिए कितने ही बीस रुपये के वोडाफ़ोन के रिचार्ज वाउचर लाकर दिए जिनमें से कई के पैसे विवेक को आज तक वापस नहीं मिले।

एक घंटे से पेशाब लगी थी लेकिन उठने का मन नहीं कर रहा था

इलाहाबाद की हवा थोड़ी बदलने लगी थी। शेषनाथ जैसे दोस्त इलाहाबाद छोड़ने की योजनाएँ बनाने लगे थे और ये घटनाएँ मेरा दिल बैठाने वाली थीं। मैं उससे अक्सर बहस करने लगता कि रहने, जीने या मरने किसी भी लिहाज़ से इलाहाबाद से बेहतर कोई जगह नहीं है, लेकिन वह कहता कि इलाहाबाद आपको धीरे-धीरे ख़त्म कर देता है। हम दोनों अपने-अपने तर्कों के लिए दलीलें देते और मैच ड्रा कराकर अपनी-अपनी किताबें पढ़ने लगते। शेषनाथ इलाहाबाद छोड़कर चला जाएगा, ये मेरे मानने के लिए थोड़ी कठिन बात थी। मैं दरअसल स्वार्थी था और मुझे हमेशा कोई-न-कोई ऐसा दोस्त चाहिए होता था जो समझ के स्तर पर मेरे आसपास हो जिसके साथ मैं हँस बोल सकूँ। शेषनाथ का अपने भइया-कम-रूममेट (ज़्यादा) से किसी बात पर मनमुटाव हो गया था और वह आकर दो तीन महीने मेरे साथ रहा था जिससे मुझे अपनी अस्त-व्यस्त ज़िंदगी के अनुशासित होने की कुछ झलकियाँ मिली थीं। मेरे कमरे पर आते वक़्त वह पाँच-छह बोरियाँ भरकर किताबें लाया था जिसमें से आधी उसके कोर्स की थीं तो आधी साहित्यिक पत्रिकाएँ और कहानी कविता वग़ैरह। वह बहुत धार्मिक था और साहित्यिक लोगों के बीच उठते-बैठते उसके धार्मिक होने को कोई पकड़ न ले, इसलिए वह किसी अंजानी प्रक्रिया के तहत अपने धार्मिकपने को अध्यात्मिक होने में बदल चुका था। स्वास्थ्य, साहित्य के साथ उसकी प्राथमिकताओं में था और ये देखकर मुझे दुःख होता था कि स्वास्थ्य नाम की जिस चीज़ को मैंने कभी सोचने लायक़ भी विषय नहीं समझा था वह उसके यहाँ इतनी बड़ी चीज़ थी। उसकी किताबों में आरोग्यधाम

और निरोगधाम नाम की भी बहुत सारी पत्रिकाएँ थीं जिनमें वीर्य रक्षण और वीर्य गाढ़ा करने के तरीक़ों को लाल या नीली स्याही से अंडरलाईन किया गया था। मेरा स्वास्थ्य मेरे चेहरे से न झलकने के बावजूद ठीक रहता था और मेरे अंदाज़े से मेरा वीर्य भी ठीकठाक था इसलिए मैं ऐसी पत्रिकाओं में कोई रुचि नहीं लिया करता था, लेकिन वो पत्रिकाएँ मैंने इसलिए पढ़कर देखीं क्योंकि उस समय मैं 'एक शून्य शाश्वत' नाम की एक कहानी लिखने में खोया हुआ था, जो अध्यात्मिक बाबाओं के बहाने इस कारोबार पर टिप्पणी करती थी। मैंने पत्रिकाएँ पलटकर देखीं और मुझे उनसे अपनी कहानी में काफ़ी मदद भी मिली। मैंने शेषनाथ से इस बाबत जानना चाहा तो उसने मासूमियत से बताया कि इसी साल उसका गौना होना है इसलिए वह हर तरह से तैयार रहना चाहता है। हालाँकि बाद में उसने ख़ुद इन लेखों को अंडरलाइन करने से साफ़ इनकार कर दिया और बताया कि ये सब काम भइया किया करते थे। मैंने उसे गौने के लिए शुभकामनाएँ दीं और ग़ौर किया तो पाया कि रात को सोते वक़्त वह अपना अंडरवियर उतारकर फिर से हाफ़ पैंट पहन लिया करता था। कारण पूछने पर उसने बताया कि रात को अंडरवियर पहनकर सोने पर शुक्राणु मर जाते हैं। मुझे इस नवीनतम जानकारी से बहुत आनंद मिला और मौक़ा मिलते ही मैंने यह जानकारी विवेक को पास कर दी। विवेक ने शेषनाथ को कहा कि उन्हें स्पर्म बैंक में बात करनी चाहिए, वहाँ उन जैसे डेडिकेटेड लोगों की बहुत ज़रूरत है जो देश की रक्षा की तरह वीर्य की रक्षा कर रहे हैं। शेषनाथ ने इसे गंभीरता से नहीं लिया। जिसे जब-जब जो-जो बात गंभीरता से लेनी चाहिए थी वो गंभीरता से नहीं ले रहा था। मैं मुंबई निकलने का मूड बना रहा था, लेकिन उस अनजान शहर का डर हमेशा मुझे सताता रहता था। एक तो बचपन से देखी गई मुंबईया फ़िल्मों का डर था जिनमें किसी हिंदी भाषी क्षेत्र से गए आदमी का सामान स्टेशन पर ही चोरी हो जाया करता था और दूसरे उस शहर के महँगे होने का डर मुझे कोई भी क़दम उठाने से डरा रहा था। अर्बेन्द्र हालाँकि यूनाइटेड भारत की पत्रकारिता से तंग आ गया था और इलाहाबाद छोड़कर मुंबई अपने भइया के पास जाने का मन बना रहा था जो मुंबई में प्रॉपर्टी डीलिंग का काम करते थे। मैंने साहित्य पृष्ठ के लिए साहित्यिक हस्तियों के साक्षात्कार लेने में उसकी मदद की थी और उस पेज पर आधे पेज

पर जाने वाली उसकी बाईलाइनों ने उसके सहकर्मियों को उसका दुश्मन बना दिया था। दुनिया बहुत असुरक्षित होती जा रही थी और पत्रकारिता की दुनिया इसका प्रतिनिधित्व कर रही थी। उस पृष्ठ के लिए अर्बेन्द्र ने नीलाभ, अमरनाथ श्रीवास्तव, अमरकांत और हरिश्चंद पांडेय समेत कई साहित्यिक हस्तियों के साक्षात्कार लिए थे। हालाँकि अख़बार का स्तर ये था कि नवगीतकार स्वर्गीय अमरनाथ श्रीवास्तव के साक्षात्कार में उनकी तस्वीर की जगह महेंद्र राजा जैन की फ़ोटो लगाई गई थी। इन अख़बारों को ऐसी छोटी ग़लतियों का कोई ख़ास पछतावा नहीं हुआ करता था। अर्बेन्द्र बहुत जल्दी किसी पर भी विश्वास कर लेने वाला आदमी था और यूनाइटेड भारत में जिस सीनियर राजीव चंदेल के वह पैर छुआ करता था वह कुछ सालों बाद एक लड़की को नौकरी देने के बहाने यौन शोषण करने और उसकी वीडियो बनाने के आरोप में चर्चा का केंद्र बने। मुंबई आने के बाद भी, जब कितनी ही जगहों पर उसका कितना ही पैसा मार लिया गया। वह इस आदत से एडजस्ट करना अभी सीख ही रहा है।

मैं कुछ नया करने की छटपटाहट में एक दिन अर्बेन्द्र के ही सौजन्य से उसके एक दोस्त अनिरुद्ध से मिला। खाँटी इलाहाबादी का अर्थ क्या होता है, अनिरुद्ध से मिलने के बाद मुझे फिर कभी किसी से पूछने की ज़रूरत नहीं पड़ी। हमारी पहली मुलाक़ात अर्बेन्द्र के कमरे पर हुई थी जहाँ उसने बताया कि उसका 'फ़ाइट फ़ॉर राइट' नाम का एक एनजीओ है जिसके झंडे तले वह राइट बातों के पक्ष में फ़ाइट करता रहता है। हम भी ऐसी ही फ़ॉईट करना चाहते थे और कहने की ज़रूरत नहीं कि मैं और विवेक उससे बहुत प्रभावित हुए। पहली ही मुलाक़ात में उसने अपनी योजनाओं से हमें जोश से भर दिया। वह हाई कोर्ट में प्रेक्टिस करता था और तब तक मैं ये नहीं समझ पाता था कि आख़िर ये काले कोट वाले प्रेक्टिस किस बात की करते हैं। इस लिहाज़ से अनिरुद्ध ने मुझे न्याय व्यवस्था की झलकियाँ दिखाने के साथ इससे जुड़े कई भ्रम भी तोड़े। उसकी योजना थी कि 'फ़ाइट फ़ॉर राइट' के ज़रिये वह एक यूथ कन्वेंशन कराएगा। यूथ कन्वेंशन का नाम लेते ही उसके चेहरे पर एक चमक आ जाती थी और वह सीधा होकर बैठ जाता था। इलाहाबाद में मैंने हर गली में दो चार एनजीओ के बोर्ड तो देखे ही थे और कई बार मैं सोच में पड़ जाता था कि वहाँ मंदिर ज़्यादा हैं या फिर एनजीओ। अनिरुद्ध की यूथ कन्वेंशन

की अवधारणा स्पष्ट थी। इसे लेकर वह इतना उत्साहित था कि विवेक अक्सर मुझसे कहा करता था कि अगर अनिरुद्ध मर जाए और चिता पर इसकी लाश रखने के बाद भी उसके कान में अगर कोई धीरे से 'यूथ कन्वेंशन' फुसफुसा दे तो वह ज़िंदा हो जाएगा। उसके पास इसे लेकर इतने ज़्यादा प्लान्स थे कि वह समझ नहीं पाता था कि उनमें से कौन सबसे अच्छा है। फिर भी वह उनमें से कई योजनाओं को मूर्त रूप देने का इच्छुक था और वो उसने हमसे भी डिस्कस कीं।

"एक लेटर बनाएँगे कि हम इलाहाबाद के कुछ यूथ मिलकर यूथ कन्वेंशन करना चाहते हैं। ये लेटर पूरे भारत के सभी विश्वविद्यालयों और कॉलेजों के छात्र-संघों को भेजे जाएँगे। विमल देश भर में लगभग कितने विश्वविद्यालय होंगे?"

"डेढ़ सौ से ऊपर ही होने चाहिए।"

"बस तो ठीक है, सभी के छात्र संघ अध्यक्षों को बुलाया जाएगा। और उन यूनिवर्सिटीज़ के एचओडी को भी बुला लेंगे। अब बचे युवा सांसद। मेरे अंदाज़े से 200 से कम सांसद नहीं होंगे जिनकी उम्र 40 से नीचे होगी। उन सब को भी पत्र भेजेंगे कि हम देश का सबसे बड़ा यूथ कन्वेंशन करा रहे हैं और आपकी उपस्थिति सादर प्रार्थनीय है। कितने लोग हो गए... ?"

"लेकिन वो सब आएँगे?" विवेक या मैं शंका से पूछ बैठे।

"अरे उनके बाप भी आएँगे। पहले एक काम करेंगे। हम राहुल गाँधी को चिठ्ठी भेजेंगे। इस समय सबसे ज़्यादा चर्चा किसको चाहिए, राहुल गाँधी को। एक बार उसने आने की स्वीकृति दे दी फिर हर चिठ्ठी में लिख देंगे कि राहुल गाँधी जी यूथ कन्वेंशन की अध्यक्षता करेंगे फिर किसकी हिम्मत है कि आने को मना करे... कैसा है प्लान?"

हम मुग्ध होकर देखते रहते। इलाहाबाद जैसी लोकल राजनीति वाली जगह में इतनी बड़ी सोच रखने वाला आदमी हमें दूरदर्शी दिखाई देता। वह मुझे और विवेक को हर बार एक काम अलॉट कर देता। "तुम विमल, इंडिया के सभी यूनिवर्सिटीज़ की लिस्ट निकालो और तुम विवेक, सभी 40 साल के कम वाले सांसदों की लिस्ट तैयार करो।"

हम अपने तईं तैयारियाँ करते लेकिन वह हर बार इतनी ही बातें करता। उसको ऐसी बातें करने में मज़ा आता था ये हमें थोड़ा बाद में पता चला। उसके बोलने का अंदाज़ पूरी दुनिया से अलग था। जितनी देर में वह एक

वाक्य बोलता उतनी देर में मैं अपनी कोई कहानी किसी को पढ़ के सुना सकता था। इत्मिनान उसकी पूरी बॉडी लैंग्वेज से बहता रहता था और हाथ उठाने तक में एक अनोखा शाहीपना था। हमारी बड़ी-बड़ी योजनाओं और लंबी बातों के जवाब में वह एक हाथ ऊपर उठा के सिर्फ़ इतना कहता, "कोच्छ नहीं... ।" उसकी योजनाएँ उसके तीव्र दिमाग़ की उपज थीं और बाक़ी किसी की कोई योजना, चाहे वह जितनी भी अच्छी हो, उसे प्रभावित नहीं कर पाती थी। तब तक हमने बकैती को साक्षात नहीं देखा था और ये अनुभव यादगार रहा। एक बनारसी होने के नाते मैंने 'भौकाल' को कई बार साक्षात देखा था लेकिन ये इलाहाबाद था और वहीं मुझे पता चला कि हर शहर की ख़ासियतें अलग होती हैं और यह इलाहाबादी बकैती थी जिसका दुनिया में कहीं कोई तोड़ नहीं था। अनिरुद्ध ने अपनी तरफ़ से कभी नहीं कहा कि वह यूथ कन्वेंशन नहीं कराएगा बल्कि मुझे पूरा यक़ीन है कि अब भी मैं उसे फ़ोन करूँ तो वह कुछ-न-कुछ योजनाएँ ज़रूर बताएगा। हमने ख़ुद ही अंदाज़ा लगा लिया जब एक दिन हमने जोश में भरकर उसे फ़ोन किया और कहा कि हम उसके घर प्लानिंग के लिए आने वाले हैं। उसने पूछा कि हम कितनी देर में पहुँच जाएँगे, हमने बताया कि हम अधिक-से-अधिक पैंतालीस मिनट में सिविल लाइंस से अल्लापुर पहुँच जाएँगे।

जब हम पहुँचे तो तीन बार बजाने पर उसने दरवाज़ा खोला। हम जानते थे कि गजगामिनी की तरह उठकर आने में इतना वक़्त तो लगेगा ही इसलिए हमने जल्दबाज़ी नहीं दिखाई। वह आया और दरवाज़ा खोलकर दरवाज़े के पास बने बाथरूम में घुस गया। हम सामने जाकर उसके कमरे में बैठे जो उसके वकील पिताजी का चैंबर भी था और उसमें वकालत की मोटी-मोटी किताबें रखीं थीं। वह बाथरूम से झूमता हुआ आया और विवेक की बग़ल में बैठता हुआ बोला, "एक घंटे से पेशाब लगी थी लेकिन उठने का मन नहीं कर रहा था तभी तुम लोगों का फ़ोन आ गया कि तुम लोग पौन घंटे में आ जाओगे। फिर हम सोचे कि अब इकठ्ठे जब दरवाज़ा खोलने उठेंगे तभी... .।"

मैंने विवेक का चेहरा देखा और विवेक ने मेरा। हम दोनों ने एक दूसरे के माथे पर बड़े-बड़े अक्षरों में मूर्ख लिखा हुआ पढ़ा और उसके बिस्तर पर ढेर हो गए।

भइया मैं विवेक हूँ और जो मरा है वो विमल है

मुझे लॉज छोड़ने का पछतावा होने लगा था जिसमें इस अँधेरे कमरे का बहुत बड़ा रोल था। दिन में भी बत्ती जलाए रखनी होती थी और नहाने के दौरान अगर बत्ती चली जाए तो मैं ख़ुद को एक ऐसी अँधेरी दुनिया में पाता था जहाँ पानी गिरने की आवाज़ से मुझे नल बंद करना होता था और रोज़ के अभ्यास से वहाँ से निकलना होता था। मुझे लगने लगा था कि अगर मैंने ये कमरा नहीं छोड़ा तो किसी दिन अँधेरे में किसी चीज़ से टकराकर मैं इस दुनिया से विदा हो जाऊँगा। मेरी लाश दो-तीन दिन तक लावारिस पड़ी रहेगी और जब सुशील भइया बदबू सूँघकर ऊपर आएँगे तो तुरंत विवेक को फ़ोन लगाएंगे, ''अरे यार विमल, विवेक तो मर गया। उसकी लाश यहाँ पड़ी हुई है।''

विवेक कहेगा, ''भइया मैं विवेक हूँ और जो मरा है वो विमल है।''

सुशील भइया अपनी ग़लती सुधारेंगे और कहेंगे, ''हाँ यार, याद आया ये तो विमल है। तुम तो थाने वाली सड़क पर रहते हो न?

''हाँ भइया।'' वो कहेगा।

''कमरे की बात तुमने ही की थी न?'' वह फिर से आश्वस्त होना चाहेंगे।

''हाँ भइया, अपने दोस्त विमल के लिए जो वहाँ रहता है।'' वह सफ़ाई देगा।

''हाँ हाँ विमल... तो वही तुम्हारा दोस्त विमल मर गया है, तुम आ जाओ यहीं।''

विवेक कहेगा कि वो तुरंत आ रहा है तो सुशील भइया कहेंगे, ''यार आते

वक़्त एक बीस रुपये का वोडा लेते आना।''

मैं इस कल्पना से घबरा उठता। हालाँकि मेरी कहानियों की पहली किताब छप गई थी लेकिन मैं उस समय प्यार में था और मरने के लिए क़तई तैयार नहीं था। मरने से पहले मैं कुछ और किताबें लिखना चाहता था और जिस लड़की से प्यार में था, उससे शादी करना चाहता था। मैंने विवेक से कहा कि इस कमरे में आना मेरी ग़लती थी और वह मेरे लिए कोई और कमरा खोजे। उसने कहा कि उसकी 'विवेक प्रॉपर्टीज़' के नाम से प्रॉपर्टी डीलिंग की कोई दुकान नहीं है और कमरे खोजने का काम मैं ख़ुद करूँ। हालाँकि मेरे सामने ऐसा बोलने के बाद उसने कमरा खोजना शुरू कर दिया था।

मैं कमरा छोड़ने के बाद एकाध बार लॉज में दूबे जी से मिलने गया या कहें कि शोले की दुकान पर चाय सिगरेट पीते हुए वह मिल गए तो मुझे भीतर खींच ले गए। लॉज छोड़ने के बाद जब मैं वहाँ गया तो वहाँ के बाशिंदों ने मेरा स्वागत शादी के बाद मायके लौटी हुई बेटी की तरह किया और वहीं मुझे पता चला कि यहाँ मेरे पीठ पीछे मुझे 'साइंटिस्ट' कहा जाता था जिसमें मेरे हुलिए और दूसरों से कम बात करने की आदत का रोल था। वहाँ तैयारी कर रहे बच्चों को मेरा किरदार शक्तिमान सीरियल के डॉक्टर जैकाल की तरह लगता था और ये जानने के बाद मुझे पता चला कि क्यों जब मैं कहीं जाने के लिए बाहर निकलता था तो कुछ लोग पीछे से चिल्लाते थे, ''पॉवर... पॉवर।'' फ़ौजी ने भी मेरा स्वागत किया और मुझे सुबह-सुबह ही पीने के लिए कुछ नशीला पदार्थ ऑफ़र किया जिसे मैंने प्यार से मना कर दिया।

जब मैं लॉज में रहता था तो फ़ौजी बहुत कम बार मेरे कमरे में आए थे लेकिन वह जब भी आते, किताबों से ठसाठस भरी मेरी अलमारी को बड़ी हसरत भरी निगाहों से देखते और कहते, ''अरे एकाध किताब हमको भी दीजिए न हमारे काम लायक।''

मैं पूछता, ''किस टाइप की किताब चाहिए आपको?''

वो शर्माकर कहते, ''जिसमें कहानी के साथ चित्र भी हो।''

मैं असमंजस में पड़ जाता तो वह कहते, ''चित्र न भी हो तो लाइए कहानिये वाली दे दीजिए।'' मैं जब उनकी माँग समझ पाया तो क्षमा माँगने के अलावा मेरे पास कोई रास्ता नहीं था।

"वैसी किताबें तो मेरे पास नहीं है भाई साहब।" वो मेरी ओर भयानक हैरत से देखते और अविश्वसनीय तरीक़े से मेरी अलमारी की ओर देखते हुए कहते, "का फायदा हेतना किताब रखला के जब 'काम' के एक्को किताब नईखऽ धईले।" मैं उनकी उम्मीदों पर खरा न उतर पाने के कारण शर्मिंदा होता और उन्हें उस तरह की सीडियाँ देने का प्रस्ताव देता जिसे वह नकार देते। उनका कहना था कि देखना अनपढ़ों का काम है, जब वह पढ़े लिखे हैं तो उनका मनोरंजन भी पढ़ने के ज़रिये होना चाहिए।

उस दिन भी फ़ौजी ने मेरा मज़ाक़ उड़ाया और कहा कि एक आलमारी किताब रखने के बावजूद मेरा कलेक्शन अधूरा है। मैंने उनकी बात में हामी भरी और कहा कि मैं अपनी इस घटिया हरकत के लिए उनका गुनहगार हूँ। उन्होंने मुझे राय दी कि इस ग़लती को सुधारने का एक ही तरीक़ा है कि मैं ख़ुद कुछ वैसी ही कहानियाँ लिखूँ। मैंने कोशिश करने का वायदा किया और अपने पुराने कमरे को हसरत से देखता हुआ लौट आया।

मैं उस कमरे से भी निकलकर शाम को थाने वाली सड़क से होते हुए उसी एरिये में आ जाता जहाँ विवेक का घर था। हम शाम की चाय पीने से पहले नन्हे अंडे वाले के यहाँ अक्सर अंडे खाते। मेरे शुरुआती निर्देशों के बाद उसे मेरी रुचि याद हो गई थी और वह हमें देखते ही कहता, "दो हाफ़ फ्राई, एक में मिर्चा नहीं और और दूसरे में झोंक के?" मैं सहमति में सिर हिलाता। वह मुझे 'मिरचे वाले भाई साहब' के रूप में जानने लगा था। जब कभी मैं कई दिनों के लिए बनारस जाता तो वह विवेक को अकेला घूमता देखकर उससे पूछता, "उ मर्चवा झोंकवावे वाले कहाँ गएन?" विवेक बताता कि वो बनारस गया है तो उसे यह जानकर आश्चर्य होता कि मेरा घर इलाहाबाद नहीं बनारस है। उसका कहना था कि मैं शकल से ही इलाहाबादी दिखाई देता हूँ। हम ऑमलेट खाने के लिए वहाँ बंद पड़े दरवाज़े के चबूतरे पर बैठकर अपनी बारी का इंतज़ार करते और आगे की प्लानिंग करते। मुझे मुंबई निकलना था, लेकिन कैसे और कब, ये थोड़ा अनिश्चित था। मेरा ख़याल था कि मैं इस नौकरी में ही ट्रांसफ़र लूँगा ताकि मुंबई में रहने-खाने की दिक़्क़त न हो। मैं विवेक से उस लड़की के बारे में ढेर सारी बातें करता जो मेरी ज़िंदगी में एक आशीर्वाद की तरह आई थी और मेरे पूरे वजूद पर छाती जा रही थी। शुरुआती

कुछ दिनों के बाद हमने एक दूसरे को नाम से पुकारना बंद कर दिया था और इस तरह से एक दूसरे के एकदम क़रीब हो गए थे। वह मुझे बाबू कहती थी और मैं उसे गुड़िया पुकारता था। कीडगंज में जब तक मैं रहा तब तक अक्सर मेरा खाना बैरहना चौराहे पर स्थित श्रीराम भोजनालय में हुआ और रात का खाना खाने के बाद मैं और विवेक घंटों टहलते। मैं गुड़िया से फ़ोन पर बातें करता टहलता रहता और विवेक अपनी आँखों में मेरे लिए उम्मीद लिए मुस्कुराता चलता रहता। मेरे घर से शादी के लिए पड़ रहे दबाव अब बढ़ने लगे थे और मुझे अब लगने लगा था कि मुझे वह मिल गई है जिसके साथ मैं ज़िंदगी भर रह सकता हूँ।

वह समझने के लिहाज़ से बहुत कठिन लड़की थी और उसे यह बात पता थी। मुझे उसकी जटिलता पसंद थी और अब बात फ़ोन और संदेशों से यहाँ तक पहुँच चुकी थी कि मैं उससे मिले बिना नहीं रह सकता था। हम एक दूसरे की सारी बातें बिना कहे समझ जाते और बिना मिले ही एक दूसरे की कविताओं पर रो पड़ते। अनिल अंबानी को चाहे आप जितना भला बुरा कहें, मैं उनका एहसान कभी नहीं उतार सकता कि एसटीडी काल्स फ्री वाली सुविधा उन्हीं की फ़ोन कंपनी देती थी। मेरे कहने पर उसने एक रिलायंस फ़ोन ले लिया और मैंने भी। हम रात भर बातें करते और मैं एक कहानीकार होने के बावजूद उसे अपनी लिखी कविताएँ सुनाता लेकिन उसकी कविताओं और उसकी भाषा के आगे मैं ख़ुद को एकदम कच्चा महसूस करता। उसकी भाषा में इतनी रवानी थी कि वह साधारण मैसेज भी भेजती तो उसकी लाईनों में कविता हुआ करती। मैं उससे मिलने उसके शहर 15-16 घंटे की दूरी तय करके पहुँचा और यह मेरी ज़िंदगी की सबसे ख़ूबसूरत यात्रा थी। हमारी मुलाक़ात सपनों जैसी थी और उसके साथ उसके हथेलियों में हथेलियाँ भरकर उसका शहर घूमते हुए मैंने शादी की बात उठाई और उसने आँसुओं से जवाब दिया। शायद मेरी क़िस्मत ऐसी नहीं थी कि मैं उसे अपनी ज़िंदगी में शामिल कर पाता। वह कभी मुझे अपनी मजबूरियाँ समझा नहीं पाई या शायद मैं समझ नहीं पाया। सपनों के उस सफ़र की उम्र बहुत कम थी और मैं अपनी ख़ुशियों के साथ जितने दिन भी रहा, वे मेरी ज़िंदगी के सबसे ख़ूबसूरत दिन थे। मैं उसके शहर जाता और हम साथ-साथ बादलों पर घूमते। उसका शहर

उसकी तरह ही ख़ूबसूरत था और वहाँ के बादल बहुत पास होते। कुछ तो इतने नज़दीक कि आँखों में उतर आते। मैं उन दिनों बहुत जल्दी रो पड़ता था। उसने मुझे बिलकुल अपने जैसा कर लिया था और उसका शहर मुझे बचपन में बिछड़कर जवानी में वापस मिले अपने क़रीबी दोस्त जैसा लगता। वह मुझे घर वालों की मर्ज़ी से शादी कर लेने के लिए कहती और कहती कि अगर उसकी एक माँग मानी जाए तो वह यही चाहेगी कि मेरी दुल्हन को वह अपने हाथों से सजाए। मैंने हर तरीक़े से उसे समझाने और उसकी समस्या को समझने की कोशिश की लेकिन मैं कामयाब नहीं हुआ और तब के बाद मेरी ज़िंदगी में आगे आने वाली सारी कामयाबियाँ उस नाकामयाबी के सामने बौनी हो गईं। ख़लिश मेरा स्थायी भाव हो गई और उसके बाद छोटी-छोटी बीमारियाँ भी हुईं तो उन्होंने ठीक होने में बहुत वक़्त लिया और एक बड़ी बीमारी ने ज़िंदगी के सबसे बड़े टीचर की भूमिका निभाई और अब भी निभा रही है। ज़िंदगी महत्वाकांक्षाओं से रहित हो गई लगती है और अब लगता है जो-जो काम करने का मन था उन्हें करने की कोशिश की जाए और ख़ुश रहा जाए। परेशानी खड़ी करने वाले लोगों और शिकायत करने वाले दोस्तों से कोफ़्त होती है और उन दोस्तों के साथ वक़्त बिताने का मन करता है जिनके लिए ज़िंदगी की छोटी ख़ुशियाँ मायने रखती हों। अपने आसपास जो चीज़ें ख़राब हैं उन्हें ठीक करने में अपना जितना हो सके योगदान दिया जाए और बिना कोई शिकायत या रूदन किए ज़िंदगी का आदर किया जाए।

मछली की जगह पर खाने के लिए सोनपापड़ी रख दिया जाए

'मुख़ातिब' ने जितना लोकतांत्रिक माहौल हम रचनाकारों को दिया था वैसा मैंने कहीं नहीं देखा था। किसी पाठक या साहित्यप्रेमी के साथ आया उसका दोस्त, जो कहानी के नाम पर प्रेमचंद और कविता के नाम पर सोहन लाल द्विवेदी के नाम भी न जानता हो, भी अपनी प्रतिक्रिया किसी भी रचनाकार की रचना पर बेबाक होकर दे सकता था। इस बात से बहुत लोग अपने दोस्तों परिचितों को यह कहकर बुलाने लगे थे कि आओ यहाँ आने से ज्ञान बढ़ता है, चीज़ों की समझ बढ़ती है और बोलना आ जाता है। जैसे मैंने अर्बेन्द्र को आमंत्रित करना शुरू कर दिया था और उसने एक बार मुरलीधर जी की एक कहानी 'शतरंज' (बाद में 'कथादेश' में प्रकाशित हुई) के पाठ के बाद बोलते हुए कुछ आपत्तियाँ उठाई थीं। कहानी में शतरंज खेलने वाले दो व्यक्तियों के आपसी द्वंद्व का बेहतरीन चित्रण था। शतरंज एक रूपक की तरह उठता था और ज़िंदगी बनकर कहानी के अर्थ को बेहतरी से अभिव्यंजित करता था लेकिन हमारे अर्बेन्द्र को इससे क्या मतलब, आपत्तियाँ तो आपत्तियाँ हैं। उसने अपनी चिरपरिचित शैली में शब्दों को चबाकर अपना ऐतराज़ दर्ज कराया जिसमें वह ख़ुद की ही मिमिक्री करता हुआ लगता था।

''कहानी तो ठीक है लेकिन ये दोनों लोग जो शतरंज खेलते हुए मछली खा रहे हैं, वह मुझे ठीक नहीं लगा। एक तो उसी हाथ से शतरंज खेलना और उसी हाथ से मछली खाने से शतरंज की गोटियाँ गंदी हो जाएँगी और दूसरे जो मेरी तरह के लोग हैं, जो माँस-मछली नहीं खाते, उन्हें ये वर्णन बुरा लग

सकता है।''

मुरलीधर जी भी ये प्रतिक्रिया पाकर स्तब्ध थे। ज़ाहिर है उनका रचनात्मक मन चाहे जितना रचनात्मक हो, इस पहलू पर तो नहीं ही सोच पाया होगा क्योंकि वो मछली खाने वाले आदमी थे और कहानी के कथ्य के बाद बहुत सोचते थे तो शिल्प। इस दृश्य को संपूर्णता में ख़त्म करने के लिए अभी अर्बेन्द्र की तरफ़ से एक सुझाव आना बाक़ी था। उसने कहा कि उसकी राय है कि कहानी अच्छी बन सकती है अगर मछली की जगह पर खाने के लिए सोनपापड़ी रख दिया जाए। मुरलीधर जी को लगा कि कहीं उनकी कहानी ही सोनपापड़ी न बन जाए इसलिए उन्होंने हस्तक्षेप किया और अपनी इस गलीच हरकत के लिए पाठक अर्बेन्द्र से बाक़ायदा क्षमा माँगी और अगले श्रोता के बोलने की बारी आ गई।

इस लोकतांत्रिक माहौल का ही असर था, या उसे नशा कहना ज़्यादा बेहतर होगा कि मैंने भी एक ऐसा काम किया जिसे अवाइड किया जा सकता था। अगले हफ़्ते कहानीकार प्रोफ़ेसर अनीता गोपेश का कहानी पाठ था और मैं उस 'मुख़ातिब' से अनुपस्थित रहने वाला था। मैं लगभग हर दूसरे हफ़्ते बनारस अपने घर चला जाता था और आराम से चार-पाँच दिन रहकर आता था। 'मुख़ातिब' हर दूसरे रविवार होता था और जिस रविवार 'मुख़ातिब' नहीं होता था, मैं घर जाकर कुछ वक़्त अपने घर वालों और बनारसी दोस्तों के साथ बिताना पसंद करता था। घर जाकर आराम करता था, यह इसलिए नहीं कह सकता कि इलाहाबाद में भी मैं यही काम करता था। इलाहाबाद में मेरा कोई बॉस नहीं था जो मुझसे जवाब-सवाल करता और मैं बनारस से भी इलाहाबाद की ख़बरें फ़ोन से निकालकर लखनऊ ऑफ़िस मेल कर दिया करता था। मैं अपने घर पर इतना अधिक दिखाई देता था कि मेरे मोहल्ले की एक आंटी जी, जो दूसरों की चिंता में घुलती रहती थीं, ने मोहल्ले में यह बात फैला दी थी कि मैं इलाहाबाद में कोई नौकरी-फौकरी नहीं करता बल्कि मुझे वहाँ इसलिए भेजा गया है ताकि मेरी शादी लग जाए। तिलकहरुओं को बताया जाए कि लड़का इलाहाबाद में पत्रकार है और मोटा दहेज वसूला जाए। उस रविवार मुझे घर पर कुछ काम पड़ गया था और न चाहते हुए भी मुझे 'मुख़ातिब' छोड़कर जाना पड़ा। हालाँकि जाने से पहले मैंने कहानी की फ़ोटोप्रतियाँ सबको बाँट दी

थीं और मेहमानों को आमंत्रित भी कर दिया था। कहानी मैंने ख़ुद भी पढ़ ली थी और वह मुझे इतनी ख़राब लगी कि मैंने एक नोट लिखकर अर्बेन्द्र को दिया कि कहानी पाठ के बाद मेरी अनुपस्थिति में मेरी प्रतिक्रिया भी पढ़ी जाए।

गोष्ठी में अनीता जी की कहानी सुनने का़फी संख्या में लोग आए। कहानी पाठ के बाद श्रोताओं ने प्रतिक्रिया देनी शुरू की कि 'पहला प्यार' शब्द को यह कहानी पूरी तरह से खोलती हुई एक अच्छा अनुभव देती है। अपनी प्रतिक्रियाओं में श्रोताओं ने अभिव्यंजना, विडंबनापूर्ण, सारगर्भित, जीवन से सन्नद्ध, दृष्टि वैविध्यता और अद्‌भुत जीवंत आदि शब्दों का प्रयोग किया लेकिन मेरे पत्र का मैटर कहता था कि कहानी बहुत कच्ची है और बच्चे के प्रति लड़की का जो नज़रिया है वह कहीं भी खुलकर नहीं आया। लड़की के मन के द्वंद्व को भी लेखिका ठीक से नहीं पकड़ सकी हैं और सि.र्फ सतही सपाटबयानी से आगे बढ़ती यह कहानी सरिता और मनोरमा जैसी पत्रिकाओं में तो छप सकती है मगर किसी साहित्यिक पत्रिका में नहीं।

इस पत्र के पढ़े जाने के बाद अनीता जी का़फी नाराज़ हुईं और मुझे बताया गया कि जब सबकी प्रतिक्रियाओं के बाद लेखिका के बोलने का अवसर आया तो उन्होंने मेरा नाम लेते हुए नाराज़गी से कहा कि उनकी यह कहानी सरिता, मुक्ता जैसी पत्रिकाओं में भी छापने लायक़ नहीं है, यह कचरे में फेंक दिए जाने लायक़ है। मैं उनकी प्रतिक्रिया सुनकर थोड़ा दुखी भी हुआ कि जब मैं उस दिन अनुपस्थित था तो मुझे ज़बरदस्ती अपनी प्रतिक्रिया लिखकर भेजने की क्या ज़रूरत थी। अनीता जी अगली कई गोष्ठियों में आईं भी नहीं। लेकिन बाद में जब उन्होंने आना शुरू किया तो मैंने पाया कि वह प्रतिक्रियाएँ देते वक़्त पहले से बहुत अधिक सजग रहती थीं और एक गोष्ठी के दौरान मुझे उनका एक वक्तव्य स्पष्ट याद है जिसमें उन्होंने मुस्कराते हुए मेरी ओर देखकर कहा था, "मैं का़फी समय से लिख रही हूँ लेकिन 'मुख़ातिब' में आने के बाद मुझे पता चला है कि कहानियाँ लिखना कितना कठिन काम है।" बाद में उनका मुझपर बहुत स्नेह रहा और जब मेरे कहानी संग्रह 'डर' पर गोष्ठी करवाने की योजना हिमांशु जी और मुरलीधर जी ने बनाई तो वह गोष्ठी अनीता जी के घर पर ही रखी गई। उन्होंने मेरी सारी कहानियाँ बहुत बारीकी से पढ़ी थीं और बाक़ायदा दो-तीन पन्ने के नोट्स के साथ उन्होंने मेरी कहानियों पर अपनी

बेबाक राय दी। मैं सोचता था कि रचनात्मक लोगों को इसके पहले बनारस या दिल्ली में मैंने इतने खुले दिल का नहीं पाया।

आकाशवाणी से मेरी कई कहानियाँ प्रसारित हो चुकी थीं और मुरलीधर जी ने एक शुभचिंतक की तरह मुझे समझाया था कि मैं जब अपनी कहानियाँ रिकॉर्ड करवाने या फिर मिश्रा जी से मिलने आऊँ तो उनसे क़तई न मिलूँ क्योंकि मिश्रा जी की नज़रों में वह बहुत पापी टाइप के आदमी हैं। उनके साथ मेरे दिखाई देने का सीधा मतलब होगा कि मैं भी उन्हीं की तरह कम्युनिस्ट यानी विधर्मी हूँ। मैंने इस बात की कोशिश भी की और आकाशवाणी में जाने के बाद का जो नियम था, यानी मुरलीधर जी के साथ बाहर आकर उनके पैसों से चाय सिगरेट और समोसे खाना, उसकी कई बार अनदेखी भी की। लेकिन पानी सिर से ऊपर जाने लगा था और मेरा दम घुटने लगा था। मिश्रा जी एक कहानी के रिकॉर्डिंग से पहले मुझसे साहित्यिक दुनिया की हलचलों पर चर्चा करते जो मेरे लिए काले पानी की सज़ा जैसा होता। उन्होंने मुझसे पूछा, "आपकी कोई कहानी 'नया ज्ञानोदय' में भी आई है न?"

मैंने कहा, "हाँ मिश्रा जी, एक वसुधा में भी आई है।"

"ज्ञानोदय का संपादक कालिया है न?"

"जी हाँ।" मैंने कहा।

"आप जानते हैं उसको?"

"नहीं, व्यक्तिगत रूप से तो नहीं, एक मुलाक़ात है और दो बार फ़ोन से बातचीत हुई है।"

"बहुत भ्रष्ट आदमी है भाई।" वह कहते।

मैं पूछूँ या नहीं, वह बताने लगते। इस तरह बातें वह ख़ुद से ही करते थे लेकिन सामने किसी के बैठे रहने का सुख बहुत सरकारी टाइप का होता है, जिसका आनंद लेना कुर्सी के उस पार बैठा आदमी अच्छे से जानता है।

"अरे... यहीं आता था आकाशवाणी में। उसकी एक सीनियर थी उस पर लगा डोरे डालने। दफ़्तर में इतनी अश्लीलता फैलाई उन लोगों ने कि मैं क्या कहूँ।"

"लेकिन डोरे डालना और डोरे डलवाना तो पारस्परिक क्रिया है, उसमें आख़िर कोई तीसरा क्या कर सकता है।" मैंने बात को ख़त्म करना चाहा।

"अरे ऐसे कैसे, कोई संस्कार ही नहीं। एक तो शराब बहुत पीता था और फिर उस लड़की को, जो उसकी सीनियर थी, क्या तो नाम था... हाँ ममता बरनवाल... उसको फँसाने के कुत्सित प्रयास करने लगा। और आख़िर एक दिन कामयाब हो गया, दोनों ने शादी कर ली।"

उनकी घड़ी दशकों पहले उनके हाथ से छूटकर गिरी थी और रुक गई थी। वह उसी समय में जी रहे थे। उन्हें इस बात से कोई मतलब नहीं था कि जिस लड़की के सरनेम के बारे में अग्रवाल या बरनवाल उन्हें याद करना पड़ रहा है, उसने इन दशकों में साहित्य को कैसी-कैसी कालजयी कहानियाँ और उपन्यास दिए हैं और अब उसका सरनेम कालिया हो गया है। उस लड़की के नाम के साथ उसके सरनेम जैसी चीज़ के अलावा और भी बहुत उपलब्धियाँ लगी हैं, जिनका मोल वह कभी नहीं समझ सकते क्योंकि उनकी नज़र में दुनिया की हर लड़की की तरह वह लड़की भी बड़ी मासूम थी जिसके समझदारी भरे फ़ैसले उसके बाप या भाई द्वारा लिए जाने चाहिए थे लेकिन उसने ख़ुद अपनी ज़िंदगी का फ़ैसला ले लिया और वह आज तक इस बात का दुःख मना रहे हैं, इस बात की भनक भी कालिया दंपत्ति को नहीं होगी।

"और ये जो गंदगी कालिया ने फैलाई उसके बुरे असर से रेडियो एकदम नरक हो गया।" वह बात को समकालीन संदर्भ से जोड़ते।

"कैसे?" मुझे पूछना ही पड़ता।

"अरे एक और विधर्मी है मुरलीधर नाम का। उसने भी एकदम यही किया। आया और आते ही अपनी सीनियर शैलजा को फँसा लिया। दोनों ने शादी कर ली।" वह दुःख व्यक्त करते जिसका मूल मुझे बाद में किसी सूत्र से पता चला कि शैलजा को वह नहीं फँसा पाए, इसका मलाल उन्हें खाए जाता था।

मैंने वहाँ जाना कम कर दिया था और जो हमारा अंतिम संवाद था उसके बाद मुझे उनका हिंसक विरोध करते हुए वहाँ से आना चाहिए था, लेकिन मैंने ख़ुद को नियंत्रित करके उनका प्रतिवाद किया और यह समझने के बाद कि उन्हें ब्रह्मा जैसा कोई अविष्कार भी उनकी बात से डिगा नहीं सकता, वहाँ से निकला और मुरलीधर जी के साथ बाहर आकर चाय पी और दो समोसे खाए जिसके साथ दो बार माँगकर चटनी खाई।

हमारी अंतिम मुलाक़ात में मिश्रा जी अमरकांत से बहुत नाराज़ थे। नाराज़गी अपने आप में एक पूर्णकालिक यानी फ़ुल–टाइम काम है, यह मुझे उनसे ही मिलकर पता चला था। वह नाराज़ थे कि अमरकांत अपने इलाज के लिए सरकार से मदद माँग रहे हैं।

''उसने जितना लिखा उसके बदले में उसे उतने पैसे और मान–सम्मान मिला। अब सरकार क्यों कराए उसका इलाज ?'' उनका मासूम–सा सवाल था। मैंने समझाने की कोशिश की।

''कहाँ कुछ पैसा मिलता है लिखने का ? रॉयल्टी का सिस्टम बहुत सड़ा हुआ है, हिंदी के लेखक के लिए हालात बहुत ख़राब हैं मिश्रा जी।''

''अरे पांडे जी, उसने समाज का कौन सा भला किया है कि सरकार उसका इलाज कराए। उसने लिखा और उसको पैसा मिला। सम्मान भी मिले, अब कह रहा है कि उसका इलाज करवाने के लिए पैसा दिया जाए नहीं तो वह अपना साहित्य अकादमी पुरस्कार लौटा देगा, ये क्या बात हुई ?''

''तो समाज का भला करने के लिए उनको क्या कुदाल फावड़े लेकर सड़क पर उतरना चाहिए। अरे लिखने वाला लिखेगा ही तो, हर आदमी अपने काम को ईमानदारी से करे, यही तो वह कर सकता है आख़िर समाज के लिए... ।''

तनख़्वाह का मारा मैं उनकी ज़्यादातर बातों को एक कमअक़्ल की बातें मानकर अपनी कहानी पास कराने के चक्कर में पड़ा रहता था लेकिन उस दिन मेरे प्रतिवाद सुनकर वह थोड़े चौकन्ने हुए और आगे की ओर झुकते हुए धीरे से मुझसे पूछा, ''पांडेय जी, कहीं आप जनवादी तो नहीं है ?''

जनवादी शब्द उनके लिए एक ऐसी गाली की तरह था जिसकी परिधि में आने वाले लोगों के लिए उनके मन में कोई जगह नहीं थीं। मैं उठा और मुझे इस बात पर बड़ी शर्म आई कि मैं पिछले कई महीनों से जब आकाशवाणी आता हूँ तो मुरलीधर जी की बात मानकर उनसे बिना मिले चला जाता हूँ कि उनके साथ देख न लिया जाऊँ। मैं उनके केबिन में गया तो पता चला वो अभी आए नहीं हैं। मैंने उन्हें फ़ोन किया और उन्होंने बताया कि वह निकल रहे हैं और पंद्रह मिनट में पहुँच जाएँगे। मैंने वहीं उनका इंतज़ार किया। उनसे इस घटना का ज़िक्र किया और उनके साथ बाहर चाय पीने गया तो वह अपनी

चिरपरिचित हँसी के साथ बोले, "हा हा हा, अगर आप मेरे साथ देख लिए जाएँगे तो आपकी कहानी यहाँ से प्रसारित नहीं होगी।" मैंने भी हँसने में उनकी मिमिक्री करने की कोशिश की लेकिन उनकी तरह नहीं हँस पाया।

उस तरह हँसने के लिए मुझे मिश्रा जी जैसे लोगों से दूर रहने की ज़रूरत थी।

हाँ बाद में ये ज़रूर हुआ कि मैंने शेषनाथ को वहाँ अपनी कविताएँ पढ़ने के लिए भेजा और कहा कि वह मेरा नाम न ले वरना उसे वहाँ काम नहीं मिलेगा। वह वहाँ करपात्री जी पर लिखी मिश्रा जी की किताब की चर्चा करे और अपनी कविताएँ रेडियो से प्रसारित किए जाने की इच्छा व्यक्त करे। बाद में उसकी कई कविताएँ आकाशवाणी से प्रसारित हुईं और जिस दिन उसका पहला चेक कैश हुआ, उस दिन हमने घेरकर उससे पार्टी भी ली।

वेटरन राइटर अमरकांत वांट्स टू सेल हिज़ साहित्य एकेडमी अवार्ड

इलाहाबाद विश्वविद्यालय के हिंदी विभाग में मैं कई कार्यक्रमों में जाकर बहुत ख़ुश और गौरवान्वित हुआ था और एक दिन अख़बार में पढ़ा कि वहाँ पत्रकारिता विभाग (या शायद हिंदी विभाग ही) में महान फ्रेंच फ़िल्मकार फ्रांकुआ त्रूफ़ो की फ़िल्में दिखाई जाएँगी। फ़िल्म स्क्रीनिंग के बाद फ़िल्मों पर बातचीत भी थी। ऐसा मौक़ा क़तई छोड़ने लायक़ नहीं था और हम वहाँ समय से पहले ही पहुँच गए। मैंने विवेक को त्रूफ़ो के सिनेमा के बारे में कुछ बातें बताई और कहा कि उनकी फ़िल्में बड़ी स्क्रीन पर देखना एक अच्छा अनुभव होगा, हमें चलना चाहिए। कार्यक्रम इलाहाबाद यूनिवर्सिटी के प्रोफ़ेसर एम सी चट्टोपाध्याय जी के दिमाग़ की उपज थी जिसे पूना फ़िल्म संस्थान द्वारा किया जा रहा था। श्री चट्टोपाध्याय के बारे में कहा जाता है कि उनके पास विश्व सिनेमा का वृहद संग्रह है और तिग्मांशु धूलिया को फ़िल्मी कीड़ा काटने के पीछे चट्टोपाध्याय सर की ही भूमिका थी।

त्रूफ़ो की सबसे क्लासिक मानी जाने वाली फ़िल्म '400 ब्लोज़' तो सबसे पहले ही दिखाई गई और जैसा कि उम्मीद थी, वहाँ मौजूद सभी लोगों के साथ हिंदी विभाग की मैडमों और अध्यापकों ने भी फ़िल्म की तारीफ़ में क़सीदे गढ़े। बच्चे के अभिनय के साथ उन्हें वक़्त की कई समस्याएँ उसमें नज़र आई थीं जिसपर बोलने का मौक़ा वे उसी तरह नहीं चूके जैसे हिंदी के ज़्यादातर साहित्यकार पब्लिक या माईक में से एक भी मिल जाने पर ज्ञान बाँटने का मौक़ा नहीं चूकते। उन्हें देखकर कुछ पुरुषों ने भी अद्वितीय, अद्‌भुत,

सनसनीख़ेज़, हैरतअंगेज़ जैसे मिडिया अपहृत शब्दों का प्रयोग कर फ़िल्म की तारीफ़ की। महिलाओं ने टूटी-फूटी अँग्रेज़ी में फ़िल्म के बारे में चर्चा की।

''आई हैड सीन दिस मूवी इन 1994। एक्सीलेंट।''

''हाँ मैंने भी देख रखा था। बहुत अच्छी फ़िल्म थी। वह बच्चा जो है उसकी एक्टिंग कमाल थी।''

''व्हाट अ क्लास वर्ल्ड सिनेमा हैज़... हमारे यहाँ दर्शक इतने मेच्योर ही नहीं हैं कि वो जीनियस टाइप की चीज़ें बर्दाश्त कर सकें।''

''इसीलिए तो... मैं सिर्फ़ वर्ल्ड सिनेमा ही देखती हूँ... ख़ास तौर पर फ्रेंच और इटैलियन सिनेमा।''

उस दिन तो सब ठीक ही रहा। समस्या अगले दिन की थी जब 'टू इंग्लिश गर्ल्स' दिखाई जानी थी। उन्हें लगा कल लड़के की कहानी थी हो सकता है शायद आज दो लड़कियों की कहानी हो। जब फ़िल्म शुरू हुई तो भी साइलेंस यानी सन्नाटे की स्थिति देखने लायक़ थी। लोग फ़िल्म देखने में इतने डूबे थे (और जो नहीं डूब पा रहे थे वे इसलिए डूबे थे कि कोई ये न समझे कि इन्हें फ़िल्म में मज़ा नहीं आ रहा) कि एक बार विवेक के वाइब्रेशन मोड पर रखे मोबाइल में मैसेज आ गया तो उसकी बग़ल में बैठी महिला ने होंठों पर उँगली रखते हुए विवेक को इशारा किया, ''श्हहहहश।''

विवेक घबरा गया। एक तो वह पहली बार मेरे दबाव पर फ्रेंच सिनेमा देख रहा था और दूसरे आसपास ज़्यादातर लड़कियाँ और महिलाएँ ही थीं और उसके अलावा (ऐसा उसने सोचा) सभी फ़िल्म का पूरी तरह से आनंद उठाने में लगे थे। उसे लगा कि पूरे कमरे में वह एकमात्र प्राणी है जिसे फ़िल्म में मज़ा नहीं आ रहा और वह विश्वस्तरीय फ़िल्मों के लायक़ नहीं है। उसने दुःख के मारे अपना मैसेज भी नहीं पढ़ा और फिर से परदे पर ध्यान लगाने लगा। लेकिन थोड़ी देर में ही दृश्य बदलने लगा। परदे पर जैसे ही लवमेकिंग यानी हिंदी में कहें तो 'नग्न प्रेमालाप' के दृश्य आने शुरू हुए, कमरे में हलचल भरने लगी। यह शब्द 'नग्न प्रेमालाप' मैंने वहीं-कहीं से पकड़ा जिसे पीछे से किसी विद्वान ने उछाला था। विवेक ने पलटकर एक बार कहा भी 'तो आप कपड़े पहन के प्रेमालाप करते हैं का? शांत रहिए देखने दीजिए।'' लेकिन मामला बहुत संगीन था। भारतीय संस्कृति के रेशे उड़ाए जा रहे थे और अश्लीलता का

खुला प्रदर्शन हो रहा था। श्लील लोगों, जिन्हें न तो सिनेमा का ए बी सी डी पता था और न किसी कला का, भुनभुनाते हुए बाहर जा रहे थे। पिछले दिन जो महिला दर्शकों की मैच्युरिटी का रोना रो रही थीं, वह तीसरे-चौथे नंबर पर बुदबुदाती हुई निकलीं। "हाउ वल्गर।"

वहाँ मौजूद ज़्यादातर लोगों के लिए अश्लीलता का मतलब था नग्नता और नग्नता का एक ही अर्थ अश्लीलता। नग्नता को अश्लीलता का ऐसा प्रतीक बना दिया गया है कि उससे लाखगुना अश्लील चीज़ें हमारी रोज़मर्रा की ज़िंदगी में एकदम सहज तरीक़े से शामिल हो गई हैं। श्री चट्टोपाध्याय हैरान थे, उन्हें लग रहा था कि विश्व सिनेमा देखने बैठा हर आदमी इसमें सिर्फ़ सिनेमा ही खोजेगा लेकिन उन्हें नहीं पता था कि वक़्त तब तक बदल गया था और स्टेटस सिम्बल में ऐसी-ऐसी चीज़ें शामिल हो चुकी थीं जिन्हें वह सोचने लायक़ भी नहीं समझते होंगे। जिन लोगों को वहाँ आने की कोई ज़रूरत नहीं थी, वह सिर्फ़ रौब जमाने विश्व सिनेमा देखने गए थे और जो दर्शक उसकी क़द्र कर पाते वे शायद इसलिए नहीं आए थे कि उन्हें किसी ने (ख़ुद त्रूफ़ो भेजते तो ज़्यादा अच्छा रहता) कार्ड भेजकर नहीं बुलाया। विवेक ने दबी ज़बान में कहा, "अमें, इलाहाबाद के ना एक्को थियेटर वाला देखाय रहा है और ना तुम्हार एक्को साहित्यकार?" 'तुम्हार साहित्यकार' जैसे शब्दों में छिपी उसकी टोन मैं पहचानता था। उसके कहने का मतलब था कि तुम साहित्यकार इतने इगोस्टिक होते हो कि कोई नाक रगड़ के न बुलाए तो कहीं जाओगे ही नहीं। तुम लोगों को अच्छी चीज़ों से नहीं मतलब, बस तुम्हारा भौकाल बना रहना चाहिए। ऐसे इलज़ाम वह मुझ पर अक्सर लगा दिया करता था और मैं हिंदी के सभी साहित्यकारों की तरफ़ से बिना फ़ीस जिरह करता रहता।

उस दिन श्री चट्टोपाध्याय के चेहरे पर हैरानी के उगे वे भाव मैं कभी नहीं भूल पाया।

विवेक मुझे हिंदी के साहित्यकारों का प्रतिनिधि मान लेता और फालतू के सवाल पूछता रहता। जैसे, "हिंदी के राइटरवन के किताब कम काहे बिकत है में?"

"तुम लोग जवन भासा में बतियावत हो ओम्मे लिख्यो काहे नाहीं?"

"औरत देख के तुम लोगन के लार काहे चुए लगत है भाई, 'मुख़ातिब'

में ई हाल है तो बड़ी गोस्ठीयन में तो तुम साहित्यकार लोग कुत्ता बन जात होबो।''

''साहित्यकारन के सबसे बड़ी खुसी कवनो कहानी कविता उपन्यास नै ना, तुम लोगन के फ्री के दारू मिल जाए फिर देखौ।''

वह एक आउटसाइडर के तौर पर खूब गंदे-गंदे इलज़ाम लगाता और उनके पक्ष में अकाट्य सबूत पेश करता रहता। मैं साहित्यकार होने के नाते से अवैतनिक जिरह करता और अंत में हार मानकर कह बैठता, ''तो का करें हम बे? जान दे दें? साले हर साहित्यकार एक्के जइसा नै होत। तुम अमरकांत से मिल्यो कि नै। देख्यो न उनका? वइसन भी होत है साहित्यकार।''

''एकै ठे अमरकांत हैन तुम्हरे पास... बाकी सब लपूझन्ना।'' वह फ़तवा दे देता। मैं अब गालियों पर उतर आता और कहता कि तुम ऐसे चूतिये हो जो सबको ख़ाली गरियाते रहना जानते हो।

ऐसे ही एक दिन सुबह-सुबह उठकर टाइम्स ऑफ़ इंडिया दरवाज़े से उठाया तो पहले पन्ने पर ही एंकर स्टोरी थी 'वेटरन राइटर अमरकांत वांट्स टू सेल हिज़ साहित्य एकेडमी अवार्ड'। ख़बर पीटीआई के हवाले से थी और इलाहाबाद में पीटीआई से ख़बर जाने का अर्थ था कि नचिकेता जी ने ख़बर कवर की है, लेकिन फिर मेरा ध्यान डेटलाइन पर गया। ख़बर दिल्ली से छापी गई थी। मैंने तुरंत पीटीआई में अपनी दोस्त बेदिका को फ़ोन लगाया जो इंटरटेंमेंट देखती थी। उसने बताया कि ख़बर उसके किसी सहकर्मी ने वहीं बैठे-बैठे फ़ोन से निकाली है और उसने मुझे लताड़ा भी कि ये यूएनआई और मेरे दोनों के लिए डूब मरने वाली बात है। मैंने शर्मिंदा होकर फ़ोन रखा और दम साधे लखनऊ ऑफ़िस से आने वाले फ़ोन का इंतज़ार करने लगा जिसमें मुझे धमकी दी जाती कि अगर मैं ऐसे ही महत्वपूर्ण ख़बरें मिस करता रहा तो मुझे उठाकर किसी ऐसी जगह फेंक दिया जाएगा जहाँ की भाषा भी मैं नहीं जानता होऊँगा। ख़बरें छूटने का मुझे कोई ख़ास अफ़सोस भी नहीं हुआ करता था लेकिन इस ख़बर ने अपने कंटेंट के कारण चिंतित भी किया और ख़बर मिस हो जाने का दुःख भी हुआ। मुझे आश्चर्य हुआ कि आख़िर अमरकांत जी ने पिछली मुलाक़ात में ऐसा कुछ इशारा क्यों नहीं किया। ये मुझे बाद में समझ में आया कि वह अपनी सब्र की और हमारी यानी हिंदी साहित्य की बेशर्मी की

सीमा का इम्तिहान ले रहे थे।

विवेक कमरे पर आया और यह ख़बर मैंने उसे पढ़ने को कहा। वह पढ़ते ही अमरकांत की संततियों ख़ासकर उनके साथ रहने वाले सुपुत्र श्री अरविन्द 'बिंदु' को गरियाने लगा। दरअसल उसे कुछ महीनों पहले की एक मुलाक़ात याद आ गई थी जब मैं अमरकांत जी से मिलने गया था और वहाँ एकाध सज्जन और आ गए थे। अरविन्द जी मेरी जानकारी के अनुसार किसी एनजीओ के मलिक थे और अपने से बड़े बुजुर्गों के लिए आश्चर्यजनक तरीक़े से हिकारत भरे शब्द बड़ी आसानी से उच्चारित किया करते थे। उस मुलाक़ात में मार्कण्डेय जी की कुछ बात उठ गई क्योंकि मार्कण्डेय जी की तबियत काफ़ी ख़राब थी और वह अस्पताल में भर्ती थे। मैं एक दिन सत्यकेतु जी के साथ उनसे मिलने नाज़रेथ अस्पताल भी गया था। हालाँकि इसके बाद वह ठीक हुए और मैं शेषनाथ के साथ उनके घर जाकर उनसे मिला जो कि एक अलग और यादगार अनुभव रहा था।

मार्कण्डेय जी की बात उठी और वहाँ आए एक सज्जन ने उनकी कहानियों पर कुछ तल्ख़-सी टिप्पणी की तो मैंने उनकी बात काटते हुए कहा कि मार्कण्डेय की कहानियों पर ठीक से बात तब तक नहीं हो सकती जब तक उन्हें समग्रता में न पढ़ा गया हो। सज्जन ने भी कुछ कहा लेकिन तब तक बिंदु जी भड़क गए और बोले, "मार्कण्डेय ने ज़िंदगी भर किया क्या है दारू पीने के अलावा?"

अमरकांत जी को बात बुरी लगी और उन्होंने अपने सुपुत्र को इस अशिष्ट तरीक़े से एक वरिष्ठ लेखक का नाम लेने के लिए सिर्फ़ एक दो शब्द ही मनाही में कहे थे कि उन्हें भी डाँट पड़ गई, "आप चुप रहिए, आपको कुछ नहीं पता।" अमरकांत जी के चेहरे पर मायूसी छा गई और मैं वहाँ से उठकर चला आया। मुझे बिंदु के इस व्यवहार से बहुत धक्का लगा था और मैं कई दिनों तक सामान्य नहीं हो पाया। विवेक तो आगबबूला हो गया था और मैं अगर उसे लेकर वहाँ से तुरंत न निकलता तो वह वहाँ कुछ बवाल भी मचा सकता था। निकलते हुए उसने कहा, "विमल भाई, कइसन लोगन के लड़कन कइसन निकल जातेन। इ सरवा अभिषेक बच्चन है... ।" उसने और भी कुछ कहा था जो मैं याद नहीं करना चाहता।

इस घटना के बाद इलाहाबाद निवासी उर्दू के एक वरिष्ठ कथाकार और मेरे शुभचिंतक ने मुझे बताया कि बिंदु जी ने भी कहानियाँ लिखी हैं और उनकी एक कहानी 'रूमाल' बहुप्रशंसित हुई है। मैं चाहूँ तो वह कहानी मुझे दे सकते हैं। मैंने साफ़ इंकार किया और कहा कि हो सकता है वह कहानी अच्छी हो लेकिन मुझे कभी अच्छी नहीं लग सकती। वह हँसे और उन्होंने क़हक़हों के बीच कहा, ''अरे वो क्या अच्छी कहानियाँ लिखेगा। उसकी एक कहानी का अंत मैं तुम्हें सुनाऊँगा तो तुम यहीं कॉफी हाउस के सामने ही हँसते-हँसते गिर पड़ोगे।''

मैं जिज्ञासु हुआ कि ऐसा क्या लिखा उन्होंने अपनी कहानी में। उन्होंने बताया कि बिंदु जी की एक कहानी का अंत एक मौत से होता है और मौत के बाद उस किरदार की लाश जला दी जाती है। अंतिम संस्कार के लिए उन्होंने 'सुपुर्द-ए-ख़ाक' का प्रयोग किया था और कहानी की अंतिम पंक्ति थी, ''उनके सुपुर्द-ए-ख़ाक से धुआँ उठ रहा था।''

मैं पहले तो आश्चर्य में रहा लेकिन थोड़ी देर में ही ज़ोरों से हँसने लगा। वो भी हँसने लगे और हँसते हुए मेरा कंधा थपथपाया जिसका मतलब था की जाहिलों की बातों को दिल से नहीं लगाते। मैंने नहीं लगाया।

संघ के हैं तीन आयाम, भोजन, बैठक और विश्राम

जिस तरह बनारस आकर लोग विश्वनाथ मन्दिर में दर्शन करने को उपलब्धि मानते हैं, जैसे दिल्ली जाकर कोई लालक़िला या क़ुतुबमीनार देखे बिना दिल्ली नहीं छोड़ता या अमृतसर जाने पर स्वर्ण मंदिर जाना अपना फ़र्ज़ समझता है, लगभग वैसी ही भावना वहाँ के उच्च न्यायालय को लेकर आम जनता में थी। ''इलाहाबाद में रहकर कोई क़ानून की पढ़ाई न करे... राम राम। तब इलाहाबाद में रहने का फ़ायदा ही क्या।'' विवेक ने मुझसे कहा था, ''इहाँ सब कोई वकील है में, एही से जहाँ देखबो कोई-न-कोई कानून चोदत मिल जाई तुमका।''

लोग कार से लेकर मोटरसाइकिल और साइकिल तक के आगे या पीछे अपने क़ानूनविद होने का सबूत लटकाकर चलते। विवेक ने मुझसे पूछा था कि किसी की मोटरसाइकिल देखकर कैसे पता चलेगा कि वह कचहरी में काम करता है या हाई कोर्ट में तो मैंने अनभिज्ञता व्यक्त की थी। उसने बताया कि जो लोग कचहरी में सरकारी वकील भी होते हैं, उनके वाहन पर बोर्ड लटका होता है 'एडवोकेट' लेकिन जो लोग हाई कोर्ट में चपरासी भी होते हैं उनकी गाड़ी या साइकिल पर बोर्ड लटका होता है 'हाई कोर्ट' या 'उच्च न्यायालय'।

उच्च न्यायालय, इलाहाबाद में होते हुए भी भीतर से एकदम अलग दुनिया थी। रामानंद पांडेय यूएनआई के विधि संवाददाता थे जो ए5 साइज़ के काग़ज़ पर विधि की ख़बरें मुझे सुमित्रानंदन पंत की हैंडराइटिंग में लिखकर देते जिसे बड़ी मुश्किल में मुझे टाइप करके भेजने के बाद अक्सर लखनऊ से आए किसी फ़ोन की वजह से हिंदी में अनुवाद करके भी भेजनी पड़ती। जब मैं

उनकी ख़बर का इंतज़ार कर रहा होता, काले कोट वालों के झुंड में घुसकर उनकी बातें सुनने पर भारत की क़ानून व्यवस्था की पूरी झलक मिल जाती। चाय पीते, लाई चना या बाटी खाते ये वही वकील हुआ करते थे जो किसी तरह विश्वविद्यालय में प्रवेश पाने के बाद 50 पृष्ठों की श्योर सीरिज पढ़के जैसे-तैसे डिग्री बटोर पाए होते थे और किसी केस की बाबत आपस में कहते, "ई साली इंग्लिश ने जीना हराम कर दिया है।"

रामानंद जी ने बताया था कि यहाँ वकील दो तरह के होते हैं। एक तो वो होते हैं जिनकी डिग्री पूरी होने से पहले ही मुक़दमे उनका इंतज़ार करते हैं और दूसरे वो जो लॉ करने के बाद सालों तक मुक़दमे का इंतज़ार करते हैं। पहले वाले वकील लंच टाइम में हाई कोर्ट के मार्बल हॉल में यह चर्चा करते हैं कि इस बार गर्मी की छुट्टियाँ यूरोप और अमेरिका में न बिताई जाएँ क्योंकि वहाँ जा-जाकर ये लोग बोर हो चुके होते हैं और दूसरी तरह के वकील ये सोचते हैं कि इस बार गर्मी की छुट्टियों में बीवी बच्चों को मायके भेजे या ससुराल ताकि कुछ बचत हो सके। ऐसे वकीलों के ससुर उनकी परिस्थितियों से पूरी तरह परिचित होते हैं लेकिन फिर सोचते हैं जाने दो दामाद किसी काम का न सही नाम का तो है। वकील है, मज़ाक़ थोड़े ही है।

इस बात को जब मैंने महसूस किया तो पाया कि इलाहाबाद में मेरे परिचितों और मित्रों में ज़्यादातर कुछ-न-कुछ होने के साथ-साथ वकील भी हैं और जब ये किसी काम में सफल न हो पाए तो कोर्ट के दरवाज़े इनके लिए हमेशा खुले रहेंगे, जहाँ ये ईश्वर से न्याय की उम्मीद कर सकते हैं। नीरेन जी, संतोष प्रधान, अमलेंदु और अनिरुद्ध, कम-से-कम चार वकील तो मेरे ही दोस्त थे। हाँ दुर्गेश ज़रूर ऐसी पढ़ाई में विश्वास नहीं रखता था और कुछ बढ़िया काम करना चाहता था।

दुर्गेश धीरे-धीरे अपनी एजेंसी की कम तनख़्वाह और इलाहाबाद के ख़राब वर्क कल्चर से तंग आ गया था और उसका कहना था कि उसके अंदर पत्रकारिता की जो आग है, उस हिसाब से उसे दिल्ली निकल जाना चाहिए। दिल्ली में ही असली पत्रकारिता होती है और प्रतिभा की असली क़द्र दिल्ली में ही होती है। मैं अपना घर छोड़कर सबसे पहले दिल्ली ही गया था और वहाँ की पत्रकारिता से लेकर बाक़ी चीज़ों की क़द्र से बहुत अच्छी तरह परिचित

था। मैंने उसे समझाने की कोशिश की कि वह जो ढोल बजा रहा है वो सिर्फ़ और सिर्फ़ इसीलिए सुहावने लग रहे हैं कि वो दूर के हैं। इस समझाइश के बावजूद मैं जानता था कि किसी के समझाने और दूसरे की ग़लतियों से अगर लोग सीखने लगते तो दुनिया में ग़लतियाँ बहुत कम होतीं। यहाँ ज़िंदगी में इतना मज़ा इसीलिए है कि हर इंसान बार-बार वही ग़लतियाँ करेगा और वही पुराने घिसे-पिटे सबक़ सीखकर सामने वाले को ऐसे राज़खोलू अंदाज़ में बताएगा जैसे उसने कोई बहुत बड़ा और अनूठा सबक़ सीखा है। मैंने भी सारी ग़लतियाँ ख़ुद कीं और सबक़ सीखे या कम-से-कम ऐसा मुझे लगता तो है ही कि मैंने कुछ सबक़ सीखे हैं।

दुर्गेश को मैंने दिल्ली के लिए न पगलाने के तर्क दिए तो उसने मुझे दिल्ली के लिए दीवाना होने के तर्क देकर मेरे तर्कों को काटने की कोशिश की। इलाहाबाद के विज्ञापन लाने वाले और गिफ़्ट की ताक में प्रेस कॉन्फ्रेंस में जाने वाले पत्रकारों को वह दिन भर गरियाता और गणेश शंकर विद्यार्थी या कम-से-कम प्रभाष जोशी बनने की इच्छा व्यक्त करता। संघ से उसका मोहभंग हो चला था और मैं इसमें अपना कोई क्रेडिट नहीं लेना चाहता कि मेरे कोसने और अक्सर संघ विरोधी बहसें करने से ऐसा हुआ था। अचानक एक दिन पता चला कि वह दिल्ली जा रहा है। विश्व हिंदू परिषद के अध्यक्ष अशोक सिंघल के क़रीबी रहे मनीष मंजुल ने विहिप छोड़कर एक ट्रस्ट बनाया था और दुर्गेश उसका कुछ बनाया गया था जिसके लिए कुछ दिन इलाहाबाद से काम कर चुकने के बाद वह दिल्ली जा रहा था। बाद में उसने मुझे बताया कि वह अपनी एजेंसी में ही ट्रांसफ़र लेकर दिल्ली जा रहा है। दिल्ली जाकर उसने ट्रस्ट ज्वाइन किया या फिर ज्वाइन करके यहाँ से गया, ये मुझे साफ़ याद नहीं है।

चूँकि मैं अक्सर दुर्गेश के ही ऑफ़िस में बैठता था इसलिए उसके जाने का सुनकर मुझे ये डर सताने लगा था कि अब मैं कहाँ बैठकर अड्डेबाज़ी करूँगा। शुक्र है उसके जाने के बाद नीरेन जी वहाँ के इंचार्ज बने जो और लिबरल थे और अड्डेबाज़ी के मामले में आदर्श टाइप के आदमी थे।

उसका कहना था कि मैं काम का आदमी नहीं हूँ और यूएनआई जैसी एजेंसी में होकर भी उसका भला तो नहीं ही करवा रहा, उसकी दाढ़ी मूँछो के बाबत भी चुप्पी साधे हुए हूँ। दुर्गेश की उम्र मुझसे कुछ साल कम थी लेकिन

वह दाढ़ी और मूँछों के मामले में ज़रा दुर्भाग्यशाली था। मूँछो की जगह पर सिर्फ़ कुछ रोएँ थे और दाढ़ी की जगह सिर्फ़ कुछ उम्मीदें। मैं जानता हूँ इस भाषा में बात करना किसी व्यक्ति की उन कमियों का उपहास करना है जो उसके बस में ही नहीं, लेकिन यक़ीन मानिए दुर्गेश यही चाहता था। वह चाहता था कि उसकी चर्चा हो चाहे सकारात्मक तरीक़े से या फिर नकारात्मक तरीक़े से और इसके लिए वह कुछ भी करता था। मैंने उसे किसी की सुनी-सुनाई बात बोल दी कि कोई क्रीम आती है जिसे लगाने से दाढ़ी-मूँछे आ जाती हैं और उसने मुझसे कहा कि इस बार मैं बनारस जाऊँ तो वह क्रीम ज़रूर ले आऊँ। मैंने उसे कई बार झूठ बोलकर झाँसा दिया कि मैं खोज रहा हूँ और मुझे पूरा यक़ीन है कि जल्दी ही मिल जाएगा। मैंने खोजने की कुछ ही कोशिशों के बाद जान लिया था कि ऐसी कोई क्रीम नहीं होती, लेकिन फिर भी मैं दुर्गेश के मज़े लेने के उस लालच को छोड़ नहीं पाया। इन पंक्तियों के ज़रिये मैं दुर्गेश से अपनी इस घटिया हरकत के लिए माफ़ी माँगना चाहूँगा। कई बार हम अपनी कुछ हरकतों से अपनी नज़रों में बहुत छोटे हो जाते हैं। ज़िंदगी वाक़ई बहुत छोटी है और मैं चाहता हूँ कि मेरी पूरी ज़िंदगी का ये हासिल हो कि मेरी वजह से जाने-अनजाने किसी ऐसे इंसान का दिल कभी न दुखा हो जिसके दिल में मासूमियत किसी भी रूप में हो।

नीरेन जी दुर्गेश की तरह कच्चे संघी नहीं थे जो किसी लल्लू-पंजू के समझाने और उसकी बहसों से उनका मन बदल जाता। वह जीवन भर शादी न करने वाले और पूरे नियम से शाखा जाने वाले जवान थे, जो अब संघ की इस समाचार एजेंसी में बतौर संवाददाता आ गए थे, जिसके बारे में दुर्गेश हमेशा कहता रहता था, ‘‘बिमल भाई एके संघ से कौनो मतलब नै न, उ अलग चीज़ है और इ अलग।’’ दुर्गेश की स्पष्टवादिता को हम सब बहुत मिस कर रहे थे। अब कोई नहीं था जो समोसे की दुकान पर समोसा खाते हुए हलवाई की तरफ़ उँगली उठाकर कहे, ‘‘सड़ा आलू डालत है इ समोसा में तब्बे तो एकर दुकान नै चलत।’’ या किसी कॉन्फ्रेंस के बाद पत्रकारों के बीच नाश्ता करता हुआ कहे, ‘‘हम्म ई लोकल चैनल वाले तो खाली खाए आवत हैं हियाँ।’’

नीरेन जी नियमों के मामले में बहुत पक्के थे और उनका चेहरा देखकर उनका इतना सम्मान करने का मन होता था कि मैं सम्मान करना सीखने का कोई

कोर्स ज्वाइन करना चाहता था। वह बाहर का पानी नहीं पीते थे और न चाय के अलावा कुछ बाहर खाते थे। पैदल वह इतना चलते थे कि अगर ओलम्पिक में पैदल चलने की प्रतियोगिता होती तो वह निसंदेह स्वर्ण पदक ले आते। उनके मित्र संतोष और वह दोनों लोग नियम से मृत्युंजय महादेव का दर्शन करते और दुनिया से ख़ुश रहते। संतोष इलाहाबाद उच्च न्यायालय में बतौर अधिवक्ता प्रेक्टिस करते थे और ग़ाज़ीपुर के निवासी थे। ग़ाज़ीपुर-बलिया के मूल और खाँटी निवासियों की तरह संतोष जी भी हिंदी के फ़ॉण्ट पर बहुत अभ्यस्त नहीं थे। हिंदी फ़ॉण्ट में बोलते-बोलते अचानक उनका फ़ॉण्ट बदल जाता और वह बलियाटिक भोजपुरी में आ जाते। दो से तीन पंक्तियाँ अगर उन्हें लगातार हिंदी में बोलनी होतीं तो वह ज़्यादा-से-ज़्यादा दूसरी पंक्ति के बाद अपना फ़ॉण्ट चेंज कर देते। हम अचानक बदलने वाले फ़ॉण्ट्स का कारण नहीं समझ पाते। मैं भी मूल रूप से बलिया का हूँ और अपने दोस्तों और घर के बाहर भले बनारसी भोजपुरी बोलूँ, घर में माँ और पापा से आज भी बलियाटिक भोजपुरी में बात की जाती है। संतोष जी के फ़ॉण्ट बदलने पर मैं भी फ़ॉण्ट बदल लेता और हम जिस फ़ॉण्ट में बात करते वह विवेक के सिस्टम में इंस्टाल नहीं था जिसके कारण वह नाराज़ हो जाता। उसने संतोष का नाम ही फ़ॉण्ट रख दिया था, जिस नाम से उन्हें आज भी पुकारा जाता है। संतोष और नीरेन दोनों मित्र अक्सर साथ-साथ रहते और खाने को लेकर ढेरों संस्मरण सुनाया करते। जैसे संतोष जी के गाँव में कोई था जो पानी से पूड़ी छान देता था, नीरेन जी के गाँव में एक आदमी था जो डेढ़ सौ पूड़ियाँ खा जाया करता था।

"बै मरदे, एतने? हमरी गाँव में एगोड़ा बा जवन एक बेर में दु सौ पूड़ी आ बीस किलो दही खा जाला।"

मैं समझ नहीं पाता कि आख़िर इन लोगों को ऐसी बातें करने के लिए कौन-सी भावना काम करती है। भोजन शब्द उनकी बातचीत में हर बीस मिनट के बाद आता और इसका क़तई ये मतलब नहीं कि वे बहुत खाते थे। हाँ, उनकी बातचीत में 'भोजन', 'पकवान' और 'खाना' टाइप की चीज़ें बड़े उत्तेजक ढंग से आती थीं। खाने के बारे में बात करते हुए वे ख़ासे रूमानी हो जाते और बताने लगते कि कब उन्होंने अपनी ज़िंदगी की सबसे यादगार खीर खाई थी। मैं शुरू-शुरू में बड़ा परेशान रहता कि उनकी बातों में न लड़कियों

का ज़िक्र होता, न साहित्य-समाज की कोई बात होती और न ही फ़िल्मों को वे चर्चा करने लायक़ विषय मानते। वे किसी गाँव में अपने प्रवास के बारे में बताते कि कैसे एक बार भोजन के ऐन वक़्त पर पता चल गया कि जिस घर में वे खाने जा रहे हैं वहाँ के लोग मांस-मछली (छी छी) खाते हैं और उन्होंने वहाँ से भागकर अपना धर्म बचाया। वो धर्म पर बहस करने लायक़ आदमी नहीं थे क्योंकि उनके यहाँ धर्म कोई बहस वाला नहीं बल्कि मानने वाला विषय था और मैं बहस करने वाला आदमी था। मैं थोड़ी ही देर में उठ जाता और अड्डेबाज़ी करने के लिए कोई और अड्डा तलाशने लगता। नीरेन जी को उनके दोस्त शादी करने के लिए दबाव देते, घेरते और वह शादी न कर अपना जीवन देश की सेवा (ज़ाहिर है संघी गतिविधियों के ज़रिये) करने की रुचि ज़ाहिर करते। एक बार कई दोस्तों से घिरे नीरेन जी ने सबको ख़ामोश करने के लिए खुलकर बताया कि वह दरअसल शादी न करके अपना जीवन देश के विकास और संस्कृति की रक्षा के लिए देना चाहते हैं। वह विवेकानंद के रास्ते पर चलना चाहते हैं। मैं उनका वह आत्मविश्वास और उस आत्मविश्वास से कही गई वह बात नहीं भूल सकता जब विवेकानंद के बारे में अपने एक मित्र की टिप्पणी के विरोध में उन्होंने कहा, "मैं विवेकानंद से अपनी तुलना नहीं कर रहा लेकिन काम वैसे ही करना चाहता हूँ।" विवेकानंद से अपनी तुलना किए जाने का वाक्य अपने आप यह बताता था कि वह ख़ुद को विवेकानंद का मिनी संस्करण समझ रहे हैं और इसके बाद मैंने कभी उनके दोस्तों के समर्थन में भी उन्हें शादी के लिए नहीं समझाया।

उनके घर जिसे 'आवास' कहना ठीक होगा, पर संघी मित्रों का अक्सर जमावड़ा लगा रहता और जिस दिन वहाँ बैठक होती उस दिन जो 'भोजन' बनता उसे खाना क़तई नहीं कहा जा सकता। मैं संघ की कार्यप्रणाली और विचारधारा का भले विरोधी होऊँ, वहाँ का स्वादिष्ट भोजन नहीं भूल सकता। जब भोजन सामने आता तो मेरे आसपास के सभी लोग श्रद्धा से हाथ जोड़कर कोई मंत्र पढ़ते और मैं कोई मंत्र न जानने वाला मूढ़ बनकर बैठा उनके चेहरे निहारता रहता। भोजन की थाली में पतली-पतली गरम रोटियाँ रखी होतीं जिनसे भाप निकलती रहती, एक कटोरी में दाल होती जिसके ऊपर घी की हल्की सी परत होती, एक तरफ़ बिना लहसुन प्याज़ की सात्विक-सी सब्ज़ी

होती जिसे देखने से क़तई पता नहीं चलता (और न ही खाने में) कि इसमें लहसन प्याज़ की कमी है। एक प्लेट में सलाद इतने सलीक़े से रखा होता कि उसे खाने से ज़्यादा देखने का मन होता। यह भोजन मंत्र पढ़ा जाना डिज़र्व करता था और जब वे लोग मंत्र पढ़ते तो मैं भी उनका देखा-देखी बुदबुदा लेता ताकि उन्हें मेरे मंत्र न आने और खाने पर मंत्रमुग्ध हो जाने का अंदाज़ा न लगे। "बहुत सही खाना मिला है आज बहुत दिनों के बाद" बुदबुदाने के बाद मैं उनका देखा-देखी खाने को संयम से खाता और मौक़ा मिलते ही अपनी बग़ल में बैठे विवेक से कहता, "साला, खाने की इतनी इच्छा तो चिकन भी नहीं जगाता जितना ये सात्विक खाना जगा रहा है।" विवेक फुसफुसाकर डपट देता, "साले ये सब शब्द न बोलो नहीं तो अगली बार से तुमको भगा दिया जाएगा।" मैं चुपचाप खाने लगता। मैंने एकाध बैठकें भी आधी-अधूरी अटेंड कीं लेकिन मुझे कुछ ख़ास पता नहीं चला कि वे लोग मोटा-मोटी किस मुद्दे पर चर्चा करना चाहते हैं। देश पर बात करते-करते बात भोजन पर आ जाती और हर बार की बैठक में यही तय होता कि अगली बैठक का समय क्या होगा। मैंने इस बात की चर्चा वहाँ के लोगों से की और कहा कि आप लोग सिर्फ़ टाइम पास करते हैं, तो किसी संघी ने मुझे एक दोहा सुनाया जो उनके हिसाब से संघ के बारे में बताता था। मुझे किसने बताया ये तो याद नहीं है लेकिन दोहा कुछ यूँ था,

"संघ के हैं तीन आयाम
भोजन, बैठक और विश्राम।"

मैं संघ के बारे में पहली बार किसी बात से शत-प्रतिशत सहमत हुआ।

तुम्हारे जैसे चूतिये लोगों की वजह से हमारा धर्म बदनाम है

'नया ज्ञानोदय' में मेरी कहानी 'एक शून्य शाश्वत' प्रकाशित हुई थी जो मेरी तब तक सबसे लंबी कहानी थी और उसकी तारीफ़ बहुत से वरिष्ठ साहित्यकारों और आलोचकों ने भी की थी। ये एक महत्वाकांक्षी कहानी थी जिसे कम-से-कम आठ बार लिखना शुरू कर छोड़ चुकने के बाद मैंने चार साल में पूरा किया था। हर रोज़ देश के कोने-कोने से फ़ोन आते थे और ज़्यादातर लोग नम आवाज़ में फ़ोन करते और ज़्यादा कुछ न कह पाते। कई पाठकों ने बाक़ायदा रोते हुए फ़ोन किया और कहा कि इस कहानी के बाद अब मैं कुछ न भी लिखूँ तो कोई बात नहीं। कोलकाता से मोहन किशोर दीवान जी ने कहा कि उन्हें अब भी विश्वास नहीं हो रहा कि इस कहानी के लेखक की उम्र सिर्फ़ 26-27 वर्ष है। उनकी तरह बहुत से वरिष्ठ रचनाकारों ने कहा कि मैं अपनी पीढ़ी के सभी रचनाकारों से अलग हूँ। ज़ाहिर है मैंने उनकी बातों को बहुत गंभीरता से नहीं लिया और अपनी अगली कहानी में लग गया जो मैं आरा से निकलने वाली पत्रिका 'जनपथ' के लिए लिख रहा था। मुरलीधर और 'मुख़ातिब' जैसी संज्ञाओं ने मुझे इस लायक़ बनाने में कोई कसर नहीं छोड़ी थी कि मैं लिखने के बाद अक्सर समझ ही जाता था कि कहानी में कहाँ-कहाँ कमियाँ छूट गई थीं और वे कमियाँ चाहकर भी मुझे ख़ुश नहीं होने देती थीं। प्रतिक्रियाएँ इतना ही करती थीं कि कहानी की स्वीकार्यता को लेकर मन में एक ख़ाका बना देती थीं कि इसे मोटा-मोटी इस तरीक़े से लिया जा रहा है। ऐसे में ही एक दिन मेरे मोबाइल पर एक फ़ोन आया।

"विमल बोल रहे हो?"

"जी हाँ, बोल रहा हूँ।"

"ज्ञानोदय में जो कहानी आई है 'सुन्य सास्वत', वो तुम्हारी ही लिखी हुई है?"

"जी हाँ।" मैंने स्वीकृति दी और अब तक की आई प्रतिक्रियाओं के मद्देनज़र इसे भी कान रोप के सुनने लगा कि कहानी के किस पहलू की तारीफ़ की जाती है। पाठक लेकिन अभी और जानकारियाँ लेने के पक्ष में था।

"ब्राह्मण हो?"

"जी पैदा तो ब्राह्मण के ही घर में हुआ हूँ।"

"बनारस के रहने वाले हो?"

"हाँ... कहानी कैसी लगी आपको?" मैं अब रैपिड फ़ायर टाइप सवालों से ऊबने लगा था।

"ये कहानी है भोसड़ी वाले? मारेंगे माधरचोद होस में आ जाओगे।"

"कौन बोल रहा है?"

"तुम्हारे बाप बोल रहे हैं, ई सब का कचरा लिखे हो साले? सही में पंडित हो कि मलेच्छ हो?" उधर से उत्तेजित और क्रुद्ध आवाज़ आई। टोन मुझे इलाहाबाद का ही लगा। लेकिन मैं शक करता भी तो किस पर? संघ में जो मेरे परिचित लोग थे, उनमें से कहानी-कविताएँ पढ़ने वाला कोई नहीं था। अगर वहाँ का कोई मुझे गरियाता तो मैं ख़ुश ही होता कि चलो कम-से-कम इसीलिए सही, ये लोग साहित्य पढ़ तो रहे हैं। ख़ैर, मैंने एक बनारसी होने के नाते गालियों का जवाब गालियों से दिया और अगले से दो क़दम आगे बढ़कर गालियाँ दीं जिससे सामने वाला थोड़ा हैरत में आ गया और तभी उसका फ़ोन किसी और द्वारा छीन लिया गया।

"तुमने जो कहानी लिखी है वो दुनिया की सबसे झांटू कहानी है। न अध्यात्म के महत्व को समझते हो तुम न धर्म के। तुम्हारे जैसे चूतिये लोगों की वजह से हमारा धर्म बदनाम है।"

मैंने उसी की भाषा में उसे धमकाया कि यह नंबर मैं डीआईजी को देकर सर्विलांस में लगवा दूँगा और उसके एक नाज़ुक स्थान पर पुलिस जब डंडे

का उपयोग करेगी तो उसे अपनी अभद्रता का फल मिलेगा। अगला ज़रा भी अर्दब में नहीं आया जिससे मैं समझ गया कि मामला लोकल है और सामने वाला मुझे जानता है।

''कान खोलकर सुनो, पुलिस वुलिस की धमकी हियाँ देना मत। पत्रिका के अगले अंक में एक स्पष्टीकरण लिखकर भेजो कि ये कहानी जो तुमने लिखी है उसके लिए बहुत शर्मिंदा हो और लिखकर माफ़ी माँगो नहीं तो बेटा कीडगंज में रहते हो न, निकलबो बाहर और थूर दिया जाईगा तुमका बल भर।''

मैं ऐसा कैसे करूँ, इसके लिए उसके पास एक पूरी रणनीति थी कि मैं उस पत्र में लिखूँ कि मुझे सपना आया और सपने में एक भगवान आए। उसकी रणनीति ख़त्म होने से पहले ही गुड़िया का फ़ोन आ गया और मैंने यह कहते हुए फ़ोन काट दिया कि भाई साहब मेरी होने वाली पत्नी का फ़ोन आ रहा है, आप पूरी योजना बनाकर थोड़ी देर बाद फिर से फ़ोन करें। मैंने गुड़िया को बताया कि मुझे आज मेरे लेखन कैरियर में पहला धमकी भरा फ़ोन आया है और अब मुझे भीतर से बड़े लेखक जैसा महसूस हो रहा है, जी चाहता है इसे अख़बार में दे दूँ। उसने मुझे मना किया और कहा कि बड़े लेखक होने का लक्षण ये होना चाहिए कि मैं इसे रत्ती भर तूल न दूँ और एक बेवक़ूफ़ की बेवक़ूफ़ी समझकर भूल जाऊँ।

उस समय की मेरी मनःस्थिति में मैं वाक़ई बड़ा लेखक बनना चाहता था। मैं इस घटना को तुरंत भूल गया। उसके बाद भी मैं अपनी कहानियों पर धमकी भरे फ़ोन का इंतज़ार करता रहा पर उसके बाद कोई ऐसा फ़ोन नहीं आया।

शायद बड़ा लेखक बनने का अब कोई चांस नहीं।

लेखन और पत्रकारिता के अलावा भी बहुत सारे अलग-अलग काम थे जिनमें मैं लगा ही रहता था। पोस्टर प्रदर्शनी का ख़याल 'मुख़ातिब' और 'दस्तक' की एक बैठक में आया जहाँ कई प्रस्ताव पारित हुए थे। सीमा 'आज़ाद' ने नोएडा से बलिया तक कई गाँवों का दौरा किया था और राज्य सरकार की महत्वाकांक्षी 'यमुना एक्सप्रेस वे' के बारे में ज़मीनी सच्चाइयाँ जुटाई थीं। विश्वविजय से पहली मुलाक़ात सीमा के कमरे पर ही हुई जहाँ उस दिन विश्वविजय के पिताजी भी आए थे और हम आम लोगों ने गर्मी को

भगाने के लिए आम खाए थे। मेरी पोस्टर बनाने की गति धीमी हो गई थी लेकिन सीमा का यह रेगुलर काम था। कविताएँ चुनने का काम मेरा था। पाश, धूमिल, गोरख, दुष्यंत की कुछ सदाबहार क्रांतिकारी कविताएँ चुनने के साथ-साथ कुछ नये कवियों को भी मैंने ट्राई किया। कुछ पोस्टरों पर बताया गया कि इस योजना से कितने किसान और कितने गाँव बुरी तरह प्रभावित हो रहे हैं और जेपी ग्रुप की नीतियों में क्या समस्याएँ हैं। पहली पोस्टर प्रदर्शनी सिविल लाइंस में लगाई गई जहाँ अव्वल तो इलाहाबाद के बहुत कम ही पत्रकार दिखे और कुछ कवर करने आए भी तो बेचारे मासूम बनकर पोस्टरों के बीच में देर तक खड़े रहे कि आख़िर इसमें कवर करें तो क्या। संजय बनौधा जैसे एकाध ज़हीन और कर्मठ फ़ोटोग्राफ़र भी थे जिन्हें चीज़ों की समझ थी और अपने फ़ील्ड की भी, लेकिन उनके जैसे इक्के-दुक्के पत्रकारों और छायाकारों का होना ऊँट और ज़ीरे वाली कहावत की याद दिलाता था। ख़ैर, सिविल लाइंस में हमारी प्रदर्शनी को दर्शक तो कुछ ज़्यादा मिले लेकिन उनके सवाल बहुत मासूम से थे। यह आम जनता थी जिसके सवाल तो बहुत थे लेकिन जवाब सुनने के लिए उनके पास वक़्त नहीं था क्योंकि उन्हें इन जवाबों और सवालों से अपना सीधा नाता समझ में नहीं आ रहा था। सीमा बहुत उत्साह से सभी सवालों के जवाब यथासंभव सरल भाषा में देतीं।

"पोस्टर लगाने से क्या होगा?"

"तो सड़क बनेगी तो फायदा ही तो है न?"

"आप लोग क्यों विरोध कर रहे हैं? आपको क्या मिलता है?"

"आपको ये पोस्टर लगाने का कितना पैसा मिला है?"

"आप लोग क्या काम करते हैं?"

पहली प्रदर्शनी में तो साहित्य के सभी लोग कुछ देर के लिए शुभकामनाएँ देने आए लेकिन जब दो दिन बाद प्रदर्शनी ममफ़ोर्डगंज में लगाई गई तो साहित्य या नाटक बिरादरी में से कोई वहाँ थोड़ी देर के लिए भी नहीं पहुँचा। एकाध लोग आए और हाज़िरी लगाकर चले गए। सीमा का उत्साह हमें ताक़त देता और मैं और विवेक वहाँ टिके रहते। लोगों के सवालों के जवाब देकर उन्हें संतुष्ट करना एक बड़ी कला होती है और यह अनवरत सीखनी होती है। सीखने के अलावा यह कला चेहरे पर ईमानदारी होने से निखरती है जो सीमा

के चेहरे पर थी। इसलिए वह आने वालों को अपने जवाबों से सबसे जल्दी संतुष्ट कर देतीं थीं। जहाँ-जहाँ भी प्रदर्शनी लगाई गई, हर दिन नियत समय पर आने वाले लोगों में साहित्य बिरादरी से सिर्फ़ और सिर्फ़ उर्मिला जैन जी आईं। उनका आना सीमा को और हमें हिम्मत देता। मैंने संतोष जी और नीरेन जी को भी बुलाया था और उन्होंने आने का वादा भी किया था लेकिन कुछ काम निकल जाने से नहीं आ पाए। संतोष जी ने बाद में कहा भी, "बै मरदे, ए कुल से कुछु होखेला?"

संतोष प्रधान जी दिल्ली विश्वविद्यालय में पत्रकारिता के दौरान मेरे गुरु रहे मेरे पसंदीदा व्यक्तित्वों में से एक आनंद प्रधान के परिवार से ताल्लुक़ रखते थे और राजर्षि टंडन मुक्त विश्वविद्यालय से पत्रकारिता में शोध करने के इच्छुक थे। आनंद जी की बात आते ही वे श्रद्धा से भर जाते थे और कहते, "चाचा के हम बहुत आदर करीला।"

मैं कहता, "एम्मे कवन नया बात बा। उ तोहार चाचा हवें तब तुं करेलऽ। हम आ अउर बाकी लोग त एहितरे बिना भतीजा भईले उनकर आदर करींला जा।"

मेरी याद्दाश्त के अनुसार संतोष जी जब हम दोस्तों से शोध के लिए टॉपिक चुनवाकर संतुष्ट नहीं हुए तो उन्होंने अपने चाचा से मदद माँगी और कुछ दिन बाद जो टॉपिक लेकर आए वह कुछ ऐसा था- 'भूमंडलीकरण के दौर में मीडिया क़ानूनों की प्रासंगिकता'। टॉपिक अच्छा था लेकिन इसमें क्या-क्या आएगा, यह उन्हें ठीक से समझ में नहीं आ रहा था। पहले उन्होंने भूमंडलीकरण को ठीक से समझने की सोची। नीरेन जी के कंप्यूटर पर बैठकर वह दिन भर भूमंडलीकरण पर लेख खोजते रहते और उनकी योजना थी कि इसपर ढेर सारे आलेख जुटा लेने के बाद वह मीडिया क़ानूनों पर आलेख जुटाएँगे। इन दोनों मुख्य विषयों पर सामग्री चुनने के बाद आराम से समझा जाएगा कि इन दोनों का प्रासंगिकता से क्या लेना-देना है। दिक़्क़त यह रही कि वह जब भी अगली सुबह मिलते, बताते कि कल जो सामग्री डाउनलोड की है उसमें कुछ स्पष्ट नहीं है।

"एगो त अंग्रेजी में बा आ दूसर भूमंडलीकरण के माने बतवलहीं नइखे आ लागल बा एन्ने ओन्ने के बात बतावे।"

मैं जब तक इलाहाबाद में रहा, वो भूमंडलीकरण के पहलुओं पर शोध करते रहे। उसके बाद उन्होंने मीडिया क़ानूनों पर भी इतना ही शोध किया होगा। उनकी पीएचडी होने के बाद मैं उनसे एक शानदार पार्टी लूँगा, जिसमें वो मुझे और नीरेन जी को ग्रीन स्वीट हाउस, बैरहना में दही जलेबी के साथ रसमलाई खिलाएँगे और चाय पिलाएँगे, ऐसा मैंने सोच रखा है।

नीरेन जी बहुत आज़ाद क़िस्म के आदमी थे और काम करने के उनके अपने तरीक़े थे। उन्हें मैंने न कभी बाहर का कुछ खाते-पीते देखा और न ही कभी किसी को कोसते हुए। ख़बरें भेजने के लिए जब दबाव आता, वह ख़ुद को दूसरी चर्चाओं में मसरूफ़ कर लेते और दबाव हद से बढ़ने पर किसी फ़िल्मी हीरो की तरह कहते, ''मैं नौकरी को जूते की नोक पर रखता हूँ।'' आज के नुकीले समय में ऐसे बयान अविश्वसनीय ढंग से अच्छे लगते लेकिन इनका साइड-इफ़ेक्ट ये हुआ कि कुछ ही समय बाद उन्हें अपने जूते झटकने पड़े और जूते की नोक पर रखी ये नौकरी उन्हें छोड़नी पड़ी।

वैसे वह अक्सर चप्पलें ही पहना करते थे।

मेरे घर वाले मेरी शादी के लिए तब से घेराघारी कर रहे थे जब मैं 23-24 का था। मैंने उन्हें अपने करियर की दुहाई देकर टाल रखा था। यूएनआई में मेरी नौकरी लगने के बाद जब फिर से वह घेराबंदी शुरू हुई तो मैंने कहा कि अभी नौकरी अस्थायी है और मैं कंफ़र्मेशन हो जाने के बाद कुछ सोचूँगा। मैंने सोचा था कि जिस हिसाब से मैं काम कर रहा हूँ वहाँ कहाँ एक बार में मेरा कंफ़र्मेशन होगा लेकिन वह पहली बार में ही हो गया। इस घटना की ताक में बैठे घर वालों ने शादी के लिए आ रहे फ़ोटोग्राफ़्स को इकठ्ठा करना शुरू कर दिया। मैं जब भी बनारस जाता, मेरे सामने छह-सात तस्वीरें रख दी जातीं और सबके बायोडाटा मेरी माताजी पढ़कर सुनाने लगतीं। मेरी कहानियों पर प्रतिक्रियास्वरूप पाठकों के जो फ़ोन आते, उनमें आश्चर्यजनक रूप से एक बड़ी संख्या लड़कियों की थीं और लड़कों की तरह ज़्यादातर लड़कियाँ भी मेरी अच्छी दोस्त बन जातीं। मेरे लिए ये सब नया-नया था और मुझे भी इसमें बहुत मज़ा आता। मैं बनारस भी जाता तो पाठिकाओं के फ़ोन भारी मात्रा में आया करते और मैं उनके साथ साहित्य चर्चा के साथ-साथ व्यक्तिगत बातें भी करता। वो अगर थोड़ी छूट भी ले लेतीं तो मैं मना नहीं कर पाता। एक

मोहतरमा मुझे देर से फ़ोन उठाने पर इस तरह डाँटतीं गोया वो मेरी गर्लफ्रेंड हों। एक कहती कि मैं और लड़कियों से बातें न किया करूँ। मैं इन बकवासों के विरोध में ज़्यादा मुखर होकर उस समय नहीं बोल पाता था क्योंकि यह शुरुआत थी और कहीं-न-कहीं मैं इस स्थिति को एन्जॉय करता था। इस विषय में विवेक का मत था कि लड़के हों या लड़कियाँ, मुझे हमेशा नमूने ही मिलते हैं क्योंकि मैं दुनिया के सब नमूनों को ऊपर से अपनी क़िस्मत में लिखवा के लाया हूँ। मेरी माताजी इतनी अलग-अलग लड़कियों से मुझे बात करता देख दुखी हो जातीं।

''हमरा बुझात रहल हा कि अब तुं धीर गंभीर हो गईल बाड़े बाकी अब्बो... ।''

उनका दुख वाजिब था और उनके तईं धीर-गंभीर का मतलब बड़ा आनोखा-सा था। लड़कियों से मेरी दोस्ती बचपन से ही लड़कों की बनिस्बत जल्दी हो जाया करती थी और मेरी माँ को विभिन्न मामलों में मेरी शिकायतें तब तक सुननी पड़ी थीं जब तक मैं बारहवीं का छात्र था। इसके बाद मैंने नाज़ुक मसलों को घर के बाहर सुलझाना सीख लिया था। अपने बचपन के दोस्तों में मैं शायद सबसे औसत दिखने वाला लड़का था पर लड़कियाँ सबसे ज़्यादा मेरी दोस्त होतीं (अगर दोनों बातों का कोई संबंध होता हो)। दोस्तों को तब और आश्चर्य होता कि मैं लड़कों और लड़कियों से एक ही भाषा में बात किया करता था और कई बार कोई गाली निकल जाने के बाद मुझे अंदाज़ा होता कि मैंने किसी लड़की के सामने कोई गाली दे दी है। बहरहाल, माँ को लगने लगा कि मैंने कोई लड़की पसंद कर रखी है और इसीलिए मैं शादी को टाल रहा हूँ। उन्होंने पूछना तब से शुरू किया था जब मेरी ज़िंदगी में कोई नहीं था और अब उसके मेरी ज़िंदगी में आने के बाद मुझे शादी करने की इच्छा होने लगी थी। तब तक जब तक उसने मुझे शादी के लिए मना नहीं किया था। घर से दबाव बहुत था और मैं शादी के लिए रज़ामंदी दे चुका था।

देर रात तक आने वाले फ़ोन कुछ समय बाद परेशान करने लगे थे और विवेक का कहना सही लगने लगा था कि आदत मत बिगाड़ो अपना, सही से रहो। मैंने धीरे-धीरे विवेक की बात पर अमल करना शुरू किया।

हम सब गणित जानित हैं

कीडगंज के उस अँधेरे कमरे को छोड़ने की मुझे इतनी जल्दी थी कि जब मुझे पता चला कि सिविल लाइंस में जियालाल जी का छोड़ा हुआ कमरा अभी तक ख़ाली है तो मैं बहुत ख़ुश हुआ। हज़ार रुपये महीने के लॉज से मैं सत्रह सौ रुपये हर महीने के कमरे में पहुँचा था और अब जियालाल जी के छोड़े हुए कमरे, जिसमें कभी यूएनआई का ऑफ़िस था, को साढ़े तीन हज़ार रुपये महीने पर लेने पहुँच गया था। उसमें चार कमरे थे जिसमें से एक में बड़ा सिंक देख कर कहा जा सकता था कि ये किचन है। कमरे का स्ट्रक्चर अजीब-सा था और शुरुआती दो कमरों को पार कर तीसरे कमरे में पहुँचने पर चौथे कमरे में जाने के लिए पाँच सीढ़ियाँ थीं। चौथा कमरा ख़ासी ऊँचाई पर था और उसमें दो अलमारियाँ देखने पर मैंने उसे अपनी लाइब्रेरी बनाने का निश्चय किया। कमरा पहली मंज़िल पर था और वैसा ही चार कमरों का सेट मेरे सेट के बग़ल में भी था। एक छोटी-सी दीवार उठाकर छत को अलग किया गया था ताकि दोनों घरों की छतों को प्राइवेसी मिल सके। जिस कमरे में चौथे कमरे के लिए सीढ़ियाँ थीं, उसी के बग़ल से एक पतले गलियारे में लैट्रिन और बाथरूम था।

विवेक ने इस कमरे को किराये पर लेने पर कहा था, "ई एक तरह से तुम्हार तरक्की है। जवन ऑफ़िस में तुमका तुम्हार सीनियर ज्वाइन नै करावत रहा तुम आज ओही के किराये पे लई लिहो। लेकिन ई बताओ चार रूम के करबो का? दउड़-दउड़ के खाना खाबो का?"

मैंने उसे बताया कि मेरा प्यार शादी तक नहीं पहुँच पाया और मैंने घर

वालों की मर्ज़ी से शादी करने का फ़ैसला कर लिया है। शादी के बाद मैं अपनी बीवी के साथ इसी चार कमरों के सेट में कम-से-कम साल भर रहूँगा फिर मुंबई निकलने की प्लानिंग की जाएगी। विवेक ने कहा कि अगर मैं उस लड़की के इनकार से ग़ुस्सा होकर जल्दबाज़ी में ये फ़ैसला ले रहा हूँ तो ये ग़लत है और मुझे थोड़ा वक़्त और लेना चाहिए। मैंने थोड़ा रुककर सोचा तो मैंने पाया कि पिछले एक साल से उसे मनाने की मैं सारी कोशिशें कर के देख चुका हूँ। अब मेरे सामने विकल्प थे कि मैं या तो उसकी याद में ज़िंदगी भर शादी न करूँ या फिर कोई अच्छी-सी लड़की देखकर शादी कर लूँ। उसका कहना भी यही था कि मैं शादी कर लूँ और उसे दुनिया में सबसे ज़्यादा ख़ुशी इसी बात की होगी। मैंने इसके कारणों को जानने की कोशिश में अपनी उम्र कम की और न समझ पाने पर भी इसे मान लिया। एकाध बातें छोड़कर मैं उसकी हर बात मान लेता था। मैं उसके साथ इतना नाज़ुक होता था कि थोड़ी-थोड़ी बातों में रो पड़ता था। उसने मेरे भीतर की लड़की को भी जगा दिया था जो हमेशा प्रेम से भरी रहती थी और पूरी दुनिया को प्यार से भर देना चाहती थी।

नीरेन जी के उस समाचार एजेंसी छोड़ देने के बाद वहाँ बिहार के मूल निवासी और ग़ाज़ीपुर में निवास करने वाले राजेश जी तशरीफ़ लाए। पहली बार मैंने उन्हें देखते ही विवेक से कहा कि इस लड़के की शक्ल गया सिंह (अपहरण फ़िल्म में अभिनेता यशपाल शर्मा के किरदार का नाम) जैसी लग रही है और ये बहुत ख़तरनाक साबित होगा। विवेक ने मेरी बात को हँसी में उड़ा दिया। हालाँकि ऐसा कुछ नहीं हुआ और बाद में राजेश जी एक उत्सुक, जिज्ञासु और लायंस क्लब में सजी सँवरी अँग्रेज़ीदाँ महिलाओं से 'प्रेस विज्ञप्ति' माँगने वाले हिन्दीदाँ पत्रकार साबित हुए जिनसे महिलाएँ बाद में हँसती हुई कहतीं, "अच्छा, आपको प्रेस रिलीज़ चाहिए? तो हिंदी में माँगना था न... ।"

सिविल लाइंस वाले कमरे में शिफ़्ट करवाने में विवेक ने हर बार की तरह महत्वपूर्ण भूमिका निभाई और अपने नाम के आगे लगे 'गणितज्ञ' विशेषण को ग़लत साबित किया। यह विशेषण उसे दुर्गेश द्वारा दिया गया था जो बाद में शेषनाथ और मेरे द्वारा प्रसारित और प्रचारित किया गया था। दरअसल विवेक

परले दर्जे का आरामपसंद इंसान था जो घर से तब तक नहीं निकलता था जब तक इसके अलावा और कोई रास्ता न बचे। घर से न निकलने के उसके पास उससे ज़्यादा बहाने हुआ करते थे जितने हमारी सरकारों के पास महँगाई पर नियंत्रण न करने के होते हैं। धूप ज़्यादा हो, मौसम ठीक न हो, कर्नाटक बंद का आह्वान किया गया हो या लंदन में बम विस्फोट हुआ हो, वह यहाँ अपने घर से न निकलने को किसी भी बात से जोड़कर मना कर सकता था। ऐसा कई बार होता कि दोस्त उसे मुट्ठीगंज मिलने के लिए बुलाता जो कीडगंज से ज़्यादा दूर नहीं था और वो कह देता कि वह अभी म्योराबाद में फँसा हुआ है। कोई कहता कि वह उसके घर मिलने आ रहा है और उसका मिलने का मन नहीं होता तो वह कहता कि वह तो कटरा आया हुआ है और उसे घर पहुँचने में घंटा भर लग जाएगा। जिनसे उसका मिलने का मन नहीं होता उनके लिए उसके पास बहुत सारे बहाने थे। वह अपने एरिया में न होकर कहीं दूर किसी एरिया में है, यह उसका पुराना बहाना था और अक्सर वह जगह म्योराबाद हुआ करती। हमारे क्षेत्र में एक कहावत है, नार खेड़ गाड़ना और उसकी नार खेड़ पता नहीं क्यों म्योराबाद में ही गाड़ी गई थी। जब कोई उसे लंबे समय तक डिस्टर्ब करने के मूड में हो तो उसका एक एवरग्रीन बहाना था कि उसे अपने किसी बुआ की बेटी की शादी में कानपुर जाना है या फिर किसी मौसी की भतीजी की शादी में सहारनपुर जैसे किसी दूर-दराज़ के शहर में जाना है। वह मेरे साथ ऐसे बहाने बहुत कम करता था और अक्सर मेरे डिस्टर्ब करने पर डिस्टर्ब करवाने को तैयार हो जाता था। मुझसे उसने जब भी कुछ बहाने बनाए, मैंने बुरा नहीं माना क्योंकि मैं भी कुछ हद तक ऐसा ही हूँ। मैं समझता हूँ कि आपका मन अगले 2 घंटो को अपने हिसाब से बिताने का हो और कोई इन्हें आकर डिस्टर्ब करना चाहे तो आमतौर पर आप कुछ ऐसी ही बात बोलेंगे कि अगला हर्ट न हो। दुर्गेश दो-चार बार से अधिक ऐसी परिस्थितियों से दो चार हुआ था और उसने विवेक का नाम गणितज्ञ रख छोड़ा था। विवेक पहले ऐसे विशेषणों का विरोध करता था लेकिन एक घटना के बाद उसने ऐसा करना छोड़ दिया था। एक बार उसके किसी मित्र ने उसे फ़ोन किया कि वह कीडगंज आ रहा है और उससे मिलना चाहता है। विवेक ने पूछा कि वह कितनी देर में आ रहा तो मित्र ने कहा कि उसे आधे घंटे लगेंगे। विवेक ने कहा आधे घंटे

में तो वह क़तई नहीं पहुँच सकता क्योंकि वह म्योराबाद में है और वहाँ तगड़ा जाम लगा है। मित्र को कीडगंज में कुछ काम था तो उसे आना ही था। विवेक ने सोचा कि वह पंद्रह-बीस मिनट में नन्हे के यहाँ से ऑमलेट खाकर निकल जाएगा। वह जैसे ही ऑमलेट खाकर पलटा, उसका वही दोस्त वहाँ से गुज़रा और दोनों की नज़रें मिल गईं। दोस्त कुछ बोले उससे पहले ही विवेक बोल पड़ा, ''देख ल्यो बेटा, तुमसे मिले खातिर गाड़ी उड़ा के आए हैं।'' दोस्त ने उसकी बाँह पकड़ी और दुबारा ठेले की ओर खींचते हुए बोला, ''हमहूँ को ऑमलेट खिलाओ चूतिया न बनाओ। हम सब गणित जानित हैं।''

सिविल लाइंस वाले रूम में शिफ़्ट करने-कराने के बाद हम लोग बुरी तरह थक गए थे। राजेश जी एबीवीपी के सक्रिय कार्यकर्ता रह चुके थे और मुझसे कुछ मुलाक़ातों के बाद समझ गए थे कि मेरे सामने वो बातें करेंगे जो अक्सर करते आए हैं तो मैं बहुत मज़े लूँगा। वह सिर्फ़ पत्रकारिता की बातें करते थे और मुझमें पता नहीं कैसे उन्हें बड़ा प्रखर पत्रकार और एक बहुत मेच्योर इंसान नज़र आता था। उनका कहना था कि वह मुझसे बहुत सारी चीज़ें सीख रहे हैं और इसके लिए मेरे एहसानमंद हैं। मुझे वह सम्मान समारोह याद आ जाता जहाँ मुझे बतौर पत्रकार सम्मानित करने के लिए बुलाया गया था और मैं नहीं गया।

हुआ यूँ था कि यूएनआई के ब्यूरो चीफ़ बदल गए थे और सुरेन्द्र दूबे के रिटायर होने के बाद संजय भटनागर ने वहाँ चार्ज संभाला था। मैं इसके पहले एक बार उनसे मिल चुका था जब मैं लखनऊ कंफ़र्मेशन का इम्तिहान देने गया था और दूबे जी के साथ-साथ उन्होंने भी मेरी क्लास ली थी। उनके ब्यूरो चीफ़ बनने के बाद डाँट भरे फ़ोन की संख्या बढ़ गई थी। मैंने अंदाज़ा लगा लिया था कि उनकी उम्र चूँकि दूबे जी से काफ़ी कम है, वह इस पोस्ट को ज़्यादा एन्जॉय करेंगे। उस पर तुर्रा यह कि मैं अपनी आरामतलबी में कोई-न-कोई महत्वपूर्ण ख़बर मिस करता ही रहता था जिससे वह तुरंत फ़ोन करके मुझे ऑन द स्पॉट हड़का देते। यूएनआई लखनऊ का नंबर मैंने एक डरावनी रिंगटोन के साथ सेव कर रखा था और जैसे ही वह रिंगटोन बजती, मैं बुरी तरह घबरा जाता। मुझे इतनी बुरी तरह दुत्कारा और डाँटा जाता कि कई बार तो मुझे सपने में वही रिंगटोन बजती सुनाई देती और मैं चौंककर जाग जाता।

संजय जी मुझे हड़काते हुए नई पोस्ट की झोंक में कई बार इस स्तर तक उतर आते, ''तुम्हें नहीं लगता कि तुम हराम की कमाई खा रहे हो? बिना काम किए सेलरी उठाना तुम्हें बुरा नहीं लगता?'' मैं उन्हें कहना चाहता कि जितनी सेलरी मुझे दी जा रही है उतने में मैं इतना भी काम कर रहा हूँ तो बहुत है और जितनी लेट तनख़्वाह आती है उस लिहाज़ से मेरा लेट ख़बरें भेजना बनता है, लेकिन मैं कुछ नहीं कह पाता क्योंकि ज़रूरी ख़बरें छूट जाने का अपराधबोध मुझ पर हावी रहता। एक दिन उन्होंने फ़ोन किया और पूछा, ''क्या हाल है विमल?'' मैं उनकी टोन से ही समझ गया कि मैंने कुछ महत्वपूर्ण छोड़ दिया है। ''ठीक है सर।'' मैंने कहा। ''कोई ख़बर?'' उन्होंने पूछा। ''बस वही एक एक्सीडेंट था जो भेज दिया मैंने।''

''और कुछ नहीं?''

मैं संकोच में पड़ गया कि क्या कहूँ। कुछ तो है जो छूट गया है। मैं चुप रहा। उन्होंने डाँटते हुए कहा, ''राजा भइया का हेलिकॉप्टर क्रैश हो गया है और वो अस्पताल में भर्ती हैं। पता है?''

मैंने सच बोलने का विकल्प चुना और इनकार किया। उन्होंने मुझे कोसा, डाँटा और कहा कि मैं जल्दी-से-जल्दी ये ख़बर कवर करके भेजूँ। मैंने हामी भरी। अपनी ग़लती पर मैं शर्मिंदा था और इसका कोई अर्थ नहीं था। मैं ऐसे रोज़ शर्मिंदा होता था।

फ़ोन डिस्कनेक्ट करके मैंने अभी सोचना शुरू ही किया था कि ख़बर बिना कमरे से बाहर गए कैसे निकाली जाए कि एक अज्ञात नंबर से फिर फ़ोन आया।

''विमल जी बोल रहे हैं?''

''हाँ बोल रहा हूँ।''

''विमल जी बधाई हो।''

''किस बात की बधाई?''

मैं सोचने लगा कि अभी जो मैंने फ़ोन पर गाली खाई है, ये क्या कोई बधाई वाली चीज़ है।

''आपको युवा पत्रकार सम्मान दिया जा रहा है हमारी संस्था की तरफ़ से... समारोह परसों शाम को फलाँ स्थान पर होगा।''

मैं सन्नाटे में खड़ा रह गया। शायद कोई और वक़्त होता तो मैंने ज़बरदस्ती अपनी हरामज़दगियाँ भुलाकर थोड़ी देर के लिए ख़ुश होने का बहाना ज़रूर खोजा होता लेकिन यह कोई दूसरा मौक़ा था। अभी थोड़ी देर पहले जिस बात के लिए मुझे गालियाँ दी गई थीं उसी बात के लिए एक संस्था मुझे सम्मानित करना चाह रही थी। ये कैसा विरोधाभास था? दुनिया ऐसे ही विरोधाभासों से भरी पड़ी है और अगर थोड़े ध्यान से देखा जाए तो चीज़ें उतनी कठिन भी नहीं हैं। मेरा मानना है कि ज़िंदगी को हम ज़बरदस्ती जटिल बनाकर रखते हैं और ख़ुद को भी। सब कुछ हमारे सामने होता है और हम बस अपने इगो में उसे स्वीकार नहीं करते वरना हम कैसे इंसान हैं, कैसे लेखक हैं, कैसे कलाकार, कर्मचारी, पत्रकार, दोस्त, प्रेमी, पिता, पति, भाई, बहन, माँ आदि हैं, ये हमसे बेहतर कोई जानता है क्या? मैं समझ गया कि मेरी आड़ में किसका सम्मान किया जा रहा है। मैंने फ़ोन वाले भाई साहब से पूरी जानकारी ली। उन्होंने बताया कि उनकी एक बड़ी संस्था है जो फलाँ-फलाँ की भलाई के लिए काम करती है। उन्होंने मेरी कई स्टोरीज़ अख़बारों में पढ़ रखी हैं और मेरा नाम पत्रकारिता सम्मान के लिए चुना गया है जो महान पत्रकार फलाने जी के नाम पर है। मैंने उनसे पूछा कि और किन पत्रकारों को यह सम्मान दिया जा रहा है तो वह बताने लगे कि पुरस्कार में क्या-क्या दिया जाएगा। मैंने फिर से अपना सवाल दोहराया तो उन्होंने मेरे अलावा पीटीआई, दूरदर्शन, ईटीवी और एकाध प्रमुख अख़बारों के नाम लिए। मैंने उनसे क्षमा माँगी और उन्हें बताया कि ये जो सम्मान आप मेरी एजेंसी का कर रहे हैं मेरी एजेंसी उसके लायक़ बिलकुल नहीं रह गई है। आप चाहते होंगे कि मुझे सम्मानित करके अपनी ख़बरें वहाँ से छपवाएँ तो आपको बता दूँ कि मैं ऐसे कामों के लिए ख़बरें टाइप करने भर की भी मेहनत नहीं कर सकता। बेहतर होगा आप मेरा सम्मान किसी और संस्था को दें जिसके पास कोई मेहनती पत्रकार हो। उन्होंने कहा कि अगर मैं नहीं आया तो मेरी चीज़ें संभालकर रखी रहेंगी जो मैं कभी भी कलेक्ट कर सकता हूँ। मैं मुस्करा दिया और जीवन ज्योति अस्पताल की ओर चल दिया जहाँ रघुराज प्रताप सिंह उर्फ़ राजा भइया दुर्घटना के बाद भर्ती थे। उनके हेलिकॉप्टर को चोटें आई थीं लेकिन राजा भइया सकुशल थे।

कमरा शिफ़्ट कराने के बाद विवेक ने शेर-ए-पंजाब में गला तर करने

का विचार दिया जो इतना थकने के बाद बनता भी था। खाँटी संघियों और घोर कम्युनिस्टों से भरे उस माहौल में राजेश जी पहले ऐसे संघी साबित हुए जिसने भयानक तरीक़े से शाकाहारी और टीटोटलर होने के बावजूद सिर्फ़ हमारे साथ के लिए शेर-ए-पंजाब को अपनी गरिमामय शाकाहारी उपस्थिति से धन्य किया। विवेक ने भीतर घुसते हुए राय दी कि शेषनाथ जो पाँच-छह बोरिया किताबें छोड़ गया है उसकी वजह से शिफ़्ट करने में दो-दो बार इतनी परेशानियाँ हुई हैं और उन्हें बेच देना चाहिए। ऐसी ही हरकत मेरी किताबों के साथ दिल्ली में शशि शेखर ने की थी और इसका दर्द मैं समझता था, इसलिए उसकी बोरियों पर बहुत ग़ुस्सा आने के बावजूद मैंने इस प्रस्ताव को ख़ारिज कर विवेक को निराश किया।

मेरा यह कमरा ऐसा घाट साबित हुआ जहाँ शेर और बकरी (विवेक की दी हुई उपमा, मित्र उपमाओं का बुरा न मानें और किसी बेहतर उपमा की सलाह दें) एक घाट पर पानी पीते थे। मुरलीधर और हिमांशु रंजन जैसे घोर कम्युनिस्ट और राजेश जी जैसे पूर्ण संघी मेरे घर पर आयोजित हुई पार्टियों में शामिल हुए और ख़ूब सारी बहसों के बीच सुरा चिकन के साथ मटर पनीर (राजेश जी और शेषनाथ के लिए) का आनंद लेते हुए एक दूसरे का तियाँ-पाँचा किया।

सही कह रहे हो

इलाहाबाद में जितने मित्र मिले उनमें सबसे अलग, सबसे हैरतअंगेज़ और सबसे सनसनीखेज़ मित्र संदीप था। घटना तब की है जब नीरेन जी उस समाचार एजेंसी में बने हुए थे। एक दिन उन्होंने किसी को एक मेल किया। पूछने पर बताया कि कोई संदीप जी हैं जिन्होंने इलेक्ट्रॉनिक मीडिया पर एक किताब लिखी है। मैं उनकी ईमेल आईडी देखी तो संदीपचौटाएटजीमेलडॉटकॉम पाया। मैं समझ नहीं पाया कि अगले का नाम संदीप श्रीवास्तव है और वो मीडियाकर्मी है तो उसका संगीत से इतना लगाव क्यों है कि उसने अपनी आईडी संगीतकार संदीप चौटा के नाम से बना रखी है। कोई तो कनेक्शन होना चाहिए। लेकिन जब संदीप आया तो मेरी शंका निराधार साबित हुई। संगीत से उसका कोई लेना देना नहीं था और इससे अच्छा किसी आदमी का परिचय क्या हो सकता है कि उसका लेना देना न एथलेटिक्स से हो और न डकैती से और वह अपनी आईडी बना ले पानसिंहतोमरएटजीमेलडॉटकॉम। संदीप हालाँकि इस आईडी से जितना अतार्किक दीखता था उतना था नहीं, ये मुझे बाद में पता चला। वह बहुत 'पहुँचा हुआ फ़क़ीर' (इलाहाबादी उपमा) था और उसके दोस्तों का कहना था कि उससे बच के रहने की ज़रूरत थी। मैं दोस्ती में इतना दिमाग़ चलाने वालों में से नहीं हूँ कि दोस्ती भी करूँ और बच के भी चलूँ। कई बार मैं ख़तरे जानकर भी बेबाक दोस्तियाँ करता हूँ और मुझे किसी दोस्त को पहचानने की यह क़ीमत बुरी नहीं लगती कि वह मुझे एक बार धोखा दे दे। जिन दोस्तों के साथ मुझे उनके स्वार्थी होने का अनुभव हो चुका है, एक ज़माने में मैं उनके बहुत क़रीब होने और उनका शुभचिंतक होने के बावजूद ख़ुद को

उनसे ख़ामोशी से काट लेता हूँ। मैं जानता हूँ इससे उसका कुछ बिगड़ने वाला नहीं, लेकिन मैं यह भी जानता हूँ कि ऐसे लोगों को बदला नहीं जा सकता। मैं यह तो क़तई नहीं कर सकता कि दोस्ती भी करूँ और दोस्त पर शक करके उससे सावधान भी रहूँ। फिर मैं उस दोस्ती का आनंद नहीं ले सकता। मैं हर समय चौकन्ना नहीं रहना चाहता कि मेरी ज़िंदगी दुश्मन देश के लिए जासूसी कर रहे जासूस की हो जाए। दोस्तों के किसी ग्रुप में बैठकर कुछ बोलना हो तो सोचूँ कि कहीं कल को कोई इसका ग़लत उपयोग तो नहीं कर लेगा। मैंने ऐसे लोगों को भी देखा है जो मिलेंगे, आपके साथ दो-तीन बियर पियेंगे और मस्ती भरे माहौल में भी सिर्फ़ इसलिए चुप रहेंगे कि किसी के बारे में कुछ बोल दिया तो यहाँ बैठा कोई दोस्त कल को इसका फ़ायदा न उठा ले। ऐसे लोगों को मैं 'अन्ना-चौबीस घंटे चौकन्ना' (आभार-सुनील शेट्टी की कोई फ़िल्म) कहता हूँ। मुझे लोगों को पहचानना आता है और ऐसा नहीं कि किसी की असलियत जान जाने के बाद उससे नाता तोड़ लिया जाता है, हाँ सावधान रहना ज़रूरी है।

तो मैंने संदीप से उसी तरह दोस्ती की जैसी मैं सबसे करता हूँ। जो मेरे मिज़ाज का होता है वह अपने आप विवेक जैसा दीर्घकालिक दोस्त हो जाता है और जो नहीं होता, उसके और मेरे बीच में बिना गाली-गलौज का एक सम्मानजनक दोस्ती का रिश्ता बनता है, लेकिन उस दोस्त से मैं अपनी परेशानियाँ नहीं बता पाता जिसके क़रीब महसूस नहीं करता। संदीप से दोस्ती के वक़्त मैं उसे संदीप जी ही कहता था और वह मुझे बड़े सम्मान से विमल जी पुकारता था। लेकिन बाद में पता चला कि यहाँ जी के पुछल्ले की कोई ज़रूरत नहीं थी। संदीप इलाहाबाद से निकलने वाले दैनिक अख़बार 'डेली न्यूज़ एक्टिविस्ट' में पत्रकार (जैसा उसने बताया था) रह चुका था और कमाने की कम संभावनाओं के मद्देनज़र उसने यह अख़बार छोड़ दिया था। उसकी खोपड़ी में हमेशा कुछ-न-कुछ चलता रहता था जिसका निष्कर्ष ये होता था कि कहाँ से कुछ माल चीरा जाए। मेरे कमरे पर उसने जब विवेक के साथ आना शुरू किया तो पता चला कि वह ओढ़ी हुई गंभीरताओं वाला आदमी नहीं है और जल्दी ही हमारी बातचीत 'बहुत हरामी पीस हो तुम' और 'तुम साले पागलचोद हो' वाले स्तर पर आ गई थी। वह उन दिनों इलेक्ट्रॉनिक मीडिया

पर एक किताब लिखने के बाद अब प्रिंट मीडिया पर एक किताब लिखने की तैयारी में था और साथ में पत्रकारिता से जुड़े विभिन्न कामों जैसे कोई पत्रिका निकलना, कोई अख़बार निकलना, कोई वेबसाइट शुरू करना, किसी शंकराचार्य का मीडिया मैनेजर बन जाना, किसी नेता का पीआरओ बनना, कोई प्रोडक्शन हाउस खोलना आदि के बारे में सोचता रहता था।

संदीप हमेशा सकारात्मक ऊर्जा से भरा रहता था और ज़ाहिर है ऐसे लोगों की कंपनी ज़्यादातर लोगों को अच्छी लगती है। कहते हैं न कि औसत से कम समझ वाले लोग समस्याओं की बात करते हैं, औसत लोग आदमियों की बात करते हैं और महान लोग विचारों की बात करते हैं, तो इस लिहाज़ से संदीप महान आदमी था। वह हमेशा नये विचारों के साथ आता था जिनमें से कई तो ख़ासे रोमांचक होते। 'सही कह रहे हो' उसका तकिया कलाम था और अलग-अलग परिस्थितियों में यह तकिया कलाम अलग-अलग फ़ेशियल एक्सप्रेशंस के साथ आता था। मेरी जानकारी में अभी हिंदी साहित्य में कोई ऐसा लेखक नहीं हुआ जो उन एक्सप्रेशंस को सही-सही लिखकर जैसे का तैसा आप तक पहुँचा दे। डंके की चोट पर आपको कह के बेवक़ूफ़ बनने वाला बनारस के बाहर मैंने पहला इंसान देखा था। बनारस में तो हर तरह के इंसानों की प्रजाति पाई जाती है या यूँ कहें कि मेरा इंसानी शोध वहाँ कुछ ज़्यादा ही हुआ है इसलिए मुझे ऐसा लगता है। बनारस और ऐसे लोगों की बात आई है तो मैं संदीप का प्रसंग रोककर प्रकारांतर से बनारस की एक साल भर पुरानी घटना का ज़िक्र कर दूँ फिर वापस संदीप की बातें होती रहेंगीं।

मेरी स्कूलिंग राजकीय क्वींस कॉलेज से हुई थी और मैं दसवीं तक बहुत पढ़ने वाला विद्यार्थी हुआ करता था। क्वींस कॉलेज अपने शानदार रिज़ल्ट के साथ नियमित मारपीट के लिए भी जाना जाता था। इंटर तक के इस विद्यालय के छात्र अक्सर कैंट स्थित कमलापति त्रिपाठी या आदर्श इंटर कॉलेज के छात्रों से मारपीट करते रहते। झगड़े के मूल में अक्सर किसी ऐसी लड़की का मामला हुआ करता जो इन मामलों से अनभिज्ञ होती थी। मैंने यहाँ छठवीं में एडमिशन लिया था और मेरे दोस्तों का समूह तब तक सीधे घर से स्कूल और स्कूल से घर टाइप का था। मैं हमेशा से अपनी कक्षा में प्रथम आता था और दसवीं में मेरे पिताजी ने मुझे समझा रखा था कि मैं अगर मेरिट में नहीं

आया तो मेरी ज़िंदगी बर्बाद हो जाएगी। मैंने इस बात को गंभीरता से ले लिया था और दसवीं की बोर्ड परीक्षाओं में ख़ूब पढ़ाई की। जिन एकाध लड़कों से कभी-कभार मेरा झगड़ा हो जाता, मैं और मेरे दोस्त उसे बाद में देख लेने की मंशा जताकर वहाँ से हट जाते। कुल मिलाकर मैं हाई स्कूल तक बहुत पढ़ाकू क़िस्म का विद्यार्थी था और आज की तारीख़ में मेरे पिताजी का कहना है कि मैं अगर उसी ढर्रे पर चला होता (जिसे वह अपना ढर्रा मानते हैं) तो आज ज़रूर कहीं आईएएस अधिकारी होता। बहरहाल, कक्षा में ऐसे कई लड़के थे जो भागकर फ़िल्में वग़ैरह देखने चले जाते थे और कई बार अध्यापक को गालियाँ देकर भाग जाते थे। हम शरीफ़ बच्चों की तरह इन बच्चों से दूर रहते। ऐसा ही एक लड़का था आशुतोष जो बहुत निडर था और उसके काले रंग के कारण उसके दोस्त उसे कल्लू आशुतोष बुलाते। दसवीं कक्षा में एक बार गणित के एक अध्यापक उसे पीट रहे थे और साथ में गालियाँ भी दे रहे थे, ''चूतिया सारे, आते नहीं हो स्कूल, मार-मार के हलुआ बना देंगे।'' अचानक उसने अध्यापक की बाँह पकड़कर झटका और मेज़ों पर चढ़ता हुआ बाहर भाग गया, ''बहरे निकलऽ त बताइला।'' बाद में पता चला कि उसकी धमकी से डरे अध्यापक ने अपनी क्लास ख़त्म होने के बाद भी स्कूल में तीन घंटे रुककर और अध्यापकों के ख़ाली हो जाने का इंतज़ार किया और सब साथ निकले। एक लड़का जिसकी लंबाई सबसे ज़्यादा थी, संजीव राय, उसके बारे में कहा जाता था कि वह शहर के एक नेता टाइप बदमाश या बदमाश टाइप नेता अजय राय का भतीजा, भाई या भांजा है। आठवीं क्लास में एक बार मेरा उससे झगड़ा हो गया था और मैंने गालियों के जवाब में गालियाँ दी थीं। उसने मुझे कक्षा में ही अपनी चप्पल निकालकर फेंक मारी थी और मैंने क़सम खाई थी कि मैं इससे एक दिन बदला ज़रूर लूँगा। उस समय मैं कुछ नहीं कर सकता था क्योंकि वह लंबाई, वज़न और ताक़त सब में मुझपर भारी था। मैंने अपने दोस्तों के साथ योजना बनाई थी कि इंटर पास करके स्कूल छोड़ने से पहले उसे मारा ज़रूर जाएगा।

आशुतोष हर फ़िल्म पहले दिन पहले शो में देखता था और फिर स्कूल आकर सभी लड़कों को साजन सिनेमाहाल के टिकट दिखाता और इतराता फिरता। हम उससे दूर रहते क्योंकि वह बहुत ख़तरनाक लड़का था जिससे कई

अध्यापक भी डरते थे और हम सीधे-साधे बबुए टाइप लोग थे, यह दीगर बात थी कि यह बबुआ होना हमें पसंद नहीं था और हम मन ही मन आशुतोष और संजीव राय जैसे लोगों के मुरीद हुआ करते थे। ख़ैर, हुआ ये कि हाई स्कूल की बोर्ड परीक्षा में फेल होकर आशुतोष ने क्वींस कॉलेज छोड़ दिया और मैंने पचहत्तर प्रतिशत अंकों के साथ, चार विषयों (जिनमें दुर्घटनावश गणित भी शामिल था) में डिसटिंकशन के साथ उतीर्ण की। मुझे लगा मैं मेरिट में नहीं आया और मेरे नंबर भी मेरिट वाले अंतिम लड़के से कई प्रतिशत कम हैं तो मेरे पिताजी घर पर बहुत निराश होंगे। लेकिन जब मैं मार्कशीट लेकर घर पहुँचा तो मेरा स्वागत बहुत धूम-धड़ाके से साथ किया गया। मैं भीतर से मेरिट से चूकने के कारण बहुत दुखी था और मेरे माता पिता जश्न जैसी ख़ुशी मना रहे थे। मैं समझ गया कि मेरिट में न आने से मेरी कोई बुराई नहीं हुई और मेरे साथ धोखा हुआ है। साथ ही मुझे ये भी समझ आया कि अगर मेरे नंबर दो-चार प्रतिशत कम भी होते तो कोई बात नहीं होती। इंटर से मैंने अपने आदर्श पुरुषों के नक़्शे-क़दम पर चलना शुरू कर दिया और इसमें मेरे सभी मित्रों से भी मुझे बहुत सहयोग मिला। हम स्कूल पहुँचकर वहाँ किसी को प्रॉक्सी लगवाने के लिए सहेज देते और फ़िल्म देखने चले जाते। कई बार ऐसे अवसर आए जब 'आज' अख़बार उठाकर देखने पर पता चलता था कि पुष्पराज से लेकर ललिता तक और अभय से लेकर गंगा तक, किसी भी हॉल में कोई फ़िल्म बची नहीं है। ऐसी सूरत में हम देखी हुई किसी फ़िल्म को दोहराने से भी परहेज़ न करते। पहली बार उसी दौर में सिनेमा के काले परदे का जादू दिलो-दिमाग़ पर छाना शुरू हुआ था और उस दौर में मुझे अच्छी बुरी फ़िल्म से ज़्यादा उस बड़े परदे पर चलती-फिरती छायाओं का आकर्षण था।

ख़ैर, बताने वाली बात यह है कि मैं इंटर पास करके बिना संजीव को मारे वहाँ से निकल गया और शायद स्कूल छोड़ते वक़्त मेरे दिमाग़ में वह बात थी भी नहीं। इसके कई सालों बाद एक बार जब मैं ड्राईविंग लाइसेंस बनवाने आरटीओ ऑफ़िस गया था तो वहाँ संजीव एक बैग लटकाए मिल गया। उसकी लंबाई वही थी जो किशोरावस्था के दिनों में थी लेकिन मेरी बढ़ गई थी। हमने एक-दूसरे को थोड़ी देर देखा और मैंने ही पहल की, "संजीव?" "हाँ यार, विमल हो न तुम?" उसने दुख भरी आवाज़ में बताया कि वह एक कंपनी में

एमआर हो गया है और इस समय अपने कंपनी की दवाइयों से भरी एक गाड़ी छुड़वाने आया है। उसने दवा कंपनियों को जी भरकर गरियाया और कहा कि ये लाइन उसे चूस रही है और यहाँ भरे सारे लोग भ्रष्ट हैं। हम जितनी देर बातें करते रहे, वह आरटीओ और सरकारी तंत्र में भ्रष्टाचार को कोसता रहा। उसने बताया कि पिछला अधिकारी गाड़ी छोड़ने का सिर्फ़ आठ हज़ार लेता था लेकिन ये अफ़सर लालची है और दस हज़ार की माँग कर रहा है। मैं उसे ऐसे हारे हुए इंसान के रूप में देखकर बहुत दुखी हुआ। लेकिन यह ज़िंदगी है और यहाँ सब कुछ एक जैसा नहीं होता। हाई स्कूल के बारह साल बाद आशुतोष से अचानक दुर्घटनावश मुलाक़ात हुई तो उसके जज़्बे ने मुझे फिर से पुराने दिनों में पहुँचा दिया (मेरा हाई स्कूल 1996 में हुआ था और बारह तेरह सालों बार फिर से मुलाक़ात 2007-2008 में हुई)। वह मूल रूप से बलिया का रहने वाला था लेकिन बनारस में पैदा होने और पढ़ाई-लिखाई करने के कारण उसकी भोजपुरी एक अलग ही रूप में सामने आती थी। वह हमेशा से भोजपुरी ही बोलता था लेकिन जब मैंने ग़ौर किया तो पाया कि उसकी भोजपुरी में अस्सी प्रतिशत बनारसी बोली थी तो बीस प्रतिशत बलियाटिक और वह ख़ासी अलग और मज़ेदार सुनाई देती थी। हमने एक दूसरे के बारे में जानकारियाँ लीं। मैंने उसे बताया कि मैं दिल्ली विश्वविद्यालय से पत्रकारिता करके आजकल एक न्यूज़ एजेंसी में पत्रकार हूँ और उसने बताया कि उसने जेटकिंग से कंप्यूटर हार्डवेयर का कोर्स किया है और दिल्ली में कई साल नौकरी करने के बाद अब बनारस आ गया है जहाँ उसने सेल्स एंड सर्विस की दुकान खोली है। उसने मुझे हाई स्कूल के बाद सीधे अभी देखा था इसलिए मेरे बदले रूप पर हैरान होता। मैं हैरान होता कि वह जैसे का तैसा है। मैंने उसे बताया कि हाई स्कूल के दिनों में वह मेरा रोल मॉडल हुआ करता था और मैं उसके जैसा बनने की सोचता था तो उसने कहा, ''तुं तब्बो पढ़ाकू रहले आ अब्बो सकलिए से पढ़ाकू लागत हवे।''

मैंने और मेरे दोस्त अनुज (मेरी कहानी 'बाबा एगो हईए हउवें' के बाबा) ने मिनी लैपटॉप ख़रीदने का फ़ैसला लिया था क्योंकि मैं ट्रांसलेशन के ऐसे काम लेने लगा था जो कभी भी कहीं भी करने पड़ते थे। मेरे लैपटॉप का बैकअप कम हो गया था और 15 इंच का वह डेल हर जगह ढोने लायक़

भी नहीं था। ये पिछले साल यानी 2011 की बात है जब हमने बनारस में बहुत सारी दुकानों पर उसकी क़ीमत पता कर ली थी। बाबा का कहना था कि बिजनेस लाइन में रहने के कारण उसने एमआरपी पता कर ली है और यह 13900 रुपये है जबकि बनारस में अधिकतर दुकानों पर इस कॉन्फ़िगरेशन का दाम 15000 बताया जा रहा है। हमने आशुतोष से बात की तो उसने कहा कि हम बनारस की सारी दुकानों पर दाम पता कर लें और जितने में मिल रहा होगा वह उससे चार-पाँच सौ कम में देगा। बाबा ने पता की हुई एमआरपी 13900 में से भी 100 रुपये घटाकर उसे 13800 बताया।

"साले कुल जगाहिया पता कर के आवेलऽ सऽ। हम कमाईं ना एक्को पैसा?" आशुतोष ने दु:ख व्यक्त किया।

बाबा मुस्कराया जिसका मतलब था कि साले एक तुम्ही बिजनेसमैन नहीं हो। बाबा ने मुखर होकर कहा भी, "बेटा आशुतोष, हमको ठगना बहुत कठिन है। पूरे मार्केट में कोई नहीं ठग सकता। 13800 में दोगे तो दो नहीं तो हम मंगवा लेंगे बाहर से एमआरपी पर।"

"रुक साले, मंगवावत हईं।" उसने एक लड़के को भेजकर सैमसंग के दो मिनी लैपटॉप मँगवाए और तब तक चिलम से हमारा स्वागत करता रहा। बाबा बखान करते रहे कि कैसे उन्हें पूरे मार्केट के रेट की जानकारी सिर्फ़ एक फ़ोन कॉल से मिल जाती है।

लैपटॉप आए और उसने बिल बनाकर हमें विदा किया। जब बाबा बाहर निकल गए और मैं निकल रहा था तो उसने मुझे बुलाया, "अबे बिमलवा, एहर आवऽ।"

"का हौ बे?" मैं उसके पास गया। उसने लैपटॉप किसी और दुकान से मँगाए थे और उसने मुझे बिल दिखाया जिसमें प्रत्येक लैपटॉप की क़ीमत 13400 लिखी थी, "कहि दिहे ए भोसड़ी वाले से कि बहसल मत करे हर जगह। देख पेल देले हईं तोनहने के चर-चर सौ रुपिया।" मैं अचानक से बहुत ख़ुश हो गया और ज़ोर से हँसने लगा। मैंने उसके कंधे पर एक ज़ोर की धौल लगाई और हँसता हुआ बाहर आया। कुछ तो है जो नहीं बदलता।

बाहर बाबा बाइक स्टार्ट करके मेरा इंतज़ार कर रहे थे, "क्या कह रहा था करियवा?"

मैं मुस्कराया और मोटरसाइकिल पर पीछे जाकर बैठ गया। मेरा मन उस समय इसी तरह पुरानी बातें याद करने का हो रहा था जैसा अभी हो रहा है कि संदीप का ज़िक्र करता-करता मैं सालों पीछे चला गया।

राज बब्बर का मोबाइल खो गया

मेरे सिविल लाइंस आ जाने के कारण विवेक से मेरा मिलना कम हो गया था क्योंकि कीडगंज से सिविल लाइंस की दूरी अच्छी ख़ासी थी। लेकिन मैं यह दूरी कमोबेश हर शाम को तय कर लेता क्योंकि एक साल पहले मैंने अपने सफ़र को बजाज डिस्कवर ख़रीदकर थोड़ा आसान कर लिया था। 'हमारा बजाज' का साथ मिलने पर मैं शाम को हाई कोर्ट की ख़बर टाइप करके भेजता और ख़ाली हो जाता। मैं अँग्रेज़ी का पत्रकार था और अँग्रेज़ी में ही ख़बर भेजना मेरी ज़िम्मेदारी थी लेकिन यूएनआई लखनऊ से डेस्क से किसी का, प्राय: बसंत जी का, फ़ोन आता और मुझे वह ख़बर हिंदी में भी भेजने को कहा जाता। मैं कम काम करने के अपराधबोध से दबा यह नहीं कह पाता कि मेरा काम अँग्रेज़ी की ख़बरें भेजना है, हिंदी का ठेका मैंने नहीं लिया।

कीडगंज में एक छोटी-सी चाय की दुकान थी जिसे एक बॉडी बिल्डर लड़का चलाता था। उस दुकान के भीतर सलमान ख़ान, जॉन अब्राहम और कुछ और मज़बूत पेशियों वाले अनभिनेताओं (अगर अभिनेता का विलोम होता हो) के पोस्टर लगे हुए थे और वह लड़का सिनेमा का जुनूनी था। उसकी चाय की दुकान के बग़ल में उसके बड़े भाई का जनरल स्टोर था और वहाँ पान सिगरेट भी मिलती थी। मैं उसी दुकान पर चला जाता और विवेक को भी बुला लेता। हम वहीं चाय पीते, देर तक इधर-उधर की बातें करते और चाय की दुकान वाले लड़के के ऊटपटांग सवालों के भी जवाब देते। एक बार जेड गार्डेन में राज बब्बर की प्रेस कॉन्फ्रेंस थी जहाँ कॉन्फ्रेंस के बाद इलाहाबाद के पत्रकारों में राज बब्बर के साथ फ़ोटो खिंचवाने की होड़ मची थी और

बब्बर का मोबाइल कहीं खो गया था। मैंने विवेक को बताया कि मैंने कुछ पत्रकारों की धक्का-मुक्कीकर बब्बर के साथ फ़ोटो खिंचवाने की कोशिश करते हुए फ़ोटो उतारी है। हम उन फ़ोटोज़ को देखकर हँस रहे थे कि बाहर से वह लड़का भीतर आ गया।

"राज बब्बर का मोबाइल खो गया?"

"हाँ।" मैंने कहा। मुझे लगा उसके दिमाग़ में होगा कि एक सेलेब्रिटी का मोबाइल कितना महँगा और शानदार होगा। लेकिन उसके सवाल कुछ दूसरे थे।

"कितने हीरो-हिरोइन का नंबर होगा उसमें... उसकी बेटी का भी नंबर होगा न? उसमें होम से सेव किया होगा घर का नंबर। डायल करो तो जुही बब्बर उठाएगी।" सिनेमा के मामले में उसका सामान्य ज्ञान अच्छा था और उसकी फ़ैंटेसीज़ कमाल की थीं। अब इसके बाद हमारे बैठने की वह जगह भी खोने वाली थी। इस घटना के बाद हम जब भी वहाँ बैठे, चाय पिलाने से पहले और चाय पिलाने के बाद उसके सवाल राज बब्बर के मोबाइल से जुड़े होते और उस बहाने से मायानगरी मुंबई से। हमसे छिपा नहीं रह गया था कि सुबह शाम पसीना बहाकर शरीर बनने के पीछे उसकी क्या इच्छा थी। हम जब उसकी दुकान में घुसते, उसका पहला सवाल आता, "मिला मोबाइल?"

"नहीं।" हम कहते और बैठकर बातें करना शुरू करते और बीच-बीच में उसके सवालों को भी इंटरटेन करते। जब पैसे देकर हम वहाँ से निकलने लगते तो उसका अंतिम सवाल होता, "मिलेगा तो हमको बताएँगे न?"

हम सिर हिला कर सहमति देते। और क्या देते?

एक बार आधी रात तक पीने के बाद मैं विवेक के साथ टहलने निकला और मौसम आईपीएल का था। कई गुमटियाँ 12 बजने के बावजूद खुली हुई थीं और लोग उनमें लगे टीवी सेट पर अपनी पसंदीदा टीम को जितवाने के लिए चिल्ला रहे थे। हम उसी बॉडीबिल्डर के भाई की दुकान तक सिगरेट पीने गए। वहाँ लड़कों के दो समूहों में मारपीट हो रही थी। थोड़ी देर बाद कुछ लोगों ने बीच-बचाव किया जिसमें बिल्डर के भाई की सबसे सक्रिय भूमिका रही और भीड़ छँट गई। मैंने उससे दो सिगरेटें देने को कहा। मैं सिगरेट जला रहा था कि विवेक ने उससे पूछा, "का भया रहा?"

“तुत नहीं, धाइ इन्ती ते तत्तल में थे इन्ती लल दये।” विवेक हँसने लगा। मैं कुछ नहीं समझ पाया। हम सिगरेट जलाकर वहाँ से आगे चले तो मैंने विवेक से पूछा, “तुतलाता है क्या ये?”

“हाँ।”

“क्या कहा है इसने जो तुम इतना हँस रहे हो?”

विवेक फिर से हँसने लगा और उसने जो बताया उसे सुन कर मैं उस व्यक्त की निस्पृहता पर आश्चर्यचकित हुआ। वह अपने आसपास की घटनाओं पर ऐसे प्रतिक्रिया देता था जैसे आसमान में बैठा हो और धरती पर होने वाले घटनाक्रमों के बारे में बता रहा हो। इलाहाबाद अभिव्यक्तियों के मामले में किसी हालत में बनारस से पीछे नहीं था।

नीरेन जी की जगह पर आए राजेश जी बहुत मेहनती इंसान थे और हमेशा नई चीज़ें सीखने को तत्पर रहते। उन्होंने काफ़ी समय बिना कुछ सीखे गँवाया भी था इसलिए उनका सीखना बनता भी था। मेरे प्रति वह श्रद्धा भाव से भरे रहते और पता नहीं क्यों यह जानने के बावजूद कि मैं विचारधारा से पूरी तरह नास्तिक और संघियों का हर संभव मज़ाक़ उड़ाने वाला आदमी हूँ, वह मेरा बहुत सम्मान करते। एक दूसरे को ठीक से जानने के बाद स्थिति यह थी कि अक्सर बातों-बातों में वह भावुक होकर कह बैठते, “विमल जी, मैंने आपसे बहुत कुछ सीखा है और सीख रहा हूँ।” मैं हँसने लगता लेकिन विवेक ने ये लाइन पकड़ ली थी। वह मेरा मज़ाक़ उड़ाने का कोई मौक़ा नहीं चूकता था और वाईस वर्सा। जब ये कहना बाक़ायदा राजेश जी की आदत में शुमार हो गया तो उन्हें देखते ही विवेक मुझसे कहने लगता, “विमल जी, आप महान हैं, मैंने आपसे बहुत कुछ सीखा है। आप बिना कोई कोचिंग खोले लोगों को इतना सिखाते फिरते हैं... ।” मैं जलभुन जाता और उसे मना करता लेकिन वह मना करने से और उत्साहित होता। कैलाश जी और राजेश जी की मेरे लिए कही गई बातों को लेकर आज भी विवेक मेरा मज़ाक़ उड़ाता है और मैं ग़ुस्साने के बावजूद अपनी हँसी नहीं रोक पाता।

विवेक राजेश जी को इलाहाबाद की ख़ासियतों के बारे में बताता रहता और यदि किसी बात पर राजेश जी आश्चर्य व्यक्त करते तो वह छूटते ही कहता, “ई इलहाब्बाद है भइया। इसको गाजीपुर मत समझिएगा नहीं तो

पछताएँगे।'' राजेश जी मुस्करा देते। यह पंक्ति एक बार नीरेन जी ने राजेश जी के लिए कही थी जिसे हमने लपक लिया था और गाहे-बगाहे राजेश जी को परोसते रहते थे जिसे वह मंद-मंद मुस्कान के साथ ग्रहण करते। मेरा साथ उन्हें पता नहीं क्यों इतना पसंद था कि वह अक्सर मेरे और विवेक के साथ शेर-ए-पंजाब में बैठते जहाँ हम पहले कुछ पीते फिर चिकन वग़ैरह का सेवन करते और वह बिना कुछ खाए-पिए हमारी बातों को सुनते रहते, जहाँ चाहते वहाँ हस्तक्षेप भी करते। मैं और विवेक कभी-कभी शेर-ए-पंजाब जाते, एक हाफ़ लेते और वहीं बैठकर पीते। राजेश जी उस दौरान सिर्फ़ बातें करते रहते। हम जब अपने लिए चिकन फ्राई मँगाते तब वह अपने लिए दाल रोटी मँगाते और हरी मिर्च के साथ हरि के गुण गाते हुए खाते। एक बार हम वहाँ पहुँचे तो हमारा मूड कुछ हल्की-फुल्की चीज़ पीने का था और हमने व्हिस्की या वोदका को वरीयता से बाहर कर दिया तो बियर का विकल्प सबसे अच्छा लगा। राजेश जी और मैं अंदर जाकर बैठ गए और बातें करने लगे। विवेक थोड़ी देर बाद बियर की दो बोतलें लेकर जब अंदर पहुँचा तो राजेश जी हैरान होकर खड़े हो गए।

"अब तो बहुत अधिक हो रहा है विवेक जी।'' उन्होंने चिंतित स्वर में कहा।

"मतलब ?'' विवेक के साथ मैं भी हैरान हुआ।

"मतलब अक्सर एक छोटी बोतल में आप दोनों लोग पी लेते हैं और आज इतनी बड़ी-बड़ी दो बोतलें... ?'' उनकी मासूम चिंता पर हमारा दिल भर आया और विवेक ने दिल को ख़ाली करने के लिए उनसे कोल्ड ड्रिंक पीने की पेशकश की जिसे उन्होंने स्वीकार कर लिया। उनका मानना था कि आज हम लोग ज़िंदा नहीं बचेंगे क्योंकि उतनी बड़ी बोतलें एक-एक पीने के बाद हमने एक-एक और मंगा ली थीं। बाद में पीने का ज़िक्र आने पर वह कहते थे, "अरे महाराज, आप लोग तो इतनी बड़ी-बड़ी बोतलें मुँह लगाकर पी जाते हैं। हद है।''

हमारी बातों पर उन्हें कभी यक़ीन नहीं हुआ कि इस बड़ी बोतल में उस छोटी बोतल की तुलना में काफ़ी कम एल्कोहल होता है, हमने भी कोई सबूत नहीं दिया।

उन्हें लगता कि मैं अँग्रेज़ी का पत्रकार हूँ तो मेरी अँग्रेज़ी बहुत अच्छी होगी और अपनी अँग्रेज़ी ठीक करने के लिए वह मुझसे टिप्स माँगते रहते। मैं उन्हें बताता कि मैंने हिंदी माध्यम से पढ़ाई की है और मेरी अँग्रेज़ी जो थोड़ी बहुत ठीक-ठाक है वह इसलिए है कि मेरे पिताजी हर गरमी की छुट्टी में अपने ऑफ़िस यानी 'दूर संचार विभाग' से लाए एक नये रजिस्टर में नये सिरे से टेंस पढ़ाते थे। मैंने सिर्फ़ अपने अभ्यास से अपनी कमज़ोरियों को थोड़ा बहुत जीता है और इस लायक़ तो क़तई नहीं हुआ हूँ कि किसी को किसी चीज़ के लिए सलाह दे सकूँ। वो मानते ही नहीं और अड़ जाते कि उन्हें टिप्स दी ही जाए। मैं टिप्स के नाम पर उन्हें शिव खेड़ा या स्वेट मोर्डेन की एकाध किताबी बातें चिपका देता जिसे वो मेरी उपज मानकर स्वीकार करते और जो मैं चाहता था उसका उल्टा होता चला जाता, वह मेरे और मुरीद होते जाते।

इस कमरे में मुझे अच्छा नहीं लगता था क्योंकि एक तो ये एक बंगला था और मैं बंगला संस्कृति में फिट नहीं हो पा रहा था। मैं ऊँचाई वाले कमरे, जो मेरी लाइब्रेरी बन गई थी, की बालकनी से नीचे देखता तो वहाँ पर हरी घास और फूल दिखाई देते। बंगले का केयरटेकर अश्विनी नाम का एक आदमी था जो मेरे कमरे के सेट के नीचे वाले सेट में अपने परिवार के साथ रहता था। उसके परिवार में उसकी एक चार-पाँच साल की बेटी थी जो मानसिक रूप से थोड़ी अस्वस्थ थी और सभी चीज़ों को आश्चर्य भरी अजीब निगाह से देखती थी। उससे छोटा उसका बेटा था जो अभी गोद में था। बंगले के मालिकान मुंबई में रहा करते थे और मुझे हर महीने साढ़े तीन हज़ार रुपये किराये के उनके बैंक अकाउंट में डालने होते थे।

यूएनआई में किसी ज़माने में एक तकनीशियन हुआ करते थे जिनकी मृत्यु के बाद उनका बीस साल का बेटा शोभित उनकी जगह नौकरी पाना चाहता था और गाहे-बगाहे गुहार लगाने यूएनआई लखनऊ और दिल्ली ऑफ़िस जाता रहता था। उसे मेरे पास अश्विनी लेकर आया था और उसके बाद वह अक्सर मेरे पास आने लगा था। शोभित का कहना था कि उसकी माँ उसके छोटे भाई के नाम सारी जायदाद करना चाहती है और उसे पागल क़रार देकर उसके नाम कुछ नहीं छोड़ना चाहती। वह पागल तो नहीं था लेकिन कई मामलों में मुझे मंदबुद्धि ज़रूर लगता था। मैंने उससे पिंड छुड़ाने की ग़रज़ से कहा कि ये

उसका घरेलू मामला है और मैं इसमें कुछ नहीं कर सकता। लेकिन बाद में उसने इतना दबाव बनाया कि मुझे उसकी मदद करनी पड़ी। उसके पास ढेर सारी समस्याएँ थीं। एक बार वह आया और उसने कहा कि उसके पिता के नाम पर कुछ ज़मीन थी जो कुछ रसूख़दार लोग हड़पना चाहते हैं। वह धूमनगंज की तरफ़ रहता था और मैंने उसे धूमनगंज थाने की मदद लेने को कहा। उसने मुझसे वहाँ के एसओ से बात कर उसकी मदद करने को कहा। मैंने उससे एक आवेदन लिखवाया और धूमनगंज के तात्कालिक थानाध्यक्ष से बात कर मामला समझाया, उसने पूरी मदद करने का आश्वासन दिया और कहा कि कल वह लड़का थाने आकर उनसे मिल ले। मैंने शोभित को समझाया कि वह ग्यारह से बारह के बीच थाने जाए और थानाध्यक्ष को आवेदन देकर सारी बातें समझाए और ज़रूरत पड़े तो मुझसे बात भी करा दे। शोभित फिर एक हफ़्ते बाद आया और उसका कहना था उसकी माँ ने उसे उस दिन थाने जाने नहीं दिया और वह ज़मीन हड़पने वाला आदमी फिर से उसे परेशान कर रहा है। मैंने उसे डाँटा और कहा कि थानाध्यक्ष अगर मदद करने को कह भर भी दे तो हमारे राज्य में यह ख़ुशनसीबी की बात होती है और इसका अर्थ समझना चाहिए, वह मदद लेने में कोताही नहीं करनी चाहिए। उसने रुआँसा चेहरा बनाकर कहा कि मैं एक बार और बात करूँ और वह इस बार ज़रूर जाएगा। मैंने फिर से बात की और वह उस दिन भी सुबह कहने के बाद शाम को गया और थानाध्यक्ष को आवेदन दे आया, हालाँकि इसके बाद जब थानाध्यक्ष ने उसे जिस समय बुलाया वह वहाँ गया नहीं। मैं उसका फ़ोन उठाने से बचने लगा था क्योंकि मुझे उसकी माँ की बातों में सच्चाई नज़र आने लगी थी।

एक तो यूएनआई लखनऊ से जिस हिसाब से दबाव बढ़ता जा रहा था मुझे लगने लगा था कि जल्दी ही संजय जी अपनी धमकी को पूरा करेंगे और मेरा ट्रांसफ़र कहीं दूर-दराज़ के एरिया में कर दिया जाएगा और दूसरे मैं अपने प्यार को लेकर भयानक तनाव से गुज़र रहा था। तीसरी बात ये कि जब मैं इस कमरे में आता तो मेरी बेचैनी और बढ़ जाती। मेरे फ़्लैट के बग़ल में रहने वाला परिवार जब से ये फ़्लैट छोड़कर चला गया तब से यहाँ सन्नाटा और बढ़ गया था और न जाने क्यों मुझे यहाँ का अकेलापन बड़ा मनहूस-सा लगता। मैं दिन भर टीवी चलाकर या तो ईटीवी उत्तर प्रदेश देखता रहता या

फिर फ़िल्मी गाने चलने देता, पर मज़ा नहीं आता। उस समय मैं अपने डेल के बड़े लैपटॉप पर इंटरनेट का उपयोग अपने मोबाइल से करता था इसलिए स्पीड बहुत धीमी होती थी और आधे घंटे का काम एक घंटे में होता। मैं जैसे ही ख़ाली होता, राजेश जी के ऑफ़िस की ओर भागता या फिर कीडगंज विवेक से मिलने। मुझे चार कमरों का यह सेट रास नहीं आ रहा था। जब तक मैं कमरे में रहता, मुझे भीतर से बड़ा अजीब-सा अनुभव होता रहता। बचपन से ही मुझे कभी अकेला रहने में कोई दिक़्क़त नहीं आई बल्कि दिल्ली में जब मैं अकेला होता था तो वे दिन मेरी रचनात्मकता के लिए बड़े अच्छे होते, लेकिन यहाँ का अकेलापन बहुत अजीब-सा था। डर की क्या कहें, मैं अपने गाँव में अपनी निडरता के लिए गाँव में रहने वाले बच्चों के लिए ईर्ष्या का बाइस था। मैं हर बार गर्मी की छुट्टियों में गाँव जाता और हम भूतों वाली जगहों को लेकर शर्त लगाते। गाँव में रहने वाले बच्चों को आश्चर्य होता कि मैं मिज़ाज से उनसे ज़्यादा निडर था और आधी रात को भी कहीं भी कभी भी चला जाता जबकि मेरे कई गाँव के दोस्त बुरी तरह डर जाते। तो यह विश्वास से कह सकता हूँ कि भूत-प्रेत सुनने में एक अच्छी और मनोरंजक कहानी से अधिक मेरे लिए कुछ नहीं रहे थे। इस तरह के डर और ऐसे एहसास भी मेरे लिए बहुत अजनबी थे लेकिन इस कमरे में मैं थोड़ा डरा-सा रहने लगा। पता नहीं क्यों जब मैं बैठकर टीवी देख रहा होता तो अचानक मुझे लगता कि मेरे पीछे कोई खड़ा होकर मेरे साथ टीवी देख रहा है। मेरे रोंगटे क्षणांश के लिए खड़े हो जाते और मैं झटके-से पीछे पलटता। वहाँ कोई नहीं होता। इस समय ये सब लिखते हुए भी मेरे रोंगटे फिर से खड़े हो रहे हैं और इस बात को कोई ऐसा इंसान नहीं समझ सकता जिसके साथ ऐसा कुछ अपरिभाषित हुआ न हो, जिसने उसे उलझाया हो। कारण बहुत से होते हैं और गिनाए जाते हैं लेकिन उस वक़्त कोई कारण वहाँ की स्थिति पर खरा नहीं उतरता था। किराये के साथ बिजली का बिल अलग से जमा करना था और इसलिए मैं बाथरूम जाता तो वहाँ से निकलते ही बत्ती बुझा देता। बत्तियाँ ज़रूरत न होने पर बुझा देने की अच्छी आदत मुझे घर से ही थी और मैं इसमें कभी कोताही नहीं करता था। आश्चर्य होता कि मैं बाथरूम से बत्ती बुझाकर तैयार होकर कोई प्रेस कॉन्फ्रेंस या ख़बर कवर करने निकलता और वापस आकर बाथरूम में घुसता तो अक्सर

बत्ती को जलता हुआ पाता। एक बार तो मैंने बाहर से लौटकर टीवी चलाया और मेरे सामने टीवी अपने आप बंद हो गया जबकि रिमोट का मुँह टीवी के उलटी दिशा की ओर था। मैं झल्लाया और मैंने टीवी कंपनियों को गाली दी। मैंने बाथरूम के प्लग भी चेक किए जो एकदम सही थे। ये चीज़ें मुझे इरिटेट करतीं और मैं मानने लगा कि मेरी याद्दाश्त कमज़ोर हो रही है।

विवेक इस कमरे पर बार-बार बुलाने पर भी आना अवाइड करता और कहता कि मैं ही उसकी तरफ़ चला आऊँ। मैं चला जाता लेकिन कई बार मेरे बार-बार बुलाने पर भी वह नहीं आता तो मुझे थोड़ा ग़ुस्सा भी आता। मैंने एक बार कहा कि मैं उसके एक बार बुलाने पर सिविल लाइंस से कीडगंज चला जाता हूँ और वह इतने नखरे करता है, वह सचमुच गणितज्ञ है लेकिन अच्छा होगा वह अपनी गणित मुझपर न चलाए नहीं तो मैं हर चीज़ की काट रखता हूँ। वह मेरी धमकी का मान रखने के लिए कभी-कभी आ जाता। एक दिन उसने मेरी बनाई हुई कड़क चाय पीते हुए कहा कि उसे इस कमरे में आने में अच्छा नहीं लगता क्योंकि उसे यहाँ बड़ा मनहूस लगता है। मैं ख़ामोश हो गया और अपनी चाय पीने लगा तो उसने अपनी बात को जस्टिफ़ाय किया।

"यार हम लोग मोहल्ले में रहने वाले लोग हैं। मेरी नींद सुबह तब खुलती है जब मेरी खिड़की के पास आकर ठेले वाला चिल्लाता है, "आलू, बैंगन, परवल, टमाटर... ।" तो हम लोगों के लिए ये सोफ़िस्टिकेटेड माहौल थोड़ा अजीब-सा लगता है, एकदम शांत, एकदम गंभीर।"

मैं उसकी बात सुनता रहा। मैंने भी उसे बताया कि मुझे यहाँ अच्छा नहीं लगता क्योंकि मैं अकेला बोर हो जाता हूँ। विवेक ने कहा कि एक आदमी अगर चार कमरों में रहेगा तो वह बोर होगा ही। मैंने उसे और कुछ नहीं बताया क्योंकि ये एक तरह से मेरी हार जैसी बात होती। उसे पता था मैं न तो ईश्वर पर विश्वास करता हूँ, न क़िस्मत पर और न ही किसी आसमानी बात पर और यह कुछ ऐसी ही बात को स्वीकार करना होता।

कहानी अगर कहीं नहीं छपी तो इतिहासबोध में छपेगी

जब मैं गुड़िया से मिलने दूसरी बार जा रहा था तो मैंने कटरा से उसके लिए एक लाल साड़ी ख़रीदी। विवेक ऐसे कामों में रुचि नहीं दिखाता था और मैं ज़बरदस्ती नहीं करना चाहता था। संदीप ऐसे कामों में बहुत रुचि दिखाता था। उसका एक प्रेम प्रसंग था जो लंबे समय तक चलकर टूट गया था और उसने उसे आधार बनाकर एक कहानी लिखी थी जिसे वह चाहता था कि मैं कहीं छपवा दूँ। वह अचानक मेरे बहुत क़रीब आ गया था क्योंकि वह प्यार कर चुका था और मैं प्यार में था। वह एक कहानी लिख चुका था और मैं रेगुलर कहानियाँ लिखता था। मैंने उसे विश्वास दिलाया कि मेरी कहानियाँ पत्रिकाओं में छपती हैं इसका मतलब ये नहीं कि मैं जो भी लिख देता हूँ वह छप जाता है। उसने विश्वास नहीं किया और मुझे गालियाँ देने लगा। मैंने उसे तद्‌भव के संपादक अखिलेश और रवीन्द्र कालिया के पत्र दिखाए, जिन्होंने मेरी कहानियों को अलग-अलग कारणों से अस्वीकृत करते हुए छापने से मना कर दिया था। उसका ग़ुस्सा कुछ कम हुआ।

वह नॉनवेज का बड़ा शौक़ीन था और चिकन को लेकर वह वैसा ही भावुक हुआ करता था जैसा एक ज़माने में प्यार में पड़ने पर हुआ होगा। पढ़ने में यह बात अजीब लग सकती है लेकिन यह सोलह आने सच बात थी। उसका एक भतीजा था जिसे वह बहुत मानता था। उसका भतीजा उससे ज़्यादा उसे मानता था और मेरे कमरे पर या कहीं बाहर देर होने पर वह अचानक ऐसे जाने के लिए उठ खड़ा होता जैसे नये शादीशुदा लोग अपनी बीवी का फ़ोन या एसएमएस आने पर उठ खड़े होते हैं।

"क्या हुआ अचानक?" कोई पूछता।

"अरे चलें यार, सुंदरम डंडा कर रहा है।" वह कहता।

"अरे तो बोल दो न फ़ोन करके कि देर लगेगी।"

"नहीं यार, चलते हैं नहीं तो वह ग़ुस्साने लगेगा।" संदीप सफ़ाई देता। हम उसकी इस बात को पिंड छुड़ाकर भागने का बहाना मानते। लेकिन हमारा यह भ्रम दूर हो गया जब हम उसके भतीजे सुंदरम से मिले। वह एक बहुत प्यारा, बचपन से किशोरावस्था की दहलीज़ पर खड़ा बालक था जो अपने चाचा से इतना प्यार करता था कि उन्हें कहीं अकेले जाने देने में उसे बहुत घबराहट होती थी। शाम होते ही वह चाचा को खोजने लगता था और उनका फ़ोन घुमा देता था। एक दिलचस्प बात यह थी कि सुंदरम चिकन और अंडे खाने का बहुत शौक़ीन था और अक्सर चाचा को कहता था कि वे आते हुए उसके लिए ऑमलेट लेते आएँ। वह बीच-बीच में चाचा से चिकन खिलाने के लिए मनुहार करता और उम्मीद करता कि जैसे चाचा पहले उसके कहने पर उसके लिए बनवा देते थे, वैसे ही लाकर बनवा देंगे, लेकिन चाचा ने चिकन के बढ़ते ख़र्चे के मद्देनज़र भतीजे से यह कह दिया था कि उन्होंने चिकन खाना छोड़ दिया है। अब हालत यह थी कि चाचा तो घर में चिकन-मटन नहीं ले जाते थे लेकिन घर का कोई और सदस्य भी इनमें से कुछ ले आए तो संदीप के लिए घर के शाकाहारी सदस्यों के साथ लौकी या नेनुआ की सब्ज़ी बनाई जाती थी। जब वह धीरे-धीरे लौकी की सब्ज़ी से रोटी खा रहा होता, घर का कोई सदस्य कह बैठता, "ले लो एक पीस, टेस्ट तो कर लो, काहे छोड़ दिए?"

संदीप मुस्कराकर कहता, "अरे नहीं, ठीक है। आप लोग खाइए।"

कोई कहता, "अरे बहुत अच्छा बना है, चखो तो।"

वह मजबूरन कहता, "अरे हम छोड़ दिए तो छोड़ दिए, लौकी भी अच्छी बनी है।"

उसके साथ ऐसे दुखद पल अक्सर आते। एक बार उसने हमें अपने पारिवारिक टेलर ख़ान के घर शादी का न्योता दिया। उसका अंदाज़ा था कि शादी अटेंड करने अपने घर से सिर्फ़ उसे ही भेजा जाएगा लेकिन ऐसा नहीं हुआ। उसके साथ सुंदरम और उसके पिताजी यानी संदीप के बड़े भाई साहब

(जिनका लंबी बीमारी से देहांत हो चुका है, उन्हें श्रद्धांजलि) भी आए। मैं विवेक को अपनी बाइक से लेकर पहुँचा। हम आमने-सामने ही बैठे। पार्टी करेली में थी और विवेक का कहना था कि करेली में मुसलमानों के यहाँ की पार्टियों की अलग ही रौनक़ होती है और उनका भोजन भी अलग होता है। मैं और विवेक अगल-बगल बैठे थे और हमारे सामने संदीप सुंदरम के साथ बैठा था। भाई साहब मित्रों से बात करने में व्यस्त थे। हम तीनों के खाने के लिए चिकन परोस दिए गए और संदीप के लिए शाही टुकड़ा लाया गया। शाही टुकड़ा थोड़ा हमने भी चखा जो बिलकुल फीका लगा और हम लोग फिर से चिकन पर जुट गए। हमारे सामने बैठा संदीप शाही टुकड़ा खाता रहा और हम चिकन। बीच-बीच में सुंदरम कह उठता, ''चाचा, चिकन बहुत स्वादिष्ट है।'' हमने भी मुस्कराते हुए कहा, ''वाक़ई बहुत टेस्टी है, चखोगे?'' संदीप के चेहरे पर अनगिनत भावों का कोलाज था और उसने दुखी आवाज़ में कहा, ''सही कह रहे हो।''

हम कमरे पर चिकन बनाते तो संदीप को बुला लेते और उसकी इस कमज़ोरी का आनंद विवेक ने एकाधिक बार उठाया। उसने संदीप, जो कि अपने बयान अनुसार कहीं दूर ट्रैफ़िक जाम में फँसा हुआ था, से कहा कि कमरे पर चिकन बनाया जा रहा है और वह जल्दी से आ जाए। जब संदीप रात दस बजे भागा हुआ कमरे पर आया तो विवेक ने कहा कि उसका बहुत इंतज़ार किया गया और उसके न आने पर हमने खाकर ख़त्म कर दिया। वह गालियाँ देता। हम ले लेते क्योंकि हमारा उद्देश्य भी वही रहता।

'मुख़ातिब' अपनी साहित्यिक उपलब्धियों का सफ़र तय कर रहा था। पूरे इलाहाबाद में गोष्ठियों की धूम थी और हमें इसके बारे में अलग-अलग ख़बरें सुनाई पड़तीं, जैसे- उर्दू वाले नाराज़ हैं कि हिंदी वाले 'मुख़ातिब' नाम से गोष्ठी कर रहे हैं और उन्हें बुलाया नहीं जा रहा, जैसे-वहाँ रचनाओं पर बड़ी बदतमीज़ी से बात की जाती है और बड़े-छोटे का लिहाज़ नहीं किया जाता, जैसे- एकाध लोग हैं जो बोलना शुरू करते हैं तो बोलते ही जाते हैं या फिर जैसे-वरिष्ठता और कनिष्ठता का कोई लिहाज़ नहीं रखा जाता और किसी सीनियर कवि के पहले किसी नये लड़के को बोलने के लिए आमंत्रित कर दिया जाता है। इन सब के बीच इस गोष्ठी में इतिहासकार और इतिहासबोध

पत्रिका के संपादक लाल बहादुर वर्मा ने अपनी पहली कहानी का पाठ किया। 'बाहरवाले' नाम से उन्होंने कहानी लिखी थी जिसके पाठ के बाद उस पर व्यापक चर्चा हुई और वर्मा जी उस चर्चा से अपने निराले अंदाज़ में बहुत ख़ुश थे। उस कहानी की अच्छी ख़ासी धज्जियाँ उड़ाई गईं और कहने वालों ने यहाँ तक कहा कि ज़रूरी नहीं कि एक क्षेत्र में अच्छा ज्ञान रखने वाला, अच्छा काम करने वाला कहानी भी अच्छी लिखे। वर्मा जी ने ऊँची आवाज़ में सारी बहस का अंत यह करते हुए किया कि यह उनकी पहली कहानी है, यह अच्छी है, बुरी है, जैसी भी है, वैसी ही रहेगी और छपेगी भी। अगर कहीं नहीं छपी तो वह इसे इतिहासबोध में छापेंगे। चर्चा इस धमकी के बाद बंद हुई। सीमा 'आज़ाद' ने अपनी पहली कहानी 'कारवाँ चलता रहेगा' का पाठ किया तो रंगमंच के प्रसिद्ध निर्देशक अनिल रंजन भौमिक की संस्था के कार्यक्रम के बाद उनके नाटकों पर लिखी रिपोर्ट पर विस्तृत चर्चा हुई। सीमा की कहानी पर सबसे बड़ी आपत्ति लोगों को यह थी कि यह एक लेखिका से ज़्यादा एक एक्टिविस्ट की कहानी लग रही है और काफ़ी लाउड लगती है। उनकी कहानी के शीर्षक को लेकर भी कहा गया कि इससे पहले ही पता चल जाता है कि अंत में क्या होगा। 'मुख़ातिब' में शिरकत करने वाले लोगों की संख्या पाँच से तीस हो चुकी थी और चर्चाएँ इतनी विचारोत्तेजक हो जाया करतीं कि कम-से-कम पाँच-छह ऐसे अवसर आ चुके थे जब दो वरिष्ठ रचनाकारों के बीच में किसी रचना पर प्रतिक्रिया देते हुए लगभग मारपीट की नौबत आ चुकी थी। मामला फ़िट था और 'मुख़ातिब' हिट था।

मैंने रिलायंस में अनलिमिटेड-फ्री वाला वाउचर डलवा लिया था और हमेशा गुड़िया से जुड़ा रहता था। वह मेरे सुबह उठने पर मेरे नाश्ते से लेकर रात तक मेरा ख़याल रखती और मैं उसकी एक छींक पर चिंतित हो जाता। वह मेरी कविताएँ सुनती और अपनी सुनाती। उसकी कविताएँ सुनते हुए मुझे लगता कि मुझे कविता लिखनी छोड़ देनी चाहिए। मैं उसे कविताएँ पत्रिकाओं में भेजने के लिए कहता तो वह मना कर देती। वह ईश्वर में बहुत विश्वास करती थी और नास्तिकता के मेरे सारे तर्क उसके प्यारे तर्कों के आगे घुटने टेक देते। वह ईश्वर से भी प्यार करती थी और उसकी श्रद्धा देखकर ज़िंदगी के साथ-साथ हर चीज़ में श्रद्धा जाग उठती। उसके भीतर इतना प्यार भरा था कि

वह पूरी दुनिया को प्यार से भर देना चाहती थी। वह घोंसले से गिरे चिड़िया के बच्चे के लिए घंटों रो सकती थी और मैं भी उस जैसा होता ही जा रहा था। दुनिया अचानक बहुत ख़ूबसूरत लगती जा रही थी और लगता जैसे ये वक़्त हमेशा इसी रफ़्तार से चलेगा। हमेशा हम इसी ज़मीन पर इतने ही दबाव के साथ खड़े रहेंगे। उस समय यह सोचना भी मुश्किल था कि धीरे-धीरे ज़मीन से हमारी पकड़, ज़मीन पर हमारा दबाव और धरती पर हमारा वज़न कम होता जाएगा। मैं उससे बहुत नाराज़ था, मैं दुनिया में उसे ही सबसे ज़्यादा प्यार करता था। मैं उससे इतना प्यार करता था कि कभी-कभी उसे मार डालने की इच्छा जागती और मैं उसे बता देता। मैं उससे ख़ूब झगड़ा करता, "तुम मुझसे शादी करने के लिए कैसे मना कर सकती हो, जानती हो, पूरी दुनिया में तुम्हें मुझसे ज़्यादा प्यार कोई नहीं कर सकता।" वह कहती, "शायद मेरी क़िस्मत इतनी अच्छी नहीं।" ऐसी बातें मुझे हिंसक बना देतीं और मैं उसे झिड़कता, कोसता और बातचीत बंद कर देता। सुबह से शाम होते-होते मेरे हाथ उसका नंबर डायल करने लगते या वो ही एक छोटी-सी मिस्ड काल डे देती। "कैसी हो?" "अच्छे हैं।" "हम दिन भर फ़ोन नहीं करेंगे तो तुम भी फ़ोन नहीं करोगी?" "आप सच में हमसे बिना बात किए रह सकते हैं न?" से बात शुरू होती जो जल्दी ही रोने में बदल जाती। हम आँसुओं में धुलकर फिर पाक हो जाते।

मेरी ज़िंदगी में उस वक़्त मेरे प्यार के बाद नाम मात्र की चीज़ें थीं जिन्हें मैं पसंद करता था, मेरे दोस्त, 'मुख़ातिब' और इलाहाबाद जो हर दिन मुझे और अधिक अपना-सा लगता जा रहा था।

मुझे अंदाज़ा भी नहीं था कि किसी भी पल एक काग़ज़ के टुकड़े से डरकर मुझे अपना प्यारा शहर इलाहाबाद छोड़ना पड़ सकता है।

फुटेज लै लो, बाइट न देबै हम

इलाहाबाद सरप्राइज़ेज़ के मामले में मेरे लिए बड़ा धनी साबित हुआ। इसकी शुरुआत तो वहाँ पहुँचते ही हो चुकी थी जब मैं वहाँ के प्रेस क्लब में पहुँचा था। इलाहाबाद न्यूज़ रिपोर्टर्स क्लब (एएनआरसी) नाम की एक स्वनामधन्य संस्था वहाँ मीडिया की स्वघोषित माई-बाप थी और शहर के ज़्यादातर मठाधीश वहाँ दिल्ली के प्रेस क्लब से भी अधिक ठसक के साथ बैठा करते थे। कई पत्रकारों का करेस्पोंडेंस एड्रेस वही था जो अक्सर वहाँ बैठे ज़ी सिनेमा पर कोई मारधाड़ वाली फ़िल्म देखा करते थे और किसी अभिनेता को न पहचान पाने की स्थिति में पास बैठे दरबारी पत्रकार से पूछते, ''ई कौन है में?''

कोई युवा पत्रकार उस उम्र से वरिष्ठ पत्रकार को उत्साह में भरकर बताता, ''सर ई साहिद कपूर है। और ई हिरोइन करीना कपूर, पिच्चर का नाम फिदा... ।''

''अमें हिरोनिया को तो पहिचानी रहे हैं, लौंडवा नै आवत रहा पहिचान में।'' फिर वे अपने आसपास किसी से पूछते, ''कुछ है अभी?''

अगले पत्रकार का जवाब आता, ''हाँ 3 बजे एक ठो प्रेस कॉन्फ्रेंस है यहीं पे। कहीं जाना है क्या आपको?''

''हाँ, जाना तो था लेकिन अब का जाएँ दो घंटे के लिए। एक बजी रहा है, कर लेते हैं ये वाली प्रेस कॉन्फ्रेंस।'' फिर वे लोग बातों में मशग़ूल हो जाते। शहर में किसी भी संस्था या पार्टी को प्रेस कॉन्फ्रेंस कराने के लिए आश्चर्यजनक ढंग से इस संस्था की स्वीकृति अनिवार्य होती थी और यहाँ कोई प्रेस कॉन्फ्रेंस आयोजित किए जाने की एक नियत फ़ीस थी जो हर जगह

होती ही है, लेकिन मज़ेदार बात यह थी कि यहाँ की स्वीकृति के बिना कहीं भी हो रही प्रेस कॉन्फ्रेंस या प्रेस संबंधी किसी भी गतिविधि को इस तरह से इल्लीगल बताया जाता था मानो सारे लीगल कम करने का ठेका इसी संस्था के पास हो। इसके पदाधिकारी पता नहीं पिछले कितने सालों से नहीं बदले थे और पता नहीं अगले कितने सालों तक नहीं बदलने वाले थे। मेरे साथ तो संस्था के सचिव और अध्यक्ष का व्यवहार अच्छा ही रहा था जिसके पीछे का स्पष्ट कारण मेरा यूएनआई जैसी संस्था से होना था और जियालाल जी ने ख़ुद जाकर उन महानुभावों से परिचय कराया था, लेकिन पत्रकारिता के अन्य नये रंगरूटों के साथ उनका व्यवहार ख़राब होता। अध्यक्ष जी तो फिर भी थोड़े धीर-गंभीर आदमी थे लेकिन सचिव महोदय नये पत्रकारों और नये अख़बारों को बहुत हेय दृष्टि से देखते और किसी नये बैनर को प्रेस क्लब कही जाने वाली उस संस्था की सदस्यता देने में बहुत नखरे दिखाते। शुरू में मुझे मामला समझ में नहीं आया कि आख़िर ख़ुद को पत्रकार कहलवाए जाने के लिए इस संस्था की क्या ज़रूरत है और कोई प्रेस कॉन्फ्रेंस कराए जाने से पहले इस संस्था की इजाज़त इस तरह क्यों ली जाए, जैसे किसी शहर में मेला लगाने से पहले जिलाधिकारी की अनुमति ली जाती है। बाद में मैंने समझ लिया कि इस संस्था की ताक़त हिंदी के अधिकतर और अँग्रेज़ी के ज़्यादातर अख़बारों के वो पत्रकार थे जिन्होंने इस स्थिति को सहर्ष स्वीकार कर लिया था और इससे उन्हें कोई समस्या नहीं थी। इसका सामाजिक बहिष्कार कर रहे पत्रकार भी कहीं-न-कहीं इसका मुखर विरोध न करने के गुनाहगार थे और इसका दबदबा चल रहा था।

दुर्गेश ने अपनी संस्था को वहाँ रजिस्टर करवाने की बहुतेरी कोशिशें कीं लेकिन कई बार डायरी उपहार में देने और आवेदन लिखने के बाद भी उसकी समाचार एजेंसी को वहाँ पंजीकृत नहीं किया गया। ज़ाहिर है, शहर में हो रही प्रेस कॉन्फ्रेंस की जानकारी के लिए वहाँ सदस्यता की मजबूरी थी जिसके लिए दुर्गेश परेशान था। आख़िर दुर्गेश की यह भागदौड़ तब रंग लाई जब वह वहाँ से चला गया। उसके बाद नीरेन जी ने भी एकाध डायरियाँ प्रेस क्लब को भेंट कीं और आख़िर राजेश जी के आने-आने तक यह समाचार एजेंसी वहाँ रजिस्टर हो गई थी। हालाँकि मुझे हल्का-हल्का याद आता है कि शुरू-शुरू में राजेश

जी मुझसे ही पूछा करते थे कि आज कुछ है क्या शहर में ख़ास। दुर्गेश ने अपने शासनकाल में सिविल लाइंस बस अड्डे के पास के नीम के पेड़ पर अपनी एजेंसी का एक बॉक्स बनवाकर भी ठोका था जिसमें वह शाम को आकर ताला खोलकर प्रेस कॉन्फ्रेंस की सूचनाएँ खोजा करता। वहाँ डीएनए, अमर उजाला और अन्य कई अख़बारों के बक्से टाँगे गए थे जिसमें हाथ डालने पर अक्सर ख़बर का भ्रम पैदा करती कोई अर्ज़ी या नोट निकलता लेकिन दुर्गेश के बक्से से कभी कुछ उल्लेखनीय नहीं निकला।

एक सरप्राइज़ तो मुझे शुरू-शुरू में लोकनाथ में मिला। लोकनाथ की शाम के बारे में मैं कविताओं में सुन चुका था और वहाँ की लस्सी एक बार पीने के बाद मैं वहाँ की बदनाम कही जाने वाली गलियों में एक कैमरे वाले पत्रकार मित्र के साथ गुज़रा। अलग-अलग उम्र की लड़कियाँ खिड़कियों और दरवाज़ों से झाँक रही थीं। कैमरे वाला दोस्त मीरगंज की गलियों पर एक स्टोरी कर रहा था। उसने मुझे थोड़ी देर के लिए कैमरा दिया और ख़ुद गुटका खाने चला गया। मैं गुटका नहीं खाता था और उसे यह जानकर ख़ुशी हुई कि एक ऐसी भी चीज़ है जो मैं नहीं खाता। मेरे हाथ में कैमरा था और मैंने उसका काम कुछ हल्का कर देने की सोची। मैंने अपने एंगल से कुछ अच्छे शॉट्स लिए और थोड़ी दूरी पर के अधखुले दरवाज़े से झाँक रही एक लड़की को देखकर उसे पास आने का इशारा किया। वह बार-बार दरवाज़ा खोलकर मुझे देखती फिर भीतर भाग जाती। मैंने चिल्लाकर कहा कि मुझे उससे कैमरे के सामने कुछ बात करनी है।

"काहें लिए?" उसने पूछा।

"तुम्हार जवन समस्या है तवन बताओ हमका कैमरा में, ई टीवी पर आईगा तो तुम्हार सब दिक्कत सही होई जाई।" मैंने उसे कैमरे पर कुछ बोलने के लिए प्रेरित किया। वह फिर से भीतर चली गई और झाँकने लगी। मैंने फिर उसे बाहर बुलाया तो वह धीरे-से बाहर आती हुई बोली, "फुटेज लै लो, बाइट न देबै हम।"

मैं हैरान रह गया और उसकी फुटेज लेना भूल गया। उसे ज़रूर टीसीआर लॉक करना और व्हाइट बैलेंस भी पता होगा।

मेरा तीसरा सरप्राईज यह कमरा था। एक रात मैं सोया हुआ था कि

दरवाज़े पर खटखट हुई। एकदम ऐसी खटखट जैसी कोई इंसान किसी के घर जाकर करता है। मैंने पहले इग्नोर किया लेकिन जब रुक-रुककर तीन-चार बार खटखट हुई तो मुझे उठना पड़ा। मैंने सहमे क़दमों से जाकर दरवाज़ा खोला। बाहर सिर्फ़ हवा थी और एक काला सन्नाटा जो मुझे डरा रहा था। मैंने दरवाज़े के दोनों तरफ़ देखा और हवा की उपस्थिति से सिहरकर तुरंत दरवाज़ा बंद कर लिया।

उस रात दरवाज़ा फिर नहीं बजा। सुबह मैंने जब विवेक को ये बात बताई तो वह ज़्यादा गंभीर नहीं हुआ। मैं ये बात सिर्फ़ उसी से कह सकता था क्योंकि और कोई इस बकवास को गंभीरता से नहीं सुनता और अधिकतर तो इसे मेरा मज़ाक़ मान लेते।

"तुम तो साले मार्क्सवादी हो, न भगवान मानते हो न शैतान, तब का दिक्कत है? फटने लगी... ?" मुझे उसकी बात सुनकर ग़ुस्सा आ गया।

"साले मैं मार्क्सवादी हूँ और भूतों में विश्वास नहीं करता, ये बात मुझे पता है, तुमको पता है, कोई भूत होगा तो उसको क्या मालूम, वो तो रगड़ देगा मुझे... ।" मैंने चिल्लाकर कहा तो विवेक थोड़ा गंभीर हुआ। उसके समझाने का एंगल तब भी यही रहा कि मैं यूएनआई से बढ़ते जा रहे दबावों और अपने प्रेम के तनावों तले इतना दबा हुआ हूँ कि चीज़ें मुझ पर हावी हो रही हैं। मुझे भी उसकी बात सही लगी।

मैं हर रात गुड़िया के सोने से पहले रात के दो या तीन बजे तक उससे बात करता रहता था। मैंने उसे सारी बातें बताईं तो उसने मुझे कुछ राहत पहुँचाने वाली बातें कीं। वह ईश्वर में घनघोर श्रद्धा रखती थी और उसने इस बात को तुरंत स्वीकार कर लिया। मैंने बाक़ी असहज करने वाली बातें भी उसे बताईं और उसने मुझे दिलासा तो दिया लेकिन उसके जो समाधान थे वे कन्विन्सिंग नहीं थे। मैं इस समस्या से बचने के लिए पूजापाठ करने के पक्ष में नहीं था।

उन्हीं दिनों एक बार शेषनाथ आरा से दो-तीन दिनों के लिए इलाहाबाद आया। उसकी आरा में डीएवी कॉलेज में नौकरी लग गई थी और हम इस बात पर उसे रोज़-रोज़ फ़ोन करके पार्टी देने के लिए इतना हलकान कर चुके थे कि वह आख़िर हमारे कमरे पर हमें पार्टी देने दौड़ा चला आया। मैंने मौक़ा भाँपकर मुरलीधर जी, हिमांशु जी और राजेश जी को भी आमंत्रित कर

दिया। हमारे लिए चिकन बनने वाला था, जो उस दिन मुरलीधर जी बनाने वाले थे, जबकि अपने और राजेश जी के लिए शेषनाथ पनीर बना रहा था। भोजन बनने के दौरान दुनिया भर की बातें होती रहीं जिनमें 'मुख़ातिब' के एक महत्वाकांक्षी कार्यक्रम पर चर्चा ख़ास थी जो 1857 के डेढ़ सौ साल होने के बाद 'मुख़ातिब' करवाने वाला था। हिमांशु जी ने एक पैग के बाद हाथ खड़े कर लिए और ज़बरदस्ती करने पर तरह-तरह की दुहाईयाँ देने लगे। मेरी ज़िंदगी में मेरी कोई अच्छी उपलब्धि तो अब तक याद नहीं आती लेकिन कुछ अन्यान्य उपलब्धियाँ ज़रूर हैं जिनके लिए मुझे कोई दुआएँ नहीं देने वाला। मैंने हिमांशु जी जैसे उम्रदराज़ दोस्तों से लेकर बोधिसत्व विवेक और बहुत से दोस्तों को पहली बार शराब पिलाई है और अर्बेन्द्र और विवेक जैसे कई दोस्तों को वेजिटेरियन से नॉन-वेजिटेरियन बनाया है।

साल भर से अधिक समय तक सफलतापूर्वक चलने के बाद 'मुख़ातिब' की योजना थी कि दो या तीन दिन का एक कार्यक्रम करवाया जाए, जिसमें 1857 पर बोलने के लिए प्रियंवद और कुछ अन्य वक्ताओं को बुलाया जाए। माहौल बहुत नशीला था और इस नशे की ख़ुशी में मुरलीधर जी ने चिकन में दो बार नमक डाल दिया। मुरलीधर जी को अपनी दो बार नमक डालने वाली हरकत से अपराधबोध न हो शायद इसीलिए शेषनाथ ने भी पनीर में दो बार नमक डाल दिया।

चिकन और पनीर को खाने में शाकाहारी और मांसाहारी दोनों प्रकार के व्यक्तियों को बराबर मेहनत करनी पड़ी और ऐसा होने का फ़ायदा यह हुआ कि अधिक नमक पड़ने के कारण कोई पार्टी एक दूसरे का मज़ाक़ नहीं उड़ा सकती थी क्योंकि दोनों एक ही नाव में सवार थे। विवेक चिकन पीस को लगभग धो-धोकर खा रहा था और मैं भी अपने रचनात्मक तरीक़ों से नमक का असर कम करने की कोशिश में था। मुरलीधर जी शर्मिंदा होने की कोशिश कर रहे थे और अपनी ट्रेडमार्क हँसी 'हा हा हा' के साथ इस ग़लती का इलज़ाम दूसरे के सर मढ़ने पर अमादा थे।

''हा हा हा, मैंने विवेक जी से पूछा कि उन्होंने नमक डाला है कि नहीं, उन्होंने कहा नहीं तो मैंने डाल दिया... ।''

शेषनाथ ने भी लगे हाथ सफ़ाई देकर अलग हो जाना ठीक समझा।

"मैंने राजेश जी को कहा कि आप नमक डाल दीजिए हिसाब से तो उन्होंने कहा कि आप ही डालिए लेकिन फिर पता नहीं कब उन्होंने डाल दिया... ।"

मैंने मौक़ा देखकर मुरलीधर जी और हिमांशु जी को भी कमरे के बारे में वह बातें बताईं जो शेषनाथ, विवेक और राजेश जी को पहले ही बता चुका था। मुरलीधर जी ने मुझे बताया कि दिमाग़ पर ज़ोर पड़ने से कई बार मानसिक स्थिति ठीक न होने की दशा में ऐसी आशंकाएँ हो जाती हैं, इन्हें दिल से नहीं लगाना चाहिए। मुझे अचानक लगा कि सब मिलकर मुझे पागल क़रार देना चाहते हैं। धार्मिक दोस्तों के पास इस घटना की परिभाषा देने के लिए कई तर्क थे और मेरी बात भी ध्यान से सुनते थे लेकिन उनके समाधान मेरे भीतर घबराहट भर देते। मैं इससे बचने के लिए कोई भी टोटका अपनाने के पक्ष में नहीं था और जिन बातों के पक्ष में मैं होता, उस पक्ष वाले लोग इन बातों को स्वीकार कर अपनी विचारधारा पर कोई संकट नहीं आने देना चाहते थे। मैं इन डिस्टर्ब करने वाली घटनाओं के बीच अपनी विचारधारा को समझने की कोशिश कर रहा था।

ख़ैर, उस रात की पार्टी शानदार रही और 'मुख़ातिब' की महत्वाकांक्षी दो दिवसीय गोष्ठी की भी काफ़ी चीज़ें फ़ाइनल की गईं। सब लोग अपने ठिकाने की ओर लौट गए, शेषनाथ और विवेक मेरे कमरे पर ही रुक गए। मैं और शेषनाथ नीचे चटाई पर सोए और विवेक हमारे बग़ल में रखी चौकी पर सोया। रात को मुझे दरवाज़ा खटखटाने की आवाज़ आई और मैं उसे अपना भ्रम मान कर सो गया। मैं तो सो गया लेकिन रात के क़रीब 2 बजे विवेक ने ऊपर से नीचे हाथ करके मुझे धीरे से जगाया, "अबे कोई दरवाज़ा खटखटा रहा है।" मैंने कहा, "सो जाओ, तुम्हारे दिमाग़ में कोई टेंशन होगी इसलिए ऐसा सुनाई दे रहा है।" मुझे बदला लेने का अच्छा मौक़ा दिखा और मैं बदला लेकर सो गया। मुझे सोए आधे घंटे से ऊपर हुआ होगा कि मेरी बग़ल में सोया शेषनाथ अचानक चीख़कर उठा और अपना गला पकड़कर चिल्लाने लगा, "बचाओ, बचाओ... ।" वह अस्फुट स्वर में और भी बहुत कुछ बोल रहा था जो हमें समझ नहीं आया। मैं और विवेक दोनों जाग गए थे। हमारा नशा उतर चुका था और शेषनाथ नशा नहीं करता था। हमने शेषनाथ को हिलाया और उसे एकाध

झापड़ लगाकर सामान्य किया। उसने बताया कि कोई उसका गला दबा रहा था और आँख खुलने के बाद भी उसे अपनी साँस घुटती हुई सी महसूस हो रही थी। मैंने विवेक को एक नज़र देखा और विवेक ने एक नज़र मुझे। शेषनाथ पहले भी एकाध बार सपने में बउआ चुका था और विवेक ने उसे उसके पुराने रिकॉर्ड से जोड़ दिया। शेषनाथ की बात गंभीरता से नहीं ली गई और हम फिर से शांतिपूर्वक सो गए।

अगले दिन शेषनाथ दिन भर इलाहाबाद घूमता रहा और शाम को आरा के लिए निकलने वाला था तो हमने उसे एक और दिन के लिए रोक लिया। विवेक दिन भर मेरे ही कमरे पर रहा। रात को हमने पिछले दिन के मसाले और नमक वाले खाने से ऊबे होने के कारण हल्के खाने का विकल्प चुना और किचन में जो सिर्फ़ एक खाद्य पदार्थ मुझे अच्छा बनाना आता है, मैंने बनाया। तहरी खाने के बाद दोनों ने थोड़ी देर मेरी समस्या पर बात की और इस बहाने भूत-प्रेतों के अपने सुने-सुनाए अनुभव बाँटते रहे। मैंने अनुभव किया है कि अगर भूत-प्रेत का प्रसंग निकल आए तो सबके पास एक से एक कहानियाँ होती हैं और वक़्त के गुज़र जाने का पता ही नहीं चलता। प्रेम प्रसंगों के प्रसंगों से इन प्रसंगों में अधिक रोमांच और अनिश्चितता होती है जिसके कारण शेषनाथ जैसे लोग, जिनका अब तक कोई प्रेम-प्रसंग नहीं रहा था और प्रेम पर चर्चा में ये सिर्फ़ अपनी राय बता पाते थे अनुभव नहीं, भी सक्रिय रूप से भाग ले सकते थे।

इस रात भी हम पिछली रात की तरह सोए। मैं चटाई पर शेषनाथ के साथ सोया और विवेक ने कल की तरह मेरी चौकी हड़प ली। रात को अचानक विवेक ने मुझे झकझोर कर जगाया और पूछा, "तुम अभी बाथरूम गए थे क्या?" मैंने नींद में ही जवाब दिया, "नहीं, तुम जानते हो मैं सो जाता हूँ तो सीधा सुबह ही उठता हूँ। रात में पेशाब करने नहीं उठता।" उसने यही प्रक्रिया शेषनाथ पर भी दोहराई।

अगली सुबह विवेक जिस हालात में मुझे दिखा, मैं इतना ही समझ सका कि विवेक को अगर पक्षियों से प्यार होता और उसने कुछ तोते पाले होते तो उस सुबह वे सारे के सारे उड़ गए होते। उसने रात की घटना बताई जिसने मेरी मानसिक तकलीफ़ और बढ़ा दी।

विवेक ने बताया कि उसे रात दो बजे के आसपास पेशाब लगी और वह चौकी से उतरकर बाथरूम में जाने ही वाला था कि उसने देखा कि नीचे चटाई से उठकर कोई छाया बाथरूम की तरफ़ गई। उसे क़द काठी से लगा कि मैं गया हूँ। बाथरूम में पानी गिरने की आवाज़ थोड़ी देर आई फिर बंद हो गई। विवेक चौकी पर लेटा-लेटा इंतज़ार करता रहा कि पानी गिराने वाला वापस लौटे तो वह बाथरूम जाए। जब काफ़ी देर तक कोई हलचल नहीं हुई तो उसने झुककर नीचे देखा और हम दोनों को बेसुध सोते देखकर उसकी हालत ख़राब हो गई। उसने हमें तुरंत जगाया और इस बात की तस्दीक़ की। उसे कोई मानसिक तनाव नहीं था और न ही वह इन बातों के बारे में कभी सोचता या बात करता था, लेकिन एक घटना हुई थी जिसे या तो भ्रम कहकर टाला जा सकता था, भले इसके पहले ऐसे भ्रम पूरी ज़िंदगी में कभी नहीं हुए हों या फिर इसमें विश्वास करके वहाँ से भाग जाना था। विवेक ने दूसरा विकल्प चुना।

"बाबा तुम्हार रूम है भुतहा, अभी तक हम मजाक समझत रहे लेकिन अब हमार गई है फट। हम चलित है कीडगंज। तुमका मिले के होए तो आए जाओ शाम को और जल्दी-से-जल्दी इ रूम के छोड़े के विचार करो।"

विवेक का पहले से ही कहना था कि जब से मैं इस कमरे में शिफ़्ट हुआ हूँ, मेरी ज़िंदगी में चीज़ें बिगड़ने लगी हैं। मेरा प्यार सही चलते-चलते अचानक क्राईसिस में आ गया, मेरी नौकरी पे अचानक ख़तरा मंडराने लगा और यहाँ मैं कुछ भी न लिख पा रहा हूँ न पढ़ पा रहा हूँ। और तो और मैं निराशा में रहने लगा हूँ। मेरे जैसा आशावादी इंसान निराशा में रहने लगे तो ये वाक़ई ख़तरनाक बात है और इसमें मेरे कमरे का भी कोई रोल ज़रूर है। विवेक की ये बातें मुझे ज़रा भी कन्विंस नहीं करती थीं लेकिन कुछ तो था कि मैं भी अब ऐसा ही सोचने लगा था।

कह देयो लड़का पत्रकार है

पूरी दुनिया का भ्रमण एक बहुत ख़र्चीली महत्वाकांक्षा हो सकती है लेकिन इलाहाबाद में हर साल एक ऐसा भी मौक़ा आता था जब पूरी दुनिया सिमटकर एक जगह आ जाती थी। पहली बार माघ मेले में जाने पर बचपन से देखी जाने कितनी ही फ़िल्में याद आ गईं जिनमें कुंभ के मेले में दो भाई बिछड़ जाने के बाद जवानी में दुश्मन होकर मिलते थे। माघ मेला या फिर कुंभ मेला सबके कमाने के लिए एक सुनहरा मौक़ा हुआ करता था। इस दौरान इतनी पत्रिकाएँ, अख़बार और वेबसाईटें शुरू होती थीं जिन्हें देखते ही उनकी इच्छा का पता चल जाता था कि ये बाबाओं और पैसे वालों को रिलिजनल ब्लैकमेल करने के लिए शुरू की गई हैं। जो समाँ मैंने 2007 के विधान सभा चुनावों के दौरान देखा था, लगभग कमोबेश वही हर माघ मेले में दोहराया जाता था। शहर के पता नहीं किन-किन कोनों से इतने धार्मिक लोग निकल आते कि लगने लगता कि धर्म की ये अफ़ीम कहीं कम न पड़ जाए। अर्बेन्द्र की माताजी हर साल वहाँ कल्पवास करती थीं और जब मैंने अर्बेन्द्र के साथ तंबुओं से बसे उस शहर में क़दम रखा तो लगा मैं किसी दूसरी दुनिया में आ गया हूँ। कितने ही सेक्टरों में बँटा मेला क्षेत्र एक ऐसी दुनिया था कि मेरे जैसा दिशाभ्रम वाला आदमी तो अक्सर खो जाया करता था। अर्बेन्द्र की हीरो पुक पर पीछे बैठकर जब मैं पहली बार वहाँ चकर्ड प्लेटों से गुजरता हुआ माताजी के टेंट में पहुँचा तो उनके हाथ की सब्ज़ी रोटी खाई और वहीं सो गया। मेले में इतने तरह के बाबा मिला करते थे कि उन सब पर स्टोरी करना आसान नहीं था और दूसरी बात यह थी कि मैं यूएनआई के लिए स्टोरी खोजता-खोजता अपने लिए कोई

कहानी खोजने लगता था। एक बाबा जिन्होंने अपने कमर पर लकड़ी की पेटी लगा रखी थी और उसमें ताला बंद था। ''ई काहे लिए?'' विवेक ने पूछा था। बाबा जी की लकड़ी की पेटी में कमर के नीचे का हिस्सा बंद था और उसमें ताला लगा था। चाभी ज़ाहिर है बाबाजी के पास ही रही होगी जो वह हाजत-जमा ज़रूरत के वक़्त निकालते होंगे।

''ये इसलिए है कि बाबा अपनी काम की इच्छा पर नियंत्रण रखें।'' मुझे जो बाबा भक्तों ने बताया था वो मैंने उसे बताया।

''तो एतना तपस्या के का ज़रुरत है। हमरे पास आए, दौड़ा-दौड़ा के और प्लेट डम्बल करा के काम में ऐसा फँसा देंगे कि कौनो काम दिमागे में नहीं आएगा।''

अभिनेता आशुतोष राणा और राजपाल यादव भी वहाँ हर साल आते थे क्योंकि उनके गृहस्थ गुरु देव प्रभाकर शास्त्री उ.र्फ दद्दा जी वहाँ हर साल आकर मिट्टी के करोड़ों शिवलिंग बनाते थे और संगम में प्रवाहित करते थे। संगम का ही मिट्टी पानी लेकर शिवलिंग बनाना और फिर उसे उसी संगम में डाल देने का वैसे तो वह बहुत धार्मिक महत्व बताते थे और इसे जीवन से जोड़ते थे लेकिन कुल मिलाकर थी वह वक़्त की बर्बादी ही। वहाँ शिवलिंग बनाने से ज़्यादा भीड़ इन अभिनेताओं को देखने के लिए होती थी जो मिट्टी के शिवलिंग स.फ़ेद झक कुरते पजामे में काले चश्मे लगाकर ऐसे बनाते थे मानो शिव पर एहसान कर रहे हों। मुझे पहले पता था कि भारत में सि.र्फ चार ही शंकराचार्य हैं लेकिन वहाँ कम-से-कम पचास स्वघोषित शंकराचार्य थे जिनके तंबुओं, बोर्ड और होर्डिंग्स का प्रायोजक प्रायः कोई अन्तःवस्त्र की कंपनी हुआ करती थी। हम वहाँ घूम-घूमकर लंगर छकते, साधुओं के साथ बैठकर चिलम से गाँजा पीते और फिर अगले बढ़िया तंबू की तलाश में चल देते। एक शंकराचार्य ने प्रेस कॉन्फ्रेंस रखी थी और कुछ रूटीन बातें कहने और ये दावा करने के बाद कि वही असली शंकराचार्य है, पत्रकारों को खाने के लिए मेवे और प्रसाद बाँटे गए जो पत्रकारों ने कथा कहवाने वाले पंडित की तरह बतौर सीधा घर वालों के लिए भी समेटा। हम सब के जाने के बाद थोड़ी देर रुक गए क्योंकि उसने जो कुछ भी कहा था उससे यूएनआई के लेवल की कोई ख़बर नहीं निकल रही थी। मैंने इलाहाबाद में अल्लापुर में एक आश्रम में

आसीन एक शंकराचार्य का नाम लिया जो मेरी जानकारी में असली शंकराचार्य थे तो तंबू वाले शंकराचार्य ने इसका खंडन किया। उन्होंने कहा कि वह असली शंकराचार्य नहीं है और गद्दी पर बैठने का उसे कोई अधिकार नहीं। विवेक ने एकाध सबूत पेश किए और उस शंकराचार्य के असली होने का दावा किया। तंबू वाले शंकराचार्य भड़क गए, "ऊ संकराचार्य नहीं झाँट है हमारा... चोर है साला।" हम हैरत से उसका चेहरा देखते रहे। ख़बर फिर भी नहीं निकली थी और हम प्रसाद खाते हुए बाहर आ गए।

सभी तंबुओं में होड़ रहती थी कि कौन सबसे तेज़ रामायण भागवत बेच सकता है। पत्रकारों की चांदी थी और जिस भी तंबू में वे घुसते, कुछ लेकर ही लौटते। कोई अनपढ़ बाबाओं को अपनी वेबसाईट दिखता और कहता कि उनका प्रचार करने के लिए उन्हें चंदे की ज़रूरत है और अपनी बोलने की योग्यतानुसार राशि का चेक प्राप्त करता। थोड़ी दूरी पर एक सामाजिक कार्यकर्ता गंगा बचाने की ज़िद करता हुआ अनशन पर बैठ गया था और इस बात पर बहुत दुखी था कि पत्रकार उसको कवर नहीं कर रहे। एक अच्छे-ख़ासे बड़े बाबा की कॉन्फ्रेंस थी जिसमें हम पहुँचे थे तो विवेक का कहना था कि वह बाहर इंतज़ार करेगा क्योंकि वह पत्रकार नहीं है। हालाँकि पिछले मेले में वह एक राष्ट्रीय धार्मिक चैनल का पत्रकार रह चुका था। मैंने उससे कहा कि यह प्रेस क्लब की प्रेस कॉन्फ्रेंस नहीं है जहाँ कोई मठाधीश पूछेगा कि आप किस अख़बार से हैं, कोई पूछेगा तो मैं बता दूँगा कि वो मेरे साथ है। हम तंबू के अंदर पहुँचे तो आज की पीसी शुरू होने वाली थी। इसके पहले बाबा ने एक शिष्य के हाथों, कल की पीसी की ख़बर जिन अख़बारों ने छापी थी, उनके पत्रकारों को चिह्नित कर क़ीमती पश्मीने के शॉल और सूखे मेवे के बंडल प्रसादस्वरूप दिए। इससे बाक़ी बचे पत्रकारों में क़ीमती शॉल हासिल करने का जोश आया और उन्होंने बाबा के बिना कुछ बोले ही अपने पैड पर क़लम चलानी शुरू कर दी। कुछ पहुँचे हुए पत्रकार जो कई बाबाओं से मोबाइल, लैपटॉप और कैमरे जैसी क़ीमती चीज़ें झटक चुके थे, साक्षी भाव से इस सारे कार्यक्रम को एक मोहक मुस्कान के साथ देख रहे थे।

घुन लगा हुआ बूम माइक लेकर घूम रहे लोकल चैनल और लोकल अख़बार वाले पत्रकार लोकल स्तर पर अपनी पत्रकारिता का झंडा फहराने के

लिए किसी पहुँचे हुए बाबा को पकड़ते और धर्म की रक्षा से संबंधित कोई सवाल पूछते। बाबा अपने पहुँचे हुए होने का परिचय देते हुए माईक या प्रश्न से ही चैनल या अख़बार का स्तर समझ जाते और अगले को इलायचीदाना प्रसादस्वरूप देकर विदा करते। पत्रकार मुँह में इलायचीदाना चुभलाता हुआ आगे बढ़ता और अपने साथ वाले पत्रकार से कहता, ''ई भोसड़ी वाला बबवा बड़ा हरामी है, एक ठे वीडियो मिल जात एके हरामीपंथी के त बताईत एका।'' वे बाबाओं द्वारा पत्रकारों में किए जा रहे भेदभाव से नाराज़ होते तो थोड़ी दूर जाकर स्नान करती किसी युवती की ज़ूम करके रिकॉर्डिंग करने लगते या तस्वीर उतारने लगते। एक पूरी दुनिया उस मेले में बसी होती थी और इसकी सबसे ख़ास बात यह होती थी कि इस दुनिया में भी उस दुनिया की सारी गंदगियाँ मौजूद होने के बावजूद यहाँ कोई भूखे पेट नहीं सोता था। शायद यही कारण होते होंगे जो लोगों को उस दुनिया से ज़्यादा मज़ा इस दुनिया में आता था और उनका सोचना था कि काश यह मेला हमेशा चलता।

संदीप उस समय कोई नौकरी नहीं कर रहा था और नाना प्रकार के तरीक़ों से धन कमाने के उपाय खोजता रहता था। विवेक से उसे पता चला कि वह एक धार्मिक चैनल का संवाददाता रह चुका है लेकिन काम में मज़ा नहीं आने के कारण उसने यह काम छोड़ दिया था। उसने अभी प्रसंग ठीक से पूरा भी नहीं किया था कि संदीप ने बात लपक ली।

''कब के बात है ई?''

''पिछले साल 2007 के।''

''का बात कर रहे हो, पिछले साल तो अर्धकुंभ था... ।''

''हाँ तो?'' विवेक ने पूछा।

''चूतिया हो तुम बहुत बड़े, इतने बढ़िया धार्मिक चैनल की आईडी पाए रह्यो और कुछ नै कियो। अबे हमका दै दिए होते बे... केतना माल चीरा जात। बताओ पत्रकारन के कमाए के सीजन रहा और तुम कुछ नै कमायो।''

'माल चीरना' उसकी पसंदीदा क्रिया थी और उसका पूरा ध्यान हमेशा इसी क्रिया पर रहता था। इसके लिए वह बहुत कोशिशें किया करता था और अक्सर ये कोशिशें रंग लाया करती थीं। जैसे कुछ समय पहले जब मैं इलाहाबाद गया था तो मैंने उसके हाथ में एक महँगा मोबाइल फ़ोन देखा जिसके बाबत पूछने

पर वह थोड़ा शर्मा कर बात को गोल कर गया। बाद में राजेश जी ने बताया कि ये मोबाइल उसने किसी चर्चालोलुप बाबा को शीशे में उतार कर झटका है। उसके पास एक अदृश्य शीशा था जिसमें वह जब चाहे जिसे चाहे अपनी बातों से उतार सकता था। यह कहते हुए मुझे थोड़ा संकोच लग रहा है लेकिन इस बात में कोई आश्चर्य नहीं होगा अगर मुझे पता चले कि मैं इधर संस्मरण लिख रहा हूँ और वह उधर इस संस्मरण की फ़ोटो प्रतियाँ लेकर इसके आधार पर कैसे भी कहीं से कोई क्रेडिट ले चुका हो।

संदीप उन लोगों में से था जिनके बारे में आप अच्छी तरह जानते हैं कि वह क्या है, कैसा है और कब अपना फ़ायदा सोचता है लेकिन उसके अंदर पता नहीं ऐसा क्या था कि उसे देखकर उस पर प्यार बहुत आता था। मेरे प्रेम-प्रसंग को देखकर उसका भी मन प्यार में पड़ने को हो रहा था और छोटे शहरों के माहौल के कारण वह प्रेम और शादी जैसे दो ध्रुवीय चीज़ों को एक मान लेता और कहता, "हमार बियाह करवाय देओ में... ।"

'कैसी लड़की चाहिए' सवाल के जवाब में वह वैसी ही बताता जैसी बेस्ट अवेलेबल हो सकती है, जैसे वह गोरी हो, सुन्दर हो, फिगर अच्छी हो, पढ़ी-लिखी हो, स्मार्ट हो, पति को प्यार करे, ज़्यादा महत्वाकांक्षी न हो, पति से कोई सवाल न पूछे, पति के माँ-बाप को अपना समझे, कोई नौकरी कर ले तो और बेहतर आदि आदि।

"जब तुमका इतना कुछ चाहीं लड़की में तो वहू को तो कुछ चाहीगा। अगर लड़की के घर वाले पूछें कि लउंडा का करत है तो का बताई?" मैं पूछता।

"साले जन्त्यो नै का... ? कह देयो लड़का पत्रकार है।"

"अरे लेकिन कहाँ पत्रकार है?"

"अमें न्यूज चैनल में और कहाँ।"

"कौन चैनल में?" मैं पूछता। अब वह मुझ पर उसकी बातें न समझ पाने के लिए भड़क पड़ता।

"कौन चैनल के चाही आईडी? संझा तक लाए देबे हम। तुमका जवन चैनल सही लगे वही बोल देयो, एनडीटीवी, स्टार न्यूज, आजतक... हम ओही के आईडी लाय देबै।"

यह सच्चाई थी। वह शाम तक किसी भी चीज़ का जुगाड़ कर सकता था और उसके संपर्क बहुत ज़्यादा थे। टिकट कं.फ़र्म करवाने से लेकर कहीं एडमिशन करवाने तक और किसी नेता से कोई काम करवाने से लेकर किसी की किताब छपवाने तक वह कुछ भी कर सकता था। मुझे तो लगता था कि अगर मैं उसे इमरजेंसी में सुबह कह दूँ कि मुझे शाम तक मुख्यमंत्री को किडनैप करना है तो वह तुरंत गंभीर मुद्रा बनाकर सोचने लगेगा और कहेगा, "अच्छा एक काम करो, हम एक नंबर दे रहे हैं, उसको .फ़ोन करके एक मारुती वैन का इंतज़ाम कर लो। हम जाते हैं कटरा क्लोरो.फ़ॉर्म लेते आते हैं। तुमको शाम को .फ़ोन करके बताते हैं।"

वह सि.र्फ़ लड़कियों के मामले में दुखी हो जाता था और उसका आत्मविश्वास दरकने लगता था वर्ना बा.क़ी सब जगह वह मु.क़द्दर का सिकंदर था। मेरे ही साथ पैसे कमाने के कई तरी.क़े सोचता और मुझसे शेयर किया करता था, जिनमें एक दिन उसने मुझे एक तरी.क़ा यह भी बताया कि कई दोस्तों से उधार लिए जाएँ और उनके मुहल्लों से गुज़रना बंद कर दिया जाए। इस तरी.क़े पर चर्चा करने के एक ह.फ़्ते के भीतर ही एक दिन उसका .फ़ोन आया और उसने कहा कि राजर्षि टंडन मुक्त विश्वविद्यालय में शोध में प्रवेश के लिए उसे जो .फ़ीस चाहिए उसमें दो हज़ार रुपयों की कमी पड़ रही है। उसने मुझसे दो हज़ार उधार माँगे और कहा कि वह अगले सोमवार तक वापस कर देगा। मैं माँगते ही समझ गया कि ये पैसे मेरे पास वापस लौट के नहीं आने वाले हालाँकि मैं उसे बिना उधार दिए और यह देखे कि वह लौटाता है या नहीं, उस पर शक नहीं करना चाहता था। किसी के बिना कुछ किए सि.र्फ़ बनी बनाई धारणा पर उसके बारे में राय .क़ायम करना कितना .ग़लत है, ये मुझे अक्सर लगता। लेकिन ये दुनियादारी की बात थी, अंदर से तो मैं जानता ही था कि वह लौटाने की नीयत से नहीं माँग रहा। विवेक ने मना किया कि उसे एक रुपया नहीं देना क्योंकि तुम्हें वापस नहीं मिलेगा। मैंने उसे बताया कि वह उधार मुझे वापस नहीं मिलेगा लेकिन इसके बदले उसको परेशान करने का जो आनंद मिलेगा, उसके सामने एक हज़ार की र.क़म कुछ नहीं है।

"चलो अच्छा कोई बात नहीं, एकै हजार दे देओ। बाकी कोई अउर दोस्त से लै लेबे।" मैं दो हज़ार न देकर उसे एक हज़ार रुपये दिए और एक ह.फ़्ते

इंतज़ार कर अगले सोमवार को उसको .फ़ोन लगा दिया।

"यार अभी तो हम आए हैं चौफटका के तरफ। लौटने में देर होय जाएगी। तुम्हारा पैसा देंगे चिंता मत करो।"

इसके बाद मैं माँगता रहा और वह विश्वास के साथ मना करता रहा। बाद में जब उसे समझ में आ गया कि मुझे पैसे नहीं चाहिए और मैं उसका मज़ा ले रहा हूँ तो वह रक्षात्मक मुद्रा में आ गया। अब मैं दोस्तों के ग्रुप में बैठा हूँ, किसी बात पर बहस चल रही है और संदीप कोई तर्क ऊँची आवाज़ में दिए जा रहा है कि मैं एक ऐसी बात बोल देता कि उसके चेहरे के सभी भाव बदल जाते।

"अच्छा ई सब तो चलत रही। ई बताओ हमार पइसवा कब देबो?"

वह बोलना बंद कर देता और मेरी ओर मुस्कराकर देखता, थोड़ा शर्माता और कहता, "बहुत हरामी पीस हो साले तुम।"

मैं कहता, "हम कि तुम? कल शाम तक हमारा पैसा हमको मिल जाना चाहिए।"

वह अपना तकिया कलाम दोहराता, "सही कह रहे हो।"

मैं अब भी इलाहाबाद जाता हूँ तो मौक़ा देखकर अपने हज़ार रुपये माँगता हूँ और वह उसी तरह शर्मिंदा होकर हँसता है जैसा मैं चाहता हूँ, इसमें वह अब ज़्यादा देर नहीं लगाता क्योंकि उसे पता होता है कि मैं दो-चार दिनों के लिए ही आया हूँ।

जो भी हैं मेरे पति हैं वो

रात में बत्तियों का अपने आप जल उठना, बाथरूम में अपने आप नल का चलकर बंद हो जाना जैसी घटनाओं से मैं अभ्यस्त होने लगा था। मुझे यह भी समझ में आ गया था कि ये चाहे जो हो रहा हो, मुझे इससे कोई नुक़सान नहीं पहुँचने वाला। दरवाज़े की खटखट पर पहले मैं अपने डर से प्रेरित होकर कभी गंदी गालियाँ देता हुआ दरवाज़ा खोलता और कभी हाथ में कोई डंडा लेकर, लेकिन वहाँ कोई नहीं हुआ करता था। अब दरवाज़े पर खटखट होती तो डर एकबारगी हावी तो होता लेकिन दरवाज़े पर जाने का आलस उससे बड़ा हुआ करता था और मैं लेटे-लेटे कहता, "अरे साले, जब भूत हो तो इतनी शराफ़त दिखाने की क्या ज़रूरत है, आ जाओ रौशनदान से और बत्ती जलती मत छोड़ा करो, बिल मुझे भरना पड़ता है।" कई बार मेरे कुछ बोलने से आवाज़ें थम जातीं और मुझे और ज़्यादा भयभीत छोड़ जातीं।

ऐसी ही एक रात जब मैं टीवी बंद करके सोने जा रहा था और फ़ोन पर अपने प्रेम से बातें कर रहा था कि दरवाज़े पर खटखट हुई। ये वाली खटखट ज़्यादा मुखर, ज़्यादा स्पष्ट और ज़्यादा तेज़ थी। मेरे साथ उसने भी फ़ोन पर ये खटखट सुनी। वह डर गई, "इतनी तेज़? यहाँ तक सुनाई दे रही है।" मैं भी डरा लेकिन दरवाज़े पर आवाज़ भी आई, "विमल जी..सो गए क्या बंधु?"

मैं आवाज़ पहचान गया। गुड नाईट कहकर फ़ोन काटा और दरवाज़ा खोला। "आइए... इतनी रात को?"

"बंधु, मैं पैदल आ रहा हूँ मुट्ठीगंज से।"

"ऐसा क्यों? आपकी बाइक कहाँ है?"

"बंधु, मैं घर छोड़कर आया हूँ। मैंने अपना मोबाइल भी वहीं छोड़ दिया है ताकि मुझसे कोई संपर्क न कर सके। मैं अब घर नहीं जाऊँगा। मुझे कहीं भेज दीजिए।"

"कैलाश जी, आप कमाल करते हैं। ऐसे कोई करता है?"

"आप मुझे शरण नहीं देंगे तो मैं कहीं और जाऊँ। मगर मुझे घर जाने को मत कहिएगा।"

मैं समझ गया कि इस वक़्त कुछ कहना व्यर्थ है। मैंने उन्हें कमरे में बिठाया और थोड़ी देर तक वह बताते रहे कि आज उनका उनकी पत्नी से बहुत झगड़ा हो गया है और उनका गृहस्थी से मोहभंग हो गया है। उन्होंने मोटरसाइकिल और मोबाइल समेत पर्स और सारी चीज़ें घर छोड़ दी हैं और सिर्फ़ कुछ पैसे लेकर बाहर निकले हैं। बाहर निकलकर उन्होंने दो-तीन अड्डों पर बैठकर कई ब्रांड्स पीकर बहुत कॉकटेल कर दिया है, जिससे उन्हें कुछ ठीक से समझ नहीं आ रहा है। वह यह शहर छोड़कर कहीं जाना चाहते हैं। मैं उन्हें मुंबई भेज दूँ और किसी परिचित से कहकर कोई भी काम लगवा दूँ। मैं अगले साल मुंबई पहुचूँगा तब तक वह मेरा वहाँ इंतज़ार करेंगे।

"आपके मित्र तो होंगे ही मुंबई में... मुझे सुबह की गाड़ी से भेज दीजिए।"

मैंने हामी भरी कि मेरे कुछ दोस्त हैं वहाँ जो उनका ध्यान रखेंगे तो वह जोश में आ गए और कहने लगे कि चलिए स्टेशन पर गाड़ी का पता लगा लेते हैं। मैंने हामी भर दी। मैं उनसे कुछ पलों के लिए अलग हटा और उनकी पत्नी को फ़ोन लगाया। यह इत्तेफ़ाक़ ही था कि एक बार उन्होंने घरवाले मोबाइल से मुझे फ़ोन किया था और मैंने वह नंबर सेव कर लिया था। वह बुरी तरह से रो रही थीं। मैंने उन्हें सांत्वना दी और आराम से सो जाने को कहा और बताया कि कल इन्हें सही सलामत आपके पास भेज दूँगा। वह रोना बंद कर मुझे दुआएँ देने लगीं। फ़ोन काटते वक़्त मैंने एक बात जिज्ञासावश पूछी भी, "जब ये ऐसी हरकत करते हैं तो आप चप्पल जूते कुछ उठाकर पीट क्यों नहीं देती इनको?"

"अरे भइया, आप ऐसे क्यों बोल रहे हैं, जो भी हैं मेरे पति हैं वो।" मैं समझ गया कि यहाँ टू वे कम्युनिकेशन की कोई गुंजाइश नहीं है। मैं वापस

कमरे में आया तो कैलाश जी स्टेशन जाने के लिए अपने उतारे गए जूते फिर से पहन रहे थे। मैंने बाइक निकाली, स्टेशन तक उन्हें लेकर गया, वहाँ मुंबई जाने वाली गाड़ियों का नंबर नोट किया और कुछ सिगरेटें पीं। वापस आने पर कैलाश जी थक गए थे लेकिन उनका अभी कुछ और बताने का मन था कि वह मुंबई जाने के बाद अपने परिवार को कुछ पैसे भेज दिया करेंगे। अपना फ़र्ज़ वह हर हाल में पूरा करेंगे लेकिन अब परिवार के साथ नहीं रहेंगे क्योंकि उनकी ज़रूरत वहाँ नहीं रही, उनसे कोई प्यार नहीं करता आदि आदि। मैंने कोई तर्क-वितर्क करना ठीक नहीं समझा और बत्ती बुझा दी ताकि उन्हें जल्दी नींद आ जाए। मैं गृहस्थी की परेशानियों के बारे में सोचता-सोचता सो गया।

सुबह मेरी नींद खुली तो कैलाश जी फ्रेश होकर अपने जूते पहन रहे थे।

"कहाँ?" मैंने पूछा।

"बंधु आज मेरे स्कूल में बच्चों का प्रेक्टिकल है और मुझे थोड़ा जल्दी पहुँचना है। मैं अपनी मोटरसाइकिल भी नहीं लाया। आपकी ले जाऊँ? आपको कहीं जाना तो नहीं?"

मैं मुस्कराया। मैं मुंबई प्रसंग छेड़कर या रात की कोई बात याद दिलाकर उनका फ्रेश मूड बिगाड़ना नहीं चाहता था। मैंने अपनी बाइक की चाभी उनके हाथ में दे दी। "मुझे कहीं नहीं जाना, आप आराम से ले जाइए।"

"धन्यवाद बंधु, शाम को मिलते हैं तो गाड़ी वापस कर दूँगा।"

मेरे चेहरे पर मुस्कराहट थी जिसमें संतोष का भाव मिला हुआ था। उनके चेहरे पर संतोष का भाव था जिसमें थोड़ी मुस्कराहट छिपी हुई थी।

घबड़ा मत, उ साकाहारी ह

गोरखपुर में लड़की देखने की घटिया प्रथा निभाई जानी थी और मैं शादी के लिए मानसिक रूप से ख़ुद को तैयार कर चुका था। लड़की गणित से एम.एससी. पास थी और हमेशा फ़र्स्ट आने वालों में से थी। मैं बचपन से गणित से भागने और पापा के दबाव में गणित से द्वितीय श्रेणी में बीएससी करने वाला लड़का था जिसे और कुछ पता हो या न हो, ये ज़रूर पता था कि उसे एक साल के भीतर मुंबई जाना है। कैसे? पता नहीं। लेकिन चाहे जैसे भी। फ़ोटो देखकर लड़की सबको पसंद आई और माँ के साथ मुझे उसे देखने गोरखपुर जाना था। हम सुबह ही इंटरसिटी से निकले और दोपहर तक गोरखधाम मंदिर पहुँचे। लड़की जिसका नाम बायोडाटा में स्नेहलता पांडेय था और घर में जिसे रेनू के नाम से पुकारते थे, अपने पापा, मम्मी, भाई और बहनों के साथ आई। मैं उस समय एक अजीब-सी मनःस्थिति में रहता था। मैं शादी करना नहीं चाहता था और मैंने शादी के लिए ख़ुद को कन्विंस भी कर लिया था। माँ ने एक बार रोते हुए कहा था कि अपनी तीन संतानों में से वह कम-से-कम एक की शादी तो अपने तरीक़े से कर सकें। मैं बड़ा बेटा था और मुझसे उन्हें उम्मीद थी कि मैं अपने छोटे भाई और उससे छोटी बहन के प्रेम संबंधों को ज़बरदस्ती ख़त्म करने में उनका सहयोग दूँगा। मगर जब मैं बारी-बारी दोनों की शादियों के लिए उनके और पापा के ख़िलाफ़ खड़ा हो गया तो उनका परंपरावादी माँ का दिल टूट गया था, जिसमें वह सब कुछ धूमधाम से पूरी दुनिया को बता के करना चाहती थीं। मुझमें और उनमें एक अलिखित शर्त काफ़ी पहले तय हो चुकी थी कि वह अगर मेरी बात मानेंगी

और मुझसे दोनों छोटों की उनकी मर्ज़ी से शादी के लिए हाँ कर देंगी तो मुझे उनसे पहले शादी करनी होगी। उसके शादी से इनकार कर देने के बाद अब मेरे पास ज़्यादा वक़्त नहीं बचा था। पापा का कहना था कि वह रिटायर होने से पहले अपने तीनों बच्चों की शादी कर देना चाहते हैं और मेरे बाद के दोनों बच्चों की शादियों में कोई देर थी तो सिर्फ़ मेरी शादी।

मुझे ये नहीं देखना था कि वह देखने में कैसी लगती है, मुझे उससे सिर्फ़ ये पूछना था कि वो अपने होने वाले पति से क्या उम्मीदें रखती है। मैं जानना चाहता था कि मैं वो उम्मीदें पूरा कर सकूँगा या नहीं। इधर-उधर की भूमिका वाली बातों के बाद हमें अकेला छोड़ा गया और इसके कुछ देर बाद उसकी छोटी बहन यानी मेरी होने वाली साली ने भी मंच छोड़कर कमान हमें दे दी। मैं मंदिर के पास वाले तालाब के पास एक पेड़ के पास खड़ा पानी में चल रही नावों को देख रहा था और वह मुझे देख रही थी। हम इधर-उधर की बातें कर रहे थे जैसे उसके पसंदीदा रंग, हीरो-हिरोइन, टाइमपास, उसकी सहेलियाँ, मेरे दोस्त आदि। हमें नाव में जाने को कहा गया और एक चक्कर अपनी होने वाली साली के साथ लगाने के बाद हम दोनों नाव पर बचे। मैंने हल्की-सी भूमिका बनाकर अपना सवाल पूछा। मैं इतना तो समझ ही जाता था कि कौन सी बात स्क्रिप्ट लिखकर याद की गई है और कौन सी स्पोंटेनियस निकल रही है। उसने कहा कि उसे अपने होने वाले पति से सिर्फ़ इतनी उम्मीद है कि वह दूसरों की भावनाओं को समझने वाला हो, पैसों को संबंधो के ऊपर न रखे और अपनी पत्नी का सम्मान करे। वह सच कह रही थी। उसकी आँखों की सच्चाई ने मुझसे कहा कि मैं पूरी तरह से ख़त्म अनुभव करने के बावजूद अब भी बच सकता हूँ। मैंने यह कहते हुए हाँ कह दी कि मैं कभी बहुत पैसे नहीं कमा सकता लेकिन मेरा साथ उसे अच्छा लगेगा, मैं कहानियाँ लिखता हूँ, किताबें पढ़ता हूँ, फ़िल्में देखता हूँ, मुझे जो ठीक लगता है वही करता हूँ और रिश्तों और सभी चीज़ों को लेकर ठीक-ठाक ईमानदार हूँ। मैं ज़िंदगी से बहुत ज़्यादा नहीं चाहता और मेरी ज़रूरतें काफ़ी कम हैं। मैं हो सकता है उसकी बड़ी ज़रूरतें कभी पूरी न कर पाऊँ लेकिन मैं इस रिश्ते के प्रति ईमानदार रहूँगा और उससे कभी कुछ नहीं छिपाऊँगा। उसने कहा कि उसे कहानियाँ पढ़ना बहुत पसंद है और उसकी ज़रूरतें भी और लड़कियों की तरह

कुछ ख़ास बड़ी नहीं है। उसकी बातों में सच्चाई साफ़ दिख रही थी। वह ख़ुद की नुमाइश कराने वाली रस्म में बिना किसी भी तरह के मेकअप के बिलकुल साधारण ड्रेस में आई थी जिसके बारे में उसकी बहन ने सफ़ाई दी थी, "दीदी को मैंने कहा कि कोई दूसरा ड्रेस पहन लो लेकिन वह मानी ही नहीं।" माँ ने फ़ैसला मुझपर छोड़ा था। जब हम लौटकर वापस आए तो माँ ने धीरे-से मुझसे पूछा, "पसंद बा?"

मैंने सिर हिलाकर सहमति दी। वह फिर फुसफुसाईं, "आगे के एगो दंतवा बड़ बा।"

मैंने मुस्कराकर धीरे से कहा, "घबड़ा मत, उ साकाहारी ह।"

माँ ने मेरी सहमति पर ढेर सारा संतोष व्यक्त किया। इस दिन के लिए वह मेरे पीछे पिछले सात-आठ सालों से पड़ी थीं। उन्हें विश्वास नहीं हो रहा था। अभी इसके पिछले साल तक वह मेरे शादी से इनकार किए जाने के कष्ट को कुछ इस तरह व्यक्त करती थीं, "उ दुन्नो अपने मन से बियाह करिहें स आ तुं बडऽ भाई हवऽ, कहाँ ले समझइबऽ त उन्हनियें के पक्ष ले तारऽ। त कम से कम तुं तऽ हं कहि दे हमरी पसंद के लईकी से बियाह करेके।" उनकी पसंद से पहले मैंने उसे पसंद कर लिया। उसने मुझे पसंद किया या नहीं, ये जानने की सहूलियत उपलब्ध नहीं थी और मैं ये पूछकर कुछ ख़ास कर भी नहीं सकता था क्योंकि उसके घर का माहौल पसंदगी-नापसंदगी के स्वामित्व के बारे में काफ़ी कुछ कह रहा था।

हामी भरी गई। सब वहाँ से हँसी-ख़ुशी विदा हुए। अगले दिन उसने फ़ोन करके मुझसे पूछा कि आख़िर मैंने उसे क्या देखकर पसंद कर लिया था। मैंने उसे कहा कि ये वह नहीं समझ पाएगी। उसने कहा कि वह आगे पढ़ना चाहती है। मैंने कहा कि वह जैसे चाहे जितना चाहे पढ़ सकती है और मैं हमेशा उसके फ़ैसलों में उसके साथ हूँ। अब मैं कभी-कभी फ़ोन पर रेणु से बातें करने लगा था। मैंने अपनी किताब उसे पढ़ने को भेजी थी। सारी कहानियाँ पढ़ने के बाद उसने एक शाम फ़ोन किया और कहानियों के बारे में बोलते-बोलते अचानक पूछा कि क्या मैं भी अपने किरदारों की तरह शराब और सिगरेट पीता हूँ। मैं धर्म संकट में पड़ गया और मैंने झूठ बोल दिया कि मैं नहीं पीता और यह सब तो किरदारों की माँग है। यह सुनकर मुझे लगा कि वह संतुष्ट हो गई और

फ़ोन काट दिया। मैंने झूठ बोल तो दिया लेकिन रात भर सो नहीं पाया। मुझे लगने लगा कि मैंने अगर शुरुआत ही झूठ से की तो फिर अपराधबोध की वजह से कभी सहज नहीं हो पाऊँगा। मैं ख़ुद को रात भर दुत्कारता रहा और सुबह मेरी दोस्त बेदिका का फ़ोन आया तो मैंने उसे ये सब बता दिया। उसने मुझसे ज़्यादा मुझे दुत्कारा और कोसा। मैंने रेणु को फ़ोन किया और कहा कि मैं इन सबका सेवन करता तो हूँ लेकिन जल्दी ही छोड़ने वाला हूँ। वह मुस्कराई और उसने कहा कि उसे सौ प्रतिशत विश्वास था कि मैंने झूठ बोला है। वह शराब से सख़्त नफ़रत करती है लेकिन मेरी ईमानदारी ने उसे प्रभावित किया है और वह चाहेगी कि मैं शादी के बाद एकदम छोड़ दूँ। मैंने वादा नहीं किया पर कोशिश करने की बात कही।

वादे से मुझे उस की याद आ जाती थी जो मेरा सबसे बड़ा दर्द थी। ऐसा ही वादा मुझसे उसने भी लिया था और मैंने उससे वादा लिया था कि वह ज़िंदगी भर मेरे साथ रहेगी। जब मैंने शादी के लिए उसे प्रपोज़ किया था तो उसने जो तर्क दिए थे वह इतने लचर थे कि मैं अपनी पूरी क्षमता के बाद नहीं समझ पाया। उसने कहा था कि वह मुझे प्यार तो करती है लेकिन किसी लेखक से शादी के पक्ष में नहीं है। उसने अपनी किसी सहेली के कहे को दोहराया कि लेखक अक्सर क्रूर पति साबित होते हैं। उसने गुलज़ार और राखी का उदाहरण दिया और इस महान उदाहरण के बाद उसने मुझे ज़िंदगी में कभी शराब को हाथ न लगाने की क़सम दी। मैंने भी उसकी क़सम का पालन किया और अपनी ज़िंदगी में सबसे लंबे समय तक किसी भी तरह के नशे से दूर रहा। लेकिन बाद में एक बार फिर उसने एक कारण यह भी बताया कि उसके माता-पिता ने उसकी शादी बहुत पहले किसी लड़के से तय कर दी थी और उसका कोई प्रिय व्यक्ति था जो चाहता था यह शादी हो और वह दुनिया में नहीं रहा। वह उस दिवंगत की आत्मा की शांति के लिए चाहती है कि वह उसी से शादी करे। मैंने उसे बार-बार अपनी आत्मा का वास्ता दिया लेकिन उसका कहना था कि वह मजबूर है। इसके बाद उसने मुझे फिर से अपने सर की क़सम दी कि मैं कभी किसी नशे को हाथ न लगाऊँ। मैंने पूरी कोशिश की क्योंकि मैं उस पर कोई इलज़ाम नहीं लगा सकता था। लेकिन दुनिया में कोशिशों की नहीं परिणाम की क़द्र होती है और उसके आधार पर ही किसी का भी मूल्यांकन

किया जाता है। ख़ैर, अब किसी भी तरह का मूल्यांकन या किसी की नज़र में अपनी छवि की चिंता वह अपने साथ ही लेती गई।

उसने मुझे फ़ोन पर बोलकर उत्तपम बनाना सिखाया था और मैं एक दिन उससे बीच-बीच में पूछकर उत्तपम बना रहा था कि कूरियर से एक पत्र आया। यूएनआई का लिफ़ाफ़ा था और ऐसे लिफ़ाफ़े हर दूसरे दिन आया करते थे जिसमें मुझे संबोधित करके कहा जाता था कि मैं उनके सब्स्क्राईबरों यानी आज और अमृत प्रभात से जाकर बक़ाया पैसों की माँग करूँ। पहले मैं ऐसे लिफ़ाफ़े पाकर घबरा जाया करता था लेकिन बाद में जियालाल जी ने मुझे बताया था कि ये लिफ़ाफ़े रिसीव करके रख देने के लिए है, टेंशन लेने के लिए नहीं। मैंने ऐसा ही कोई समझकर लिफ़ाफ़ा खोला और मुझे पता चला कि इलाहाबाद से मेरा दाना पानी उठ गया है। मेरा ट्रांसफ़र बंगलौर कर दिया गया था और मुझे दस दिन बाद वहाँ ज्वाइन करना था। अभी मुझे बड़ा रूम सेट लिए क़रीब तीन ही महीने बीते थे, मैंने एक डॉक्यूमेंट्री बनाने का प्लान बनाया था, कुछ ही दिनों से मैंने घर पर भी कुछ कच्चा-पक्का खाने को बनाना शुरू किया था, लेकिन अब सब कुछ यहीं छूट जाने वाला था। मुझे अब अपना प्यारा शहर इलाहाबाद छोड़ देना था और फिर से एक बार रोज़ी-रोटी के लिए समय की हवा में उड़कर वह जहाँ ले जाए पहुँच जाना था। काश ये चिट्ठी मुझे मुंबई ट्रांसफ़र करने की बात कहती तो मैं बहुत ख़ुश हो गया होता। मैंने सबसे पहले उसे फ़ोन किया और वह दुखी हुई। फिर मैंने रेणु को बताया, उसने भी मुझे कुछ किताबी बातें कहीं जिनसे मेरा ग़म हल्का नहीं हुआ और मैंने विवेक को फ़ोन करके बताया। विवेक ने यह बात राजेश जी को बता दी और दोनों लोग मेरे रूम पर आकर मुझे इस तरह सांत्वना देने लगे जैसे मैं रात भर जागकर तैयारी करने के बावजूद किसी परीक्षा में फेल हो गया होऊँ। मैं भी टेंशन में था और समझ में नहीं आ रहा था कि नौकरी छोड़ दूँ या बंगलोर जाने की तैयारी करूँ। दोनों ही बातें उस समय मेरे लिए बहुत कठिन थीं। मैंने नरेन्द्र जी को लखनऊ यूएनआई में फ़ोन किया जो संजय जी के हड़काने के बाद अक्सर बेटा कहकर मुझे समझाते थे और मेरे ज़ख़्मों पर मरहम रखते थे। उस समय तक मुझे मालूम नहीं था कि यह रणनीति क्या है। उन्होंने मुझे आइडिया दिया कि मैं संजय जी को फ़ोन करूँ और उनसे रिक्वेस्ट करूँ। क्या

रिक्वेस्ट करना है ये उन्होंने बताया ही नहीं लेकिन मैं उस समय रिक्वेस्ट करने के इतने मूड में था कि मैंने तुरंत फ़ोन लगा दिया। संजय जी को मैंने अपनी समस्या बताई तो उन्होंने किसी मसीहा की तरह मेरी समस्या सुनी और कहा कि वो ज़रूर मेरी समस्या का समाधान करेंगे। मैं एक आवेदन यूएनआई के जीएम के नाम लिखूँ कि मैं बनारस से दूर नहीं जा सकता क्योंकि मैं घर का बड़ा लड़का हूँ और इसलिए मेरा ट्रांसफ़र यहीं-कहीं आसपास मसलन लखनऊ कर दिया जाए। मैं उनकी सलाह से बहुत मुदित हुआ और मैंने आनन-फानन में आवेदन लिखकर कूरियर कर दिया।

अब मुझे इलाहाबाद छोड़ना था। मैंने विवेक के साथ मिलकर एक टाटा 407 जिसे छोटा हाथी कहा जाता था, तय किया। तीन दिन बाद मुझे इलाहाबाद छोड़कर सारा सामान घर ले जाना था। उसी दिन शोभित आया और उसने बताया कि उसकी माताजी ने मुझे और अश्विनी को खाने पर बुलाया है। मैंने मना किया कि मैं उन्हें जानता नहीं और इस निमंत्रण का मतलब भी नहीं समझ पा रहा हूँ और वहाँ जाने का बिलकुल इच्छुक नहीं हूँ, तो अश्विनी ने मुझे समझाया, "सर, शोभित की मम्मी अकेली रहती हैं और शोभित बड़ा लड़का है जिसकी हालत आप देख ही रहे हैं। उन्हें ज़रूर कोई बड़ी समस्या है जिसे वह आपके साथ डिस्कस करना चाहती हैं इसलिए खाने पर इत्मीनान से रात को बुलाया है।"

ये सच था कि दिन में कई बार उनके घर बुलाने के आमन्त्रण को मैंने कई बहाने बनाते हुए मना कर दिया था। लेकिन इस बार मुझे लगा कि अब तो इलाहाबाद छोड़कर जाना ही है, एक बार चले चलते हैं, देख लेते हैं क्या समस्या है। मैंने विवेक को भी बुला लिया। वह अपनी गणितज्ञ छवि के अनुरूप एकाध घिसे-पिटे बहाने बनाने के बाद राज़ी हो गया।

शोभित हमें लेने मेरे कमरे पर ही आ गया। विवेक पहले से आया हुआ था। अश्विनी भी तैयार था और मैंने राय दी कि चारों लोग मेरी मोटरसाइकिल पर ही चले चलें लेकिन विवेक ने मेरे दुस्साहस को दरकिनार करते हुए ऑटो से चलने का प्रस्ताव रखा। हम चारों जब वहाँ से निकलकर हाई कोर्ट के पास तक आए तो शोभित इधर-उधर की बातें कर रहा था। अश्विनी ने कहा, "सर, आपके जाने के बाद यहाँ बहुत सूना-सूना लगेगा।" मैं मुस्कराया और तभी

मुझे अपने कमरों का डरावना सूनापन याद आया। मैं विवेक के साथ वही बातें कर भी रहा था। मैंने अश्विनी से कहा, "लेकिन गुरु अश्विनी, ऊपर वाले कमरे में कुछ गड़बड़ है।" उसकी आँखें चौड़ी हो गईं, "क्या बात कर रहे हैं विमल सर? ऊपर वाले कमरे में भी गड़बड़ है?" मैं और विवेक उसका वाक्य सुनकर रुक गए। उसका वाक्य हमें उस समय दुनिया का सबसे डरावना वाक्य लगा। विवेक की आँखें भी भय से गोल हो गईं और हम इस बात को सोचकर भीतर से बुरी तरह काँप उठे थे कि वह अगली लाइन क्या कहेगा। मैंने सहमी आवाज़ में पूछा, "ऊपर वाले कमरे में भी... .मतलब?"

"नहीं नीचे जिसमें मैं रहता हूँ, उसमें तो कुछ गड़बड़ है ही।" वह काफ़ी शांत-सा दिख रहा था। मेरी हिम्मत नहीं हो रही थी कि मैं उससे आगे कुछ पूछ सकूँ। विवेक ने पहल की, "क्या गड़बड़... ?"

"पता नहीं, मेरी बीवी पानी बाल्टी में भरती है और आके देखती है तो पानी ग़ायब। टीवी अपने आप बंद हो जाता है। मैकेनिक को भी दिखाए बोला एकदम सही है। दरवाज़े पर खटखट होती है और जाकर देखते हैं तो कोई नहीं। कभी-कभी हम लोग रात को सो रहे होते हैं तो अचानक बाथरूम में ज़ोर से पानी गिरने की आवाज़ आने लगती है, जाके देखते हैं तो फ़र्श सूखा होता है। मेरी पत्नी तो छह बजे के बाद बच्चों को लेकर तब तक बाहर खटिये पर बैठी रहती है जब तक मैं ऑफ़िस से वापस नहीं आ जाता। मैं जल्दी ही यह घर छोड़ूँगा। मेरी बेटी की तबियत नहीं देखते हमेशा ख़राब रहती है?"

"मुझसे पहले ये शिकायत किसी ने नहीं की?" मैंने पूछा।

"नहीं, क्योंकि आपके पहले इसमें बड़े परिवार वाले ही लोग रहे हैं। शायद इसलिए... ।" वह कहना क्या चाहता था, हम समझ नहीं पा रहे थे।

"ऐसा होता क्यों है, कभी पता लगने की कोशिश नहीं किए?" विवेक ने पूछा।

"पता क्या लगाना है, जो इस बंगले के मालिक हैं उनके छोटे भाई बाथरूम में गीज़र में करेंट लगने से मर गए थे।" इसके बाद की कोई बात उसने नहीं कही और फिर पूरे रास्ते सन्नाटा छाया रहा। शोभित ने किसी ज़मीन की बात कर टॉपिक बदलना चाहा लेकिन किसी को उस पर बात करने का कोई उत्साह नहीं आया।

उसकी माँ चाहती थीं कि मैं अपने प्रयासों से शोभित की कहीं नौकरी लगवा दूँ और उनका ज़मीन वाला मामला कह-सुनकर ठीक करा दूँ। वह यूएनआई को अभी उसी पुराने जलवे में देख रही थीं जिसे उन्होंने अपने पति के ज़माने में देखा होगा। मैंने दोनों कामों के लिए उन्हें आश्वासन दिया और जब हम वहाँ से खा-पीकर निकले तो काफ़ी रात हो चुकी थी। मैंने विवेक को अपने ही कमरे पर रुकने का ऑफ़र दिया लेकिन वह इसके पक्ष में बिलकुल नहीं था।

"पागल हो का? तुमहूँ चलो हमरे रूम पर सो जाना।"

"नहीं यार, परसों जाना है और सब पैकिंग करना बचा है। दिन में ख़बरों के चक्कर में टाइम मिलेगा नहीं।" मैंने दिल कड़ा करके मना किया। विवेक ने फिर भी कई बार मुझे अपने घर ले चलने के लिए ज़ोर दिया लेकिन अब मैं अपने अनदेखे दुशमन से आरपार की लड़ाई के मूड में आ चुका था। इस बात में कोई शक नहीं कि 99 प्रतिशत मुझ पर डर ही हावी रहता था लेकिन मेरे भीतर के कथाकार को 1 प्रतिशत ही सही इसमें रोमांच आने लगा था और मेरे भीतर बैठा एक ठीकठाक तार्किक व्यक्ति ऐसा कुछ भी मानने को तैयार नहीं था। मैं क्या सोच रहा हूँ? सिर्फ़ कुछ थापों और खटखट को मैं क्या किसी भूत प्रेत का चक्कर मान लूँ और आज की रात न जाऊँ? इसके बाद मैं ख़ुद को क्या मुँह दिखाउँगा? इतना डर क्यों? विवेक से बहस हो रही थी और उसने तंज़ में कहा, "डर बहुत बड़ी चीज होत है बाबा, डर नाम से खाली कहानी लिखे से बात नै बनत सम्झ्यो? चलो हमरे रूम।"

मुझे लगने लगा था कि ये मेरा भ्रम हो या जो भी हो, इससे अगर मुझे अब तक कोई नुक़सान नहीं हुआ तो आगे भी नुक़सान होना मुश्किल है। मैं मन-ही-मन शुरू से सब कुछ सोच रहा था, मानसिक स्थिति तो मेरी वाक़ई ख़राब थी और दबाव भी हमेशा से ज़्यादा थे जैसा मुरलीधर जी ने बताया था। प्रेम में अधूरापन, नौकरी का फ्रस्ट्रेशन, रचनात्मक रूप से कुछ ख़ास न कर पाने का दबाव, फ़िल्में बनाने की उत्कट आकांक्षा... क्या इतने दबावों के बीच मैं सचमुच ओवररिएक्ट करने लगा हूँ? मैं जिस विचारधारा का आदमी ख़ुद को मानता आया था, इस बात से डर जाने का मतलब उस सोच से भी पीछे हट जाना था और मैं ऐसा हो जाने की स्थिति में आगे की ज़िंदगी भर रहने वाली

शर्मिंदगी के बारे में सोचकर सिहर उठता था। ख़ैर, मैंने अकेले कमरे में जाने का निश्चय किया। खाना खा ही चुका हूँ, अब सीधे जाकर सो ही तो जाना है, ये दिलासा ख़ुद को देकर मैं कमरे में घुसा। टीवी पर एकाध तेज़ नाच वाले गाने देखे, कपड़े बदले और सोने की तैयारी करने लगा। कमरा और उसका सुनसान अकेलापन मुझे डरा तो बहुत रहा था लेकिन मैं इधर-उधर की बातें सोचता रहा और उससे बातें करता रहा। फिर बत्ती जलती छोड़कर बिस्तर पर आ गया और टीवी की आवाज़ कम करके उसे चलता छोड़कर सो गया।

क़रीब दो बजे दरवाज़े पर खटखट से मेरी नींद खुली। खटखट स्पष्ट थी।

''कौन है?'' मैंने चिल्लाकर पूछा। खटखट बंद हो गई। मैं फिर से आँखें बंद किए चादर में दुबका था कि खटखटाहट फिर से हुई। इस बार गति तेज़ थी। ''कौन है हरामख़ोर? दम है तो अंदर आओ।'' ये लाइन मैंने बोल तो दी लेकिन बोलते ही एक सिहरता डर मेरे ऊपर हावी होने लगा। मैंने टीवी की आवाज़ तेज़ की लेकिन खटखटाहट की आवाज़ फिर भी आती रही। मैंने हाथ में बैडमिंटन का रैकेट पकड़ा और दिल को कड़ा कर दरवाज़े तक गया और खटखट का इंतज़ार करने लगा। मैंने सारी बत्तियाँ जला दी थीं ताकि जो हो उसका चेहरा स्पष्ट दिखे। क्या पता अँधेरे में मुझे सामान्य चेहरा भी डरावना दिखे। जैसे ही दरवाज़े पर खटखट हुई, मैंने लपककर दरवाज़ा खोल दिया, ''कौन है साला?''

लेकिन बाहर सिर्फ़ सनसनाती हवा थी। पूरी छत ख़ाली थी और सामने नीम का बड़ा-सा पेड़ उस तेज़ हवा में मतवाला हुआ जा रहा था। ख़ुशी से झूमने की उसकी आवाज़ मुझे ख़ासी डरावनी लगी और मैं आकर बिस्तर पर बैठ गया। उस रात मैं सुबह साढ़े चार बजे तक टीवी पर बार-बार दोहराए जाने वाले एक जैसे दीखते फ़िल्मी गाने सुनता रहा और जब मेरी खिड़की से सूरज की लाली दिखाई देने लगी तब मैं आराम से दस बजे तक के लिए सो गया।

इलाहाबाद मेरा छूटा हुआ पल है

'मुख़ातिब' की दो दिवसीय गोष्ठी के लिए कई प्री-गोष्ठियाँ हो चुकी थीं लेकिन कुछ फ़ाइनल नहीं हो पा रहा था। सत्यकेतु जी का कहना था कि प्रियंवद को बुलाया ही जाए क्योंकि उन्हीं के नाम के प्रस्ताव के साथ इस योजना की रूपरेखा बनानी शुरू हुई है और हिमांशु जी का कहना था कि अगर प्रियंवद को बुलाया जाए तो उनसे कहानी पढ़वाई जाए। अगर 1857 पर बुलवाना है तो सिर्फ़ उन्हें बुलवाना ठीक नहीं होगा। 1857 पर बोलने के लिए उनसे भी अधिकारी लोग हैं, या फिर उनके साथ प्रणय कृष्ण, लाल बहादुर वर्मा, असद ज़ैदी और मुरली मनोहर प्रसाद सिंह को भी आमंत्रित किया जाए। हर बार मीटिंग्स होती थीं और ऐसी ही बातों के साथ बिना किसी नतीजे पर पहुँचे ख़त्म हो जाती थीं। सत्यकेतु जी बाक़ी लोगों से नाराज़ चलने लगे थे और कटने लगे थे। बाक़ी लोग सत्यकेतु जी से ख़फ़ा होने लगे थे और उनका कहना था कि सत्यकेतु जी प्रियंवद के मित्र हैं इसलिए अपने संबंधों को मज़बूत करने के लिए वे 'मुख़ातिब' का प्रयोग करना चाहते हैं। सत्यकेतु जी का कहना था कि 'मुख़ातिब' अब लोकतांत्रिक संस्था नहीं रह गई है और वहाँ कुछ लोगों का एकाधिकार हो गया है जो अपनी बातें सब पर थोपना चाहते हैं। ख़ैर, वह गोष्ठी कभी नहीं हो पाई और इस विवाद के साथ ही इलाहाबाद में 'मुख़ातिब' का पूरे शानो-शौक़त के साथ चल रहा सफ़र शिथिल पड़ने लगा था। लोग दबी ज़बान से कहने लगे थे कि 'मुख़ातिब' वालों में फूट पड़ गई है और कई गोष्ठियों में तो बाक़ायदा एकाध ने पूछ भी लिया, "सत्यकेतु जी आजकल गोष्ठी में नहीं आ रहे। उनसे आप लोगों का झगड़ा हो गया है

क्या?" हममें से कोई बात संभालता, "अरे नहीं झगड़ा क्यों होगा। वह थोड़े व्यस्त हैं।" सत्यकेतु जी 'मुख़ातिब' की अंतिम कई गोष्ठियों में नहीं आए थे। बात बनाने की मैंने कुछ कोशिशें की थीं लेकिन तब तक मेरा इलाहाबाद प्रवास ख़त्म होने का समय आ पहुँचा था। शायद इसी खुन्नस में सत्यकेतु जी ने 'मुख़ातिब' के स्वामित्व को लेकर तब सवाल उठाए थे जब मैंने मुंबई में युवा कथाकार दुर्गेश सिंह का कहानी पाठ करवाया और इसकी रिपोर्ट फ़ेसबुक पर दी। दुर्गेश ने मुझे बताया कि उसने 'जहाज़' नाम की कहानी पूरी की है तो मुझे लगा कि 'मुख़ातिब' को मुंबई में शुरू करने का यह सही मौक़ा है और वाक़ई 'जहाज़' एक अच्छी कहानी थी जो सबको पसंद आई। मेरे इलाहाबाद छोड़ने के बाद 'मुख़ातिब' की कुछ और गोष्ठियाँ तब हुईं जब मैं बीच-बीच में इलाहाबाद गया। इनमें एक बार मेरी कहानी और उपन्यास अंश सुना गया तो एक बार मुरलीधर जी के घर पर उनकी कहानी का पाठ हुआ। मुझे यह कहने में ख़ुशी महसूस होती है कि मुंबई में भी इसके कई आयोजन हो चुके हैं और यहाँ भी साहित्यकार इसे पहचानने लगे हैं। अब शायद सत्यकेतु जी भी उन बातों को लेकर नाराज़ न हों।

राजेश जी मेरे ट्रांसफ़र से बहुत दुखी थे और अन्य दुखी लोगों में कैलाश जी भी शामिल थे। विवेक मेरे ट्रांसफ़र से दुखी तो था लेकिन संतुष्ट भी था।

"अच्छा हुआ बाबा, तुम्हार ट्रांसफ़र होए गवा। अब हम लोग सिर्फ़ टाइम बर्बाद कर रहे हैं। अलाली की आदत पड़ गई है तुमहूँ को और हमको भी, शायद शहर छोड़ने से लाइफ में कुछ पॉजिटिव बदलाव आए।"

अगले दिन मुझे सूचना मिली कि मेरा आवेदन मान लिया गया है और मुझे लखनऊ ट्रांसफ़र किया जा रहा है ताकि मैं वहाँ प्रखर पत्रकारों के बीच बैठकर पत्रकारिता के गुण सीख सकूँ। यह बात मैंने जियालाल जी से भी बताई और उन्होंने हँसते हुए कहा था, "साले पहले ट्रांसफर दूर कर देते हैं कि तुम ख़ुद अप्लिकेशन देकर नज़दीक की माँग करो और उन्हें टीएडीए न देना पड़े।"

अगले दिन मैंने यथासंभव पैकिंग की और पूरा दिन कैलाश जी, राजेश जी और विवेक के सानिध्य में गुज़ारा। शाम होते ही फिर वही सवाल उठ

खड़ा हुआ। राजेश जी ने मुझे अपनी क़सम देने के साथ कई और क़समें दीं और विवेक ने भी अपने कमरे पर चलने की ज़िद की लेकिन आज वहाँ मेरी अंतिम रात थी और मैं इसे अपने कमरे में बिताना चाहता था। इसके अलावा आज की ही रात बची थी कि मैं सारी पैकिंग कंप्लीट कर लूँ ताकि सुबह-सुबह जल्दी निकल सकूँ।

उस रात जब एक-डेढ़ के आसपास मैं गुड़िया से फ़ोन पर बात कर रहा था कि दरवाज़े पर खटखट फिर शुरू हुई। मैंने उसे बताया और उससे बातें करता रहा। उसने कहा कि मैं चुपचाप बैठा रहूँ और उससे बातें करता रहूँ। हम बातें करते रहे और थोड़ी देर बाद खटखट बंद हो गई। मैं बहुत ख़ुश हुआ और मुझे भीतर से विजेता जैसा महसूस हुआ। मैंने उसे बताया तो वह भी ख़ुश हुई। मैं अपने बिस्तर पर बैठा उससे बातें कर रहा था जिसके एकदम पास एक खिड़की थी। खिड़की चूँकि पहली मंज़िल पर थी, दूसरी तरफ़ से वहाँ आने का कोई साधन नहीं बनाया गया था। न उसके ऊपर कोई छाजन थी और न ही नीचे कोई आधार था। मैं इस घटना के बाद से खिड़की बंद करके सोने लगा था, जो सीधे सुबह ही खुलती थी। उस समय भी खिड़की बंद ही थी। मैं अपनी जीत में ख़ुश था कि अचानक खिड़की से वही खटखटाने की आवाज़ आई। मेरे रोयें खड़े हो गए। वह उधर से कुछ पूछ रही थी और मैं मुँह बाए खिड़की को देख रहा था जो मुझसे सिर्फ़ एक हाथ की दूरी पर थी। "कहाँ से आ रही है आवाज़?" उसने पूछा।

मैंने हकलाती हुई आवाज़ में जवाब दिया, "खिड़की से आवाज़ आ रही है।" मेरी आवाज़ में बहुत डर रहा होगा तभी उसने मुझे अपनी क़सम देते हुए कहा कि मैं वहाँ से उठ जाऊँ, कपड़े पहनूँ और तुरंत बाइक की चाभी लेकर बाहर निकल जाऊँ। मेरे मन से सारी बहादुरी निकल चुकी थी। वहाँ सिर्फ़ और सिर्फ़ भय का साम्राज्य था, कँपकँपी थी और मेरी ज़बान लड़खड़ा रही थी। मैंने अब तक अपने दिल को बहुत मज़बूत करने की कोशिश की थी लेकिन आज अंतिम रात थी और आज ये पहली बार हो रहा था। मैं उससे फ़ोन पर बातें कर रहा था, कपड़े पहन रहा था और मेरे मन में बचपन के ढेरों दृश्य चल रहे थे। मैं बचपन में अँधेरे और अकेलेपन से बहुत डरता था और माँ एक गाना सिखाया करती थी जिसके गाने से अँधेरे और अकेले में डर नहीं लगता

था। बचपन एक भूत की तरह कहीं-न-कहीं आपके भीतर हमेशा छिपा होता है। मैं चाभी लेकर लड़खड़ाते क़दमों से बाहर निकला और एक बार भी पीछे मुड़कर नहीं देखा। मैंने दरवाज़े में ताला भी नहीं लगाया।

बाइक स्टार्ट कर मैं ऐसे भागा जैसे मेरे पीछे सचमुच के भूत लगे हों। मैं जंक्शन पहुँचा और वहाँ बैठकर सुबह तक चाय और सिगरेटें पीता रहा। वह लगातार मेरे साथ फ़ोन पर बनी रही। मैंने कैलाश जी या विवेक किसी को फ़ोन नहीं किया। जब सुबह के चार बज गए और शहर जागने के लिए अंगड़ाइयाँ लेने लगा, तब मैं वहाँ से उठा और कमरे की ओर चल दिया। वहाँ सब कुछ वैसे का वैसा ही था। मेरा डर ख़त्म हो चुका था और अब मुझे पछतावा होने लगा था कि मैंने एक बार उसी समय खिड़की को खोलकर क्यों नहीं देख लिया।

जब तक मैं नहा-धोकर तैयार हुआ, विवेक आ गया। मैंने उसे रात की घटना सुनाई। उसने मुझे डाँटा कि मैंने उसे फ़ोन क्यों नहीं किया। मैं मुस्करा दिया। मैंने उससे कहा कि मेरे ऊपर दबाव काफ़ी बढ़ने लगा था और ये सब असुरक्षाबोध इसी का नतीजा थीं। मैंने उसे यह कहकर चुप करा दिया था कि हम डर के समय विवेक और धैर्य जल्दी खो बैठते हैं। वह मेरी बात से थोड़ा सहमत हुआ लेकिन उसने कहा कि ये अगर सिर्फ़ मेरा वहम था तो उसे भी खटपट कैसे सुनाई दी। मैंने क्या तर्क दिया था ये ठीक से याद तो नहीं लेकिन मैंने कुछ ऐसा ही कहा होगा कि दरवाज़े पर खटखट होना एक क्रिया है, डरना दूसरी क्रिया है और खटखट के कारणों का पता किए बिना उससे डरना एक तीसरी अजीब-सी अतार्किक क्रिया है।

मुझे अब लग रहा था कि मुझे एकाध रातें और यहाँ बिताने को मिलती तो शायद अपना डर जीतकर मैं पता लगाने की कोशिश करता कि ये कैसी आवाज़ आती थी। लेकिन ये ज़िंदगी है और हर समस्या यहाँ सुलझ ही थोड़ी जाती है और फिर सब कुछ सुलझाने के लिए वक़्त ही किसके पास है। सारा सामान पैक हो चुका था। मिनी ट्रक आने ही वाला था। मैं और विवेक सामान नीचे उतारने लगे, तब तक राजेश जी भी आ गए। सारा सामान एक बार बनारस पहुँचाकर मुझे अगले दिन फिर से इलाहाबाद दो दिन के लिए आना था ताकि कैलाश जी के साथ बाक़ायदा विदाई समारोह मनाया जा सके। मैंने अपना

लैपटॉप वाला बैग विवेक के पास ही रख दिया था।

ट्रक में सामान लदवाने में अश्विनी ने भी मदद की। सारा सामान लाद दिया गया तो मुझे याद आया कि राजेश जी अपने कूलर के लिए स्टैंड लेने की बात कह रहे थे।

''मेरा स्टैंड ले लीजिए राजेश जी।'' मैंने उन्हें प्रस्ताव दिया जिसे थोड़े ना नुकुर के बाद वह मान गए। उनके लिए विवेक रिक्शा ले आया। मेरा सारा सामान ट्रक में लादा जा चुका था। विवेक और राजेश जी रिक्शे पर बैठ गए क्योंकि कूलर स्टैंड भारी था। मैं ट्रक में बैठने जाने वाला ही था कि राजेश जी ने मुझे आवाज़ देकर बुलाया, ''अरे महाराज, एक फोटो हो जाए। आप इलाहाबाद और हम लोगों को छोड़कर जा रहे हैं।''

मैंने उन दोनों की और फिर हम सबकी तस्वीरें अपने मोबाइल से खींचीं।

''जाकर मेल कर दीजिएगा दोनों लोगों को ये सब फोटो।'' राजेश जी ने कहा। मैंने हामी भरी। हम सब हँस मुस्करा रहे थे।

विवेक ने कहा कि विमल ने फ़ोटो इसलिए ली है कि कभी भी दिखा के कहेगा कि ये उसका कूलर स्टैंड है और आपको देना पड़ेगा। इस मज़ाक़ पर किसी को हँसी तो नहीं आई लेकिन राजेश जी ने मुस्कराकर कहा, ''अरे विमल जी ऐसा थोड़े करेंगे।'' अब विवेक को मौक़ा मिल गया। उसने ऊँची आवाज़ में कहा, ''ई इलहाब्बाद है भइया, इहाँ कुच्छो होय सकत है।'' मैं हँस दिया। राजेश जी भी हँसे। अश्विनी भी पूरी बात न समझने के बावजूद हँस पड़ा।

''चलिए फिर मिलते हैं कल।'' मैंने कहा।

''चलिए अच्छा है आप कल एक दिन के लिए आ रहे हैं... नहीं तो अब इलाहाबाद तो छोड़ ही दिया आपने... ।'' राजेश जी ने भरी आवाज़ में कहा।

''इलाहाबाद छोड़ भी देंगे तो इलाहाबाद आपको नहीं छोड़ता जल्दी... ।'' अश्विनी ने कम शब्दों में सबसे सही और सच्ची बात कही।

मैं ट्रक पर ड्राईवर की सीट के बग़ल में बैठा तो मेरा मन भारी-सा हो रहा था। सब कुछ बहुत अचानक हुआ था और सबसे मिलने का वक़्त ही नहीं मिल पाया था। उन दोनों के साथ अश्विनी भी मुझे देखकर हाथ हिला रहा था। राजेश

जी कुछ कह रहे थे और मैंने उनकी बात सुनने के लिए सिर आगे झुकाया ही था कि ट्रक वाले ने ट्रक चला दिया। पता नहीं उसे क्या जल्दी थी।

मैं नहीं सुन पाया कि वह क्या कह रहे थे। बाद में उनसे पूछा भी लेकिन उन्हें याद नहीं आया। यही होते हैं न कुछ छूटे हुए पल जिनमें आप चाहकर भी प्रवेश नहीं कर सकते। इलाहाबाद मेरा वही छूटा हुआ पल हो गया है जिसे पकड़ने के लिए जब भी बनारस जाता हूँ, वहाँ ज़रूर जाता हूँ लेकिन नहीं पकड़ पाता। हाथ बहुत छोटे होते हैं और उम्र बहुत बिखरी हुई है जिसे समेटने और सहेजने में ही सारा वक़्त निकल जाता है। वहाँ मेरा स्वागत सब उसी तरह करते हैं लेकिन मेरी कोई अपनी जगह नहीं बची, इसलिए वहाँ से लौट आना होता है।

मैंने इलाहाबाद छूटने के साथ ही सोच लिया था कि अब और भी कई सारी चीज़ें छोड़ देनी हैं।

सोचना हमेशा कोई सार्थक क्रिया ही नहीं होती।